融合型·新形态教材
复旦社云平台　fudanyun.cn

婴幼儿托育·教养·早期教育系列教材

U0730947

婴幼儿
教养环境创设与利用

总主编　陈雅芳　颜晓燕

主　编　林　竞

副主编　柯　瑜　冯宝梅

编　者　林文勤　黄巧玲

复旦大學 出版社

内容提要

本书紧密结合《托儿所、幼儿园建筑设计规范》《托育机构设置标准（试行）》《托育机构管理规范（试行）》等相关政策，充分汲取婴幼儿教养实践中的宝贵经验，秉持"为师资培养与家长育儿提供专业且实用的环境创设指导"的宗旨编写。

全书围绕 0～3 岁婴幼儿教养环境这一核心主题，以项目和任务为架构，系统阐述教养环境创设理论，家庭环境、机构环境、社区环境等多方面内容。本书践行理论联系实际的原则，将婴幼儿教养相关理论与丰富实践经验有机融合，并精心设置"案例导入""育儿宝典""任务思考""赛证链接"等板块，促进读者对理论知识的理解与应用，切实提升婴幼儿教养环境创设实践的操作能力。

本书适合早期教育和婴幼儿托育专业师生、托育机构从业者以及 0~3 岁婴幼儿家长阅读参考。书中配套丰富的数字资源，包含拓展阅读材料和相关视频，可扫码便捷查看；同时为教师提供了课件、教案等辅助教学资源，可登录复旦社云平台（fudanyun.cn）下载使用。

"婴幼儿教养系列教材"编委会

总 主 编：陈雅芳　颜晓燕

副总主编：许琼华　洪培琼

高等院校委员：

曹桂莲　林　娜　孙　蓓　刘丽云　刘婉萍　许　颖　孙巧锋　公燕萍　林　競

邓诚恩　郭俊格　许环环　谢亚妮　练宝珍　张　洋　姚丽娇　柯　瑜　黄秋金

冯宝梅　洪安宁　林晓婷　候松燕　郑丽彬　王　凤　戴巧玲　夏　佳　林淳淳

行业企业委员：

陈春梅（南安市宏翔教育投资有限公司教学顾问、泉州工程职业技术学院继续教育学院副院长）

李志英（泉州幼儿师范高等专科学校附属东海湾实验幼儿园党支部书记、园长）

黄阿香（泉州幼师附属幼儿园党支部书记、园长）

欧阳毅红（泉州市丰泽幼儿园党支部书记、园长）

褚晓瑜（泉州市刺桐幼儿园党支部书记、园长）

吴聿霖（泉州市丰泽区教师进修学校幼教教研室主任）

郑晓云（泉州市丰泽区实验幼儿园党支部书记）

李嫣红（泉州市台商区湖东实验幼儿园党支部书记、园长）

陈丽坤（晋江市实验幼儿园党支部书记、园长）

何秀凤（晋江市第二实验幼儿园党支部书记、园长）

柯丽容（晋江市灵源街道灵水中心幼儿园园长）

张珊珊（晋江市灵源街道林口中心幼儿园园长）

王迎迎（晋江市金井镇毓英中心幼儿园园长）

庄妮娜（晋江市明心爱萌托育集团教学总监）

孙小瑜（泉州市丰泽区信和托育园园长）

庄培培（泉州市海丝优贝婴幼学苑教学园长）

林文勤（泉州市博博宝贝托育服务有限公司园长）

郑晓燕（福建省海丝优贝托育服务有限公司园长）

黄巧玲（福州鼓楼国投润楼教育小茉莉托育园园长）

林远龄（厦门市实验幼儿园党支部书记、园长）

钟美玲（厦门市海沧区实验幼儿园党支部书记、园长）

黄小立（厦门市翔安教育集团副校长）

简敏玲（漳州市悦芽托育服务中心园长）

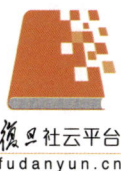

复旦社云平台
数字化教学支持说明

　　为提高教学服务水平，促进课程立体化建设，复旦大学出版社建设了"复旦社云平台"，为师生提供丰富的课程配套资源，可通过"电脑端"和"手机端"查看、获取。

🖥 【电脑端】

　　电脑端资源包括PPT课件、电子教案、习题答案、课程大纲、音频、视频等内容。可登录"复旦社云平台"（fudanyun.cn）浏览、下载。

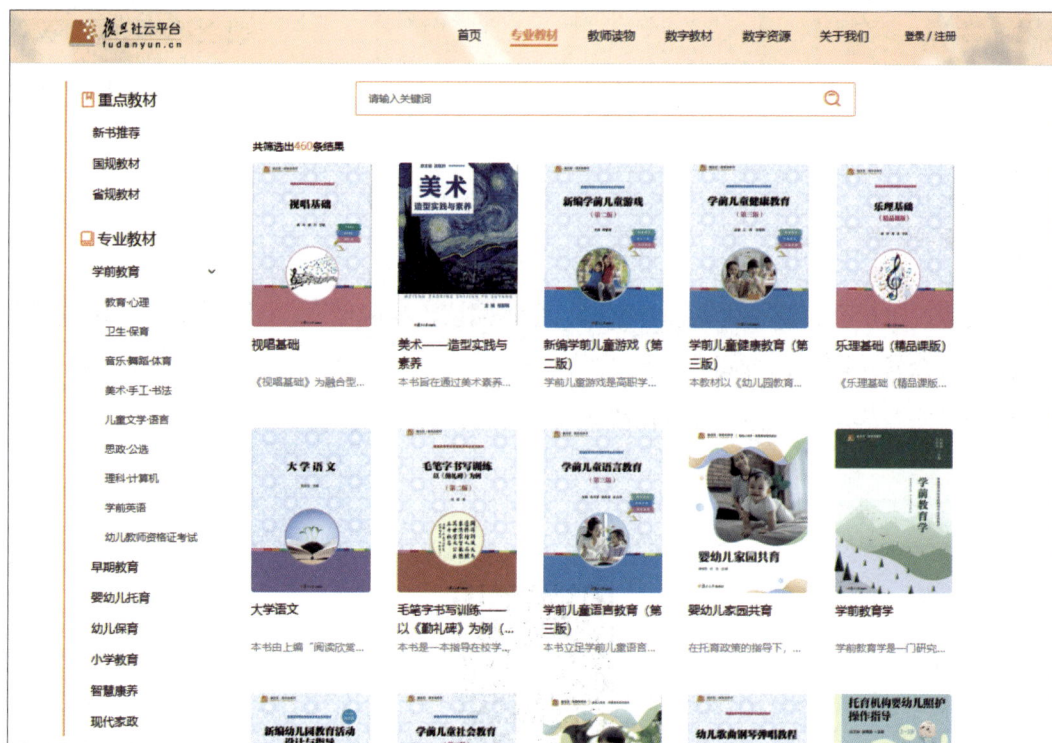

　　Step 1　登录网站"复旦社云平台"（fudanyun.cn），点击右上角"登录／注册"，使用手机号注册。

　　Step 2　在"搜索"栏输入相关书名，找到该书，点击进入。

　　Step 3　点击【配套资料】中的"下载"（首次使用需输入教师信息），即可下载。音频、视频内容可点击【数字资源】，搜索书名进行浏览。

【手机端】

PPT 课件、音视频、阅读材料：用微信扫描书中二维码即可浏览。

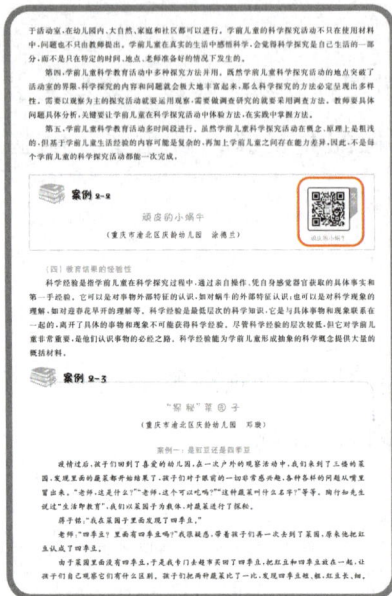

扫码浏览

【更多相关资源】

更多资源，如专家文章、活动设计案例、绘本阅读、环境创设、图书信息等，可关注"幼师宝"微信公众号，搜索、查阅。

平台技术支持热线：029-68518879。

"幼师宝"微信公众号

人生百年,立于幼学。0～3岁婴幼儿的早期教育与照护是学前教育与终身教育的开端,不仅关系着儿童的健康成长,也关系到千家万户的幸福和谐与国家未来人才的综合素质。习近平总书记指出,要大力发展普惠托育服务体系,显著减轻家庭生育、养育及教育负担。党的二十大报告指出:深入贯彻以人民为中心的发展思想,在幼有所育上持续用力。坚持以推动高质量发展为主题,建设教育强国,办好人民满意的教育。2022年7月,国家卫生健康委、国家发展改革委等17部门联合印发《关于进一步完善和落实积极生育支持措施的指导意见》,也明确提出提升托育服务质量。在此背景下,国家迫切需要建设一支"品德高尚、富有爱心、敬业奉献、素质优良"的婴幼儿照护服务队伍,开展托幼专业师资人才培养培训并编写相应的专业教材成为当务之急。泉州幼儿师范高等专科学校在2014年编写了"0～3岁儿童早期教育"系列教材,在此基础上,我们再次组织高校、幼儿园和托育机构的教师团队,对本套丛书进行编写和修订。

本丛书以习近平新时代中国特色社会主义思想为指导,贯彻落实党中央关于托育工作的决策部署,依据《国务院办公厅关于促进3岁以下婴幼儿照护服务发展的指导意见》(国办发〔2019〕15号)、《托育机构保育指导大纲(试行)》、《国家卫生健康委办公厅关于印发3岁以下婴幼儿健康养育照护指南(试行)的通知》(国卫办妇幼函〔2022〕409号)、《托育从业人员职业行为准则(试行)》等政策、法规的精神要求,全面落实立德树人根本任务,通过教材建设,满足专业人才培养需求。本套教材拟从以下三个方面回应当前托育发展的现状。一是破解托育服务行业快速发展与专业人才供给不足的矛盾,为婴幼儿教育提供可持续、专业化的服务和指导。二是弥补高校早期教育、托育服务专业教材系列化的缺失,助推人才培养,建立与托育服务产业链相配套的人才链,为各院校提供前沿教材参考,从人才培养的源头保障托育服务专业化水平的提升。三是助力解决公办托育一体化服务、社区配套托育服务中科学养育方案和教材内容欠缺等难题,助推"托幼一体化"模式和多形式普惠托育服务模式形成,促进托育机构多样化健康发展。

本丛书依照中华人民共和国国家标准《0～3岁婴幼儿居家照护服务规范》《家政服务母婴生活护理服务质量规范》,对照教育部《早期教育专业教学标准》《婴幼儿托育服务与管理专业教学标准》,融合思政教育,对接工作岗位,以任务驱动、问题导向的岗课赛证贯通的体系编排内容,呈现"项目导读、学习目标、知识导图、案例导入、内容阐释、育儿宝典、任务思考、实训实践、赛证链接"的编写体例,突出职业性、科学性与实用性三大特色。此外,教材还内置二维码链接视听资源、课程资源与典型案例,形成数字化教材体系,支持线上线下混合式教学。实现纸质教材与数字资源的结合,体现"互联网+"新形态一体化教材的编写理念。

本丛书组建专业编写团队,汇聚学前教育、早期教育和托育服务与管理专业的专家学者,联合高职高专院校、幼儿园、早教和托育机构等相关教师参与编写,共同打造涵盖0～3岁婴幼儿"卫生保健、心理发展、早期教育、环境创设、营养喂养、动作发展、言语发展、游戏指导、艺术启蒙、情感与社会性发展、观察评价、亲子活动、家庭教养"等14本系列教材,体现专业性、系列化和全视域特点。

本丛书中的8本教材《婴幼儿卫生与保健》《婴幼儿心理发展》《早期教育概论》《婴幼儿亲子活动设计与指导》《婴幼儿游戏指导》《婴幼儿活动设计与指导(动作发展)》《婴幼儿活动设计与指导(言语发展)》《婴幼儿活动设计与指导(艺术启蒙)》,历经十余年教学实践检验后,结合当代托育服务新理念进行全新修订;另6本教材《婴幼儿科学营养与喂养》《婴幼儿活动设计与指导(社会性发展)》《婴幼儿活动设计与指导(综合版)》《婴幼儿行为观察与发展评价》《婴幼儿教养环境创设与利用》《婴幼儿家庭教养指导与咨询》则是最新编写,能够较好地融合校企合作、双元育人的有效做法,体现理论与实践密切结合的特点。

本丛书由陈雅芳、颜晓燕担任总主编,许琼华、洪培琼担任副总主编,统筹全书策划与审校工作。各本教材的主编分别为:洪培琼、许环环主编《婴幼儿卫生与保健》、孙蓓主编《婴幼儿心理发展》、刘丽云主编《早期教育概论》、林娜主编《婴幼儿科学营养与喂养》、陈春梅主编《婴幼儿活动设计与指导(动作发展)》、颜晓燕主编《婴幼儿活动设计与指导(言语发展)》、公燕萍主编《婴幼儿活动设计与指导(艺术启蒙)》、许琼华主编《婴幼儿活动设计与指导(社会性发展)》、邓诚恩主编《婴幼儿活动设计与指导(综合版)》、曹桂莲主编《婴幼儿亲子活动设计与指导》、孙巧锋主编《婴幼儿游戏指导》、许颖主编《婴幼儿行为观察与发展评价》、林竞主编《婴幼儿教养环境创设与利用》、郭俊格主编《婴幼儿家庭教养指导与咨询》。

本丛书符合职前早期教育、托育服务与管理等专业课程的开设需求,符合职后相关教育工作者职业能力的发展需求,同时也为家长提供科学育儿参考,适宜高校教师和学生,早教和托育机构的教育工作者、研究者以及广大家长使用。同时,本丛书也被列入泉州市托育综合服务中心规划教材。

打造高品质的专业教材是编写组的初衷,助力广大学生、教师和家长共同守护婴幼儿的健康发展是编写组不变的初心! 由于编者水平有限,书中不妥之处,恳请读者批评指正!

"婴幼儿教养系列教材"编委会

在人口结构变迁与教育高质量发展的双重驱动下,0～3 岁婴幼儿的早期教养环境创设已成为全社会关注的焦点。随着"三孩"政策落地,国家"十四五"规划对托育服务体系建设提出明确要求,以及《国务院办公厅关于促进 3 岁以下婴幼儿照护服务发展的指导意见》(国办发〔2019〕15 号)等政策文件的出台,婴幼儿成长环境的科学规划与专业支持成为实现"幼有所育、幼有善育"目标的关键环节。作为福建省"双高建设"科研成果,《婴幼儿教养环境创设与利用》一书立足时代需求,以理论与实践融合为核心,旨在为婴幼儿早期教育工作者、托育机构从业者及家庭,提供系统化、专业化的环境创设指南,助力构建"安全、适宜、赋能"的婴幼儿成长生态。

一、时代背景:政策引领与社会需求的双重驱动

当前,我国正加速推进普惠托育服务体系建设。例如,北京市提出到 2025 年"每千人口拥有 3 岁以下婴幼儿托位数达到 4.5 个",上海市则计划通过社区嵌入式托育、幼儿园托班扩容等方式实现"普惠托育服务全覆盖"。与此同时,社区家庭教育指导站、企事业单位托育点等创新模式不断涌现,如深圳福城街道率先启用"0～3 岁婴幼儿家庭教育指导站",整合社区资源为家庭提供科学育儿支持。这些举措凸显了国家与地方对婴幼儿照护服务的高度重视,也为本书的编写提供了鲜明的政策导向与实践依据。

二、核心理念:以环境为媒介,赋能生命早期发展

本书以"环境即课程"为核心理念,强调婴幼儿通过与环境的互动实现感知、运动、认知与社会性发展的多维建构。环境不仅是物理空间,更是一种隐性的教育资源。无论是家庭卧室的温馨布局,还是托育机构活动区的动态设计,均需遵循"儿童本位"原则,兼顾安全性与发展性,满足婴幼儿探索、游戏与生活的多元需求。

三、内容架构:全场景覆盖与分龄指导的结合

全书共分四大项目,系统覆盖家庭、机构、社区三大场域,并融入分龄分段的设计逻辑:

1. 理论奠基与原则阐释(项目一):从环境的内涵与分类切入,结合经典教育理论阐释环境对婴幼儿发展的深远影响,明确环境创设的基本原则,如安全性、适宜性、艺术性等,为实践提供科学依据。

2. 家庭环境创设(项目二):深入家庭场景,分区域(卧室、餐厅、卫生间等)解析 0～3 岁婴幼儿的教养环境设计要点,强调亲子互动空间与安全细节,指导家长通过环境优化促进婴幼儿生活习惯养成与早期能力发展。

3. 机构环境规划(项目三):聚焦托育机构,从选址布局到功能区划分(生活区、活动区、户外空间等),结合分龄段(乳儿班、托小班、托大班)需求,提供环境规划方案与材料投放策略,平衡集体照护与个性化发展,呼应国家"托育机构服务规范"要求。

4. 社区资源整合(项目四):突破单一场所局限,探索儿童友好型社区建设路径,倡导利用公园、活动中心等公共资源延伸教育场景,推动"家园社协同共育"模式落地。

四、特色创新:实用性与创新性并重

1. 全场景覆盖:首次系统整合家庭、机构、社区三大环境,构建"三位一体"的教养生态体系,填补细分

领域空白。

2. **分龄分段指导**：针对 0～1 岁、1～2 岁、2～3 岁不同发展阶段，细化环境创设要点，体现发展适宜性原则。

3. **实操性强**：每项任务均包含"案例导入""育儿宝典"和"任务思考"，结合早教机构实景图、家庭环境改造案例及玩具材料清单，增强可操作性，便于读者快速落地应用。

五、社会价值：回应婴幼儿照护的迫切需求，助力"幼有善育"民生目标的实现

随着"三孩"政策推进与社会对早期教育重视度的提升，科学创设婴幼儿成长环境已成为家庭、教育机构及社会的共同课题。本书的出版，既是福建省"双高建设"科研攻关的重要成果，亦是对国家托育服务体系建设政策的积极响应。通过系统化的环境创设指导，本书可为托育机构标准化建设提供参考，为家庭育儿减负增效，为社区资源整合提供方案，最终推动形成"家庭尽责、机构赋能、社区支持、政府引导"的婴幼儿照护服务新格局。

本书为首批国家级职业教育教师教学团队教学改革成果，福建省"双高建设"教科研成果。期待本书能成为一盏明灯，指引从业者与家长在环境创设中践行"以儿童为中心"的理念，让每一处空间都成为滋养婴幼儿成长的沃土，为培育健康、聪慧、幸福的下一代贡献力量！

目 录

项目 一 认识婴幼儿教养中环境创设与利用的重要性 **001**

任务一 了解环境的内涵 002
任务二 了解环境创设与利用的重要性 007
任务三 了解环境创设与利用的基本原则 011

项目 二 创设婴幼儿家庭教养环境 **015**

任务一 创设家庭教养环境的方法 016
任务二 创设温馨的卧室环境 022
任务三 创设健康的饮食环境 028
任务四 创设安全的卫生间环境 033
任务五 创设和谐的客厅环境 038
任务六 打造生动活泼的儿童房环境 043

项目 三 创设婴幼儿教养机构环境 **051**

任务一 规划婴幼儿教养机构的整体环境 052
任务二 创设室内公共区域环境 061
任务三 创设适龄的班级环境 072
任务四 创设舒适的生活区环境 083
任务五 规划活动区环境与材料投放 091
任务六 创设户外活动区环境 111
任务七 规划配套功能区环境 126

项目 四　参与、利用社区环境　　131

任务一　了解友好型社区环境　　132

任务二　参与社区活动空间的创设　　136

任务三　有效使用城市公共资源　　140

项目一 认识婴幼儿教养中环境创设与利用的重要性

项目导读

良好的教养环境不仅能够促进婴幼儿的身心健康发展,还能为其未来的学习和生活奠定坚实的基础。随着社会对婴幼儿教育重视程度的不断提升,如何科学合理地创设和利用教养环境,已成为当前婴幼儿教育领域的重要课题。

本项目旨在通过深入研究和探索,明确婴幼儿教养环境创设与利用的重要性,提出切实可行的环境创设方案,并引导家长和教育工作者有效利用这些环境,以促进婴幼儿的全面发展。本项目将重点关注环境的主体性、安全性、适宜性、艺术性和更新性。

教学目标

知识目标:理解婴幼儿教养环境的概念、分类及其理论基础,掌握其创设的原则。
能力目标:能根据婴幼儿教养环境创设的原则分析早教和托育机构的环境案例。
素养目标:深化对婴幼儿教养工作的理解,培养高度的责任感和使命感。

项目导学

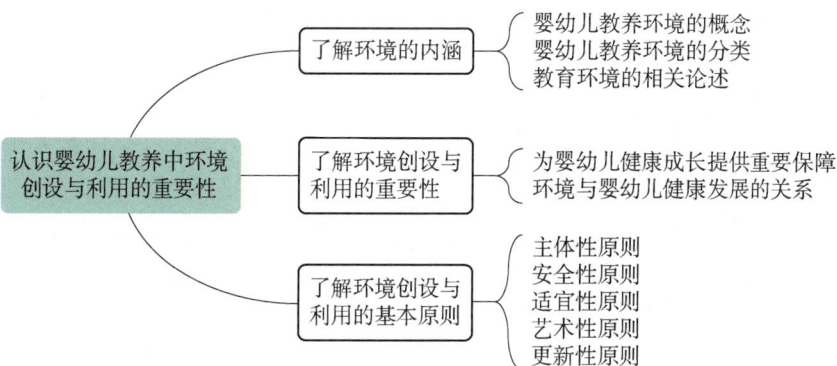

🚗 任务一　了解环境的内涵

案例导入

什么是环境？有位同学说："我抬头所见的山川、树木、建筑都是环境。这些环境都会对婴幼儿的成长与发展产生影响吗？我们学习环境的创设，难道要去植树建房子？"环境的内涵十分丰富，有些环境会对婴幼儿的成长产生直接影响，有些环境对婴幼儿的影响不那么明显。有的环境是可以轻易改变的，如种一盆花，添置一件新家具，我们学习如何创设更适合的环境；有的环境是个人力量无法改变的，如城市环境，社会环境……我们学习利用现有环境，促进婴幼儿发展。

一、婴幼儿教养环境的概念

环境是一个综合概念，《中华人民共和国环境保护法》第二条规定：环境是指影响人类生存和发展的各种天然的和经过人工改造的自然因素的总体，包括大气、水、海洋、土地、矿藏、森林、草原、湿地、野生动物、自然遗迹、人文遗迹、自然保护区、城市和乡村等[1]。在《辞海》中将环境解释为："一般指围绕人类生存和发展的各种外部条件和要素的总体。"[2]

"环境"一词在不同的学科中有不同的理解，婴幼儿教养环境是指在家庭、集中教养场所及社会中，影响0~3岁婴幼儿成长和教育的各种外部要素的总体。包括：婴幼儿照护用具的选择，家庭环境或集中教养场所的空间分配以及装修与装饰，游戏设施设备，玩具材料的使用以及家长与保教人员的教育素养等。

由于婴幼儿对成人照护有强烈需求与依赖，相较于其他学科角度认识的环境，婴幼儿教养环境中的人工因素表现得更加明显，因此环境的创设就显得更有意义。判断环境优劣的衡量标准应以是否满足婴幼儿的成长、教育为出发点。如家具的摆放是否方便婴幼儿的活动，有无安全隐患，是否合理划分了不同的空间区域。建筑和装饰能否给予婴幼儿足够丰富的感官刺激：不同的材质能够给予婴幼儿柔软、坚硬、光滑、粗糙等不同的触觉感知，能够看到不同的光照条件下色彩的变幻，能够感受到四季更替给环境带来的变化……正由于婴幼儿教养环境大多是由人工创设而成，设计与实施过程中是否以0~3岁婴幼儿为主体、以婴幼儿的发展为考量，将会极大地影响环境的优劣，影响婴幼儿的身心发展。

拓展阅读

《国务院办公厅关于促进3岁以下婴幼儿照护服务发展的指导意见》（国办发〔2019〕15号）中指出："为婴幼儿照护创造安全、适宜的环境和条件。"[3]2021年，国家卫生健康委按照上述文件的要求制定的《托育机构保育指导大纲（试行）》（国卫人口发〔2021〕2号）中也提到"通过创设适宜环境……促进婴幼儿身体和心理的全面发展。"[4]国家政策中体现了对婴幼儿教养环境的重视。

---

① 第十二届全国人民代表大会常务委员会第八次会议. 中华人民共和国环境保护法[M]. 北京：中国法制出版社，2014：4.
② 夏征农，陈至立. 辞海（第六版）（缩印本）[M]. 上海：上海辞书出版社，2010：782.
③ 国务院办公厅. 国务院办公厅关于促进3岁以下婴幼儿照护服务发展的指导意见[EB/OL]. (2019-05-09)[2024-09-27]. https://www.gov.cn/zhengce/content/2019-05/09/content_5389983.htm.
④ 国家卫生健康委. 国家卫生健康委关于印发托育机构保育指导大纲（试行）的通知[EB/OL]. (2021-01-12)[2024-09-27]. http://www.nhc.gov.cn/rkjcyjtfzs/s7785/202101/deb9c0d7a44e4e8283b3e227c5b114c9.shtml.

二、婴幼儿教养环境的分类

根据分类标准的不同,婴幼儿教养环境有不同的划分:

(一) 以婴幼儿的生活范围划分

以婴幼儿生活范围为标准,教养环境可分为狭义的环境与广义的环境。

狭义的环境是以婴幼儿的生活范围为标准,婴幼儿的成长、生活中能直接接触到,并对其产生影响的各种要素的总和,包括家庭环境、社区环境,集中教养的机构环境、气候环境等。

广义的环境是婴幼儿并未直接接触到,却能够通过外层或宏观层面的渗透,间接地影响婴幼儿成长、生活的各种要素的总和。如婴幼儿所处的社会政治、经济环境,当地的风俗、文化环境,以及科技水平的发展程度等。

(二) 按表现形式划分

婴幼儿教养环境按表现形式可分为物质环境与精神环境。

物质环境是指婴幼儿在生活中可接触到的一切客观存在的对象,包括室内家具的选择、装修的风格、色调的搭配、玩具的投放、生活用品的使用等。物质环境是婴幼儿生长发育的基础需求,也可以为婴幼儿提供更舒适、更丰富、更优质的生活条件。需要注意的是,婴幼儿物质环境创设不应当一味追求"高大上",走出"贵的等于好的"这样的误区,合适的才是有益的。

精神环境是指能够对婴幼儿产生影响的精神以及心理氛围要素,包括家庭经济水平,家庭氛围,亲子互动,家长的教育理念以及受教育程度,邻里关系,机构教师的专业素养,社会氛围以及当地的习俗、文化、法制、经济、科技的发展水平等。如果说物质环境是可以摸得到、看得着的,那么精神环境是无形的,但它们对婴幼儿的发展一样重要。精神环境有助于婴幼儿形成健康向上的良好心态,对于婴幼儿情感、社会性以及个性品质的形成和发展具有积极作用。

(三) 按主要养育者的主观动能划分

婴幼儿教养环境按主要养育者的主观动能可分为可操作型环境与可接纳型环境。

可操作型环境是指婴幼儿的主要养育者(父母或早教机构的教师)可以控制并改变的环境,如家庭或机构的装修风格,家具的选择,生活用品以及婴幼儿玩具的使用,建筑空间使用功能的设计,以及家庭收入、养育者的教育理念、专业素养等。

可接纳型环境是指社会中影响婴幼儿成长,却不易被其主要养育者操控的各种要素。如社会习俗、文化和法制、科技水平等,需要婴幼儿的主要养育者以更开放、积极的态度接纳它。还有公共场所的母婴室、游乐设施、科技馆、儿童博物馆等设施也属于可接纳型的环境,婴幼儿及其主要养育者具有使用权、监督权,而不具备管理权。

考虑到本教材的使用对象为婴幼儿家长、早期教育专业的教师及学生,以环境创设工作实践中的需求为考量,本书以可操作型环境的创设与利用为主,可接纳型环境的利用为辅。

三、教育环境的相关论述

教育家杜威曾说:"我们从来不是直接地进行教育,而是通过环境间接地进行教育。"从 1837 年福禄贝尔在德国布兰肯堡建立专门招收 3～7 岁儿童的机构,1840 年该机构命名为"幼稚园"(kindergarten)。1907 年,意大利教育家蒙台梭利以"儿童之家"为名创办幼儿园,此后各地陆续创办了各式各样的幼儿园,招收学龄前的儿童。我国的第一所学前教育机构是成立于 1903 年(清光绪二十九年)的湖北幼稚园[①]。在教育实践中,中外教育家都对幼儿园环境创设理论进行了阐述,学习借鉴这些思想、观点有助于我们坚持以环境教育为目的的初衷创设幼儿园环境,促进幼儿身心健康发展。

---

① 　郑健成. 学前教育学[M]. 2 版. 上海:复旦大学出版社,2014:11.

（一）传统文化中关于环境的朴素思想

春秋时期伟大思想家、教育家孔子提出"性相近也，习相远也"。这句话在《三字经》中广为传唱。意为人们的禀性原本是很接近的，只是受到后天环境的影响才产生大的差别。随后思想家墨子也表达了类似的观点：人性如素丝，"染于苍则苍，染于黄则黄，所入者变，其色亦变，五入必，而已则为五色矣。故染不可不慎也"。墨子以白丝喻人性，在其中加入什么颜色的染料就会将白丝染成什么颜色，意指环境对人的影响，并提出染色必须慎重的警示，意即对环境的选择应当考虑到环境对人的影响，需要慎重对待。这与常言道"近朱者赤，近墨者黑"的观点有着异曲同工之妙。我国古代的思想家们很早就意识到环境会对一个人品格的形成产生重大影响，由此有了"孟母三迁"的成语典故，择邻处之中的"邻"指的是儿童成长的环境。可见，在我国传统文化中，早在春秋战国百家争鸣的时代就已经有了关于环境的朴素思想，认识到环境对人的成长的重要性，并尝试着通过环境的改变促进儿童的发展。

（二）蒙台梭利的"有准备的环境"论述

1870年，蒙台梭利出生于意大利安科纳省希亚瓦莱镇，后获得罗马大学医学博士学位，还建立了一所特殊学校。1907年，蒙台梭利创办了第一所收纳健全儿童的"儿童之家"。1909年她出版了意大利文版的《应用于儿童之家幼儿教育的科学教育方法》，1912年该书被译为英文版《蒙台梭利方法》并在美国出版，随后又被翻译为法文、德文、日文、中文等多种语言并出版[1]，对世界范围的幼儿教育领域产生了广泛而深远的影响。

蒙台梭利认为，儿童是教育活动的中心和主体，他们"从周围环境中吸收各种信息，并将它们纳入自身"，所以教师应当为儿童提供"有准备的环境"。教师是环境的提供者、观察者、示范者和支持者，其目的在于了解孩子的发展和需要，然后通过精心设计的、适宜的、能够引起儿童兴趣的环境，让儿童有目的地、自由地与环境互动，得到学习与发展，并要求教师随着儿童的发展及时调整环境。蒙台梭利所说的"有准备的环境"包括物质环境和心理环境。物质环境包括各种蒙台梭利教具以及符合幼儿身高比例的各种设备用具，还要求物质环境应该是有秩序的，同时要具有美感，在视觉上必须和谐[2]。例如，提供与儿童身高体型相适应的小家具，便于儿童眺望的低矮窗户，方便儿童操作的各种教具等。心理环境则包括给儿童提供信任与自由，让幼儿保持自我的独立性，尊重每一位儿童"Help me to do it by myself"（帮助我，让我自己做）。与自由相对应的是，蒙氏环境还强调它的纪律性，即互不干扰，保持安静，尊重他人。

在蒙台梭利"有准备的环境"观点下，蒙氏幼儿园的环境创设大多是真实美观、简洁明快的风格，在整体的陈列摆放中十分注重规律性与秩序性的体现。它是为儿童准备的环境，教师则是为儿童提供适宜且有准备的环境的人。

（三）瑞吉欧关于环境是"第三位教师"的观点

瑞吉欧是意大利北部的一个小镇，该地区的第一所公立学校建于1913年，20世纪四五十年代是瑞吉欧地区学前教育发展的初期。根植于意大利文化的瑞吉欧教育逐渐形成了具有世界级影响力的幼儿教育体系典范。1981年瑞吉欧教育在斯德哥尔摩市的现代博物馆举办了名为"让眼睛越过围墙"的展览，引发了巨大的轰动，并以此编写了《让眼睛越过围墙》一书。1987年该展览更名为"儿童的一百种语言"并在世界各地巡展，吸引了越来越多的人参观，帮助瑞吉欧教育方法向世界各地传播。1991年，瑞吉欧的戴安娜幼儿学校被美国《新闻周刊》评为世界最先进的幼儿教育机构。20世纪90年代末，瑞吉欧教育被引入中国。

瑞吉欧的教师十分重视环境的教育作用，称环境为"第三位教师"。在设计课程时都会将环境因素考虑在内。"毫无疑问，学校拥有自己的'环境'，一种自己的'建筑'，一种自己对'空间、形状的概念和使

---

① 诸惠芳，邹海燕. 外国教育名著导读［M］. 北京：人民教育出版社，2005：136.

② 霍力岩. 蒙台梭利的儿童观及其给我们的启发［DB/OL］. https://wenku. baidu. com/view/08d1f663ddccda38376baff3. html. 2011. 10. 19.

用'。"①其环境是与课程相辅相成,可以利用课程生成环境,还可以利用环境反哺课程。即使是同在瑞吉欧地区,这里每一所幼儿园的环境都是独具特色的,它是教师、家长、幼儿在教育实践过程中,通过共同参与、连续的互动所形成的,有助于促进师幼之间、教师之间、家园之间的良好互动。因此,瑞吉欧的环境不仅是专门为儿童设计的,还是儿童主动参与的,这也让儿童能更轻易地接受环境变化的刺激,环境也能被更充分地利用,并彰显其教育功能。

(四)陈鹤琴的"活教育"课程理论

1892年,陈鹤琴生于浙江上虞县百官镇的一个没落商人家庭,他幼时也亲身体会了传统私塾教育的苦闷,教学方法死板"先生教的没有生气"②。1914年,陈鹤琴获得前往美国留学的机会,思虑再三,他决定弃医从教,进入霍普金斯大学学习。1917年陈鹤琴进入哥伦比亚师范学院研究教育和心理学,获得教育硕士学位后他毅然回国,进入南京高等师范学校任教。归国后陈鹤琴致力于教育改革,为中国儿童教育带来了许多新思想,并于1923年创办了南京鼓楼幼稚园;于1927年担任陶行知先生创办的晓庄试验乡村师范指导员及幼稚师范学校的校长,同年成立了燕子矶幼稚园;1940年他在江西成立了我国第一所公立幼稚师范学校。陈鹤琴对中国儿童教育的贡献不止于此,他还出版了大量的著作,提出"活教育"的课程理论。

"活教育"观点认为"大自然、大社会都是活教材"。在传统的私塾教育中,家长把孩子送到学校去"读书",老师的工作是"教书","大家把'书'当成了唯一的教学资料",儿童获得的知识是间接的、死板的③。他在《现在的幼稚教育之弊病》中指出:"现在幼稚园的弊病在于与环境接触太少。小孩子生来无知识,是在与环境社会相接触中渐渐稍有知识,稍有能力的。接触的机会越多,知识越丰富,能力也愈充分。"④因此需要为儿童创设与天然环境充分接触的机会,把大自然、大社会作为儿童的教材,帮助儿童获得生动、直观的知识经验。环境不单单是指物的环境还包括人的环境。陈鹤琴非常重视儿童的后天生长环境,他认为,父母人为创造的教育环境比物的环境更重要,教师需要以身作则,为儿童做出优美的示范,学校宜养成纯美的校风让儿童模仿。"孩子的本性是好的,但由于受成长环境的影响,孩子要么变好,要么变坏。……我们可以认为,孩子在成长的环境中的所见所闻都会对他造成一定的影响。"⑤

育儿宝典

"环境"一词在不同的学科中有不同的理解,婴幼儿需要的环境与成人的环境存在诸多差异。

(1)在安全性方面:婴幼儿缺乏自我保护和危险判断的能力,他们的环境更需要注重安全。甚至环境中的温度、湿度以及空气质量都需要一定程度控制,以确保他们的健康。而成人环境在安全性方面的要求相对较低,因为成人具有自我保护和危险判断的能力。然而,成人环境也需要保持一定的整洁和卫生,以避免疾病和意外伤害的发生。

(2)在刺激性方面:婴幼儿处于快速发育阶段,他们的环境需要提供丰富的刺激来促进感官和大脑的发育。例如,提供色彩鲜艳的玩具、图书等,以激发婴幼儿的好奇心和求知欲。此外,婴幼儿环境还需要有一定的变化性,以持续吸引他们的注意力并促进探索行为。而成人环境在刺激性方面的要求相对较低,因为成人的大脑和感官已经发育成熟。

(3)在适应性方面:婴幼儿的环境需要根据他们的成长阶段和个体差异进行适应性调整。例如,随着婴幼儿活动能力的增强,环境中的限制逐渐减少,需要给他们提供更多的活动空间。同时,婴幼儿环境还需要根据他们的兴趣和需求进行个性化设置,以促进全面发展。而成人环境

① 罗雅芬.儿童的一百种语言:瑞吉欧.艾米莉亚教育取向——进一步的回响[M].台北:心理出版社,2000:182.
② 陈鹤琴.我的半生[M].上海:华华书店,1946:29.
③ 陈鹤琴著,北京市教育科学研究所编.陈鹤琴全集(第四卷)[M].南京:江苏教育出版社.1989:365.
④ 陈鹤琴著,陈秀云、陈一飞编.陈鹤琴全集(第二卷)[M].南京:江苏教育出版社.2008:03.
⑤ 陈鹤琴著,北京市教育科学研究所编.陈鹤琴文集(上卷)[M].北京:北京出版社,1983:743.

在适应性方面的要求相对较低,因为成人已经具备了适应不同环境的能力。

(4)在情感需求方面:婴幼儿需要更多的情感关怀和陪伴。他们的环境应该充满亲情和爱意,以满足他们的情感需求。父母或照顾者需要经常与婴幼儿进行互动和交流,以建立亲密的亲子关系并促进他们的情感发展。成人虽然也需要情感支持和社交互动,但他们在情感需求方面的表达方式和要求与婴幼儿有所不同。成人更多地通过语言、社交活动等方式来满足自己的情感需求。

任务思考

1. 你怎么理解蒙台梭利所说的"有准备的环境"?

2. 瑞吉欧教育关于环境是"第三位教师"的观点对你有怎样的启发?

3. 我们的传统教育观念历来十分注重环境对人的影响,除了书中提到的例子,你还能想到其他相关的典故吗?

任务二　了解环境创设与利用的重要性

案例导入

　　一对年轻夫妇刚刚搬入新家,他们对自己的新家充满了期待和憧憬,希望为孩子打造一个温馨、安全且富有启发性的成长空间。在布置环境的过程中,这个家庭开始意识到,环境并不仅仅是物理空间的堆砌,它还包括了氛围的营造、材料的选用、色彩的搭配以及家具的布局等多个方面。他们开始研究儿童心理学、教育学以及室内设计的相关知识,试图找到一个平衡点,让家成为一个真正的"成长乐园"。

　　通过这一案例,我们可以初步感受到环境的创设与利用远比想象中复杂。环境能为婴幼儿的成长提供哪些支持与帮助? 除了家庭环境,还有哪些环境会影响婴幼儿的发展?

　　婴幼儿期是个体发展最迅速的时期,环境作为外在刺激源,对婴幼儿的感官发展、认知构建、情感培育以及社会行为模式的形成起着决定性作用。良好的环境能够激发婴幼儿的学习兴趣和探索行为,促进其大脑神经元的连接和突触的成长,进而优化认知结构。同时,稳定、和谐、充满爱的环境有助于婴幼儿建立安全感,形成积极的情感反应和健康的心理状态。此外,通过与环境中的人、事、物互动,婴幼儿逐渐学会沟通、合作与分享,为其成为具有社会适应能力的个体打下坚实基础。因此,一个安全、卫生、适宜、稳定,充满爱且丰富多彩的环境对于促进其全面发展具有重要意义。

一、为婴幼儿健康成长提供重要保障

　　0～3岁婴幼儿对环境的依赖十分明显,适宜的环境能确保婴幼儿的安全与健康,是婴幼儿成长不可或缺的重要因素。

(一) 家庭照护环境能满足婴幼儿成长的基本需求

　　家庭是0～3岁婴幼儿生存、发展的主要场所,父母是婴幼儿养育照护和健康管理的第一责任人,科学的养育照护和健康管理是促进婴幼儿健康成长的重要保障[①]。

1. 满足生理需求

　　婴幼儿期是个体生长发育最迅速的时期,应该在家庭中创设适宜的生活条件以满足其生理需求。包括提供充足的营养食物,确保婴幼儿获得均衡的营养摄入,支持其身体的正常发育;还包括家庭环境的清洁、卫生,减少疾病传播的风险,为婴幼儿提供一个健康的成长空间。

2. 满足安全需求

　　安全是婴幼儿成长过程中的首要需求。家庭环境应确保婴幼儿在探索世界时不会受到伤害。这要求家庭环境布局合理,例如,家具边角圆润无锐角,地面防滑,电源插座遮盖等,以减少意外伤害的发生。此外,家庭成员应密切关注婴幼儿的动态,及时发现并消除潜在的安全隐患。

3. 满足情感需求

　　婴幼儿在成长过程中需要得到关爱与陪伴,以满足其情感需求。家庭照护环境应充满爱与温暖,父母和家庭成员应给予婴幼儿足够的关注和照顾,通过亲密的肢体接触、温柔的话语以及积极的互动,建立起深厚的亲子关系。这种良好的情感交流有助于婴幼儿形成积极健康的心理状态,为其日后的社交能力发展奠定基础。

---

① 国家卫生健康委. 3岁以下婴幼儿健康养育照护指南(试行)文件解读[EB/OL]. (2022 - 11 - 28)[2024 - 09 - 27]. http://www.nhc.gov.cn/fys/s3586/202211/556e3097042141bcaa6bb003aab710ca.shtml.

（二）托育服务环境是帮助婴幼儿成长的坚实后盾

我国大力发展普惠托育服务体系:增加普惠托育服务供给;降低托育机构运营成本;提升托育服务质量[1],打造更优质的托育服务环境促使婴幼儿健康成长。

1. 提供专业婴幼儿照护

托育服务机构中的照护人员通常都具备专业的婴幼儿照护知识和技能。他们了解婴幼儿的生理和心理特点,能够根据每个孩子的不同需求,提供个性化的照护服务。照护人员的专业性通过环境设计得以放大。如"观察记录墙"实时呈现婴幼儿发展数据,指导照护者调整互动策略;混龄游戏区的"小社会"环境设计,使婴幼儿合作行为发生率大大提高。这种人与环境的协同模式,提升了个性化照护效能。可见托育机构的照护服务并非孤立存在,而是与环境要素深度结合,形成促进婴幼儿发展的"生态链",通过系统性地构建科学化、生态化的托育环境,为0~3岁婴幼儿打造符合其生长发育规律的"第二成长空间"。

2. 打造更贴心的婴幼儿照护环境

托育服务为忙碌的父母提供了极大的便利,使他们能够兼顾家庭与职业发展。托育环境建设则通过显性安全保障与隐性发展支持,重构家庭与机构之间的信任纽带。家庭作为二至三代人共同生活的空间,其环境创设需要满足不同家庭成员的需求,还需要考虑到婴幼儿年龄的增长,预留环境变化与改造的余地。而托育机构中的环境是完全为0~3岁婴幼儿打造的,为不同月龄的婴幼儿创设不同的环境。有的机构还为不同的目的创设专属环境,例如婴幼儿感统训练室、绘本阅读室、音乐或美术功能室等。托育环境建设中的安全保障更是赢得了家长的信任与支持,共同为婴幼儿的健康成长提供助力。

（三）社会安全环境是保障婴幼儿成长的重要支撑

作为婴幼儿成长的外部条件,社会安全环境扮演着至关重要的角色,是保障婴幼儿健康成长的重要支撑。社会及社区应致力于优化儿童发展环境,保障儿童生存、发展、受保护和参与权利,全面提升儿童综合素质,为实现第二个百年奋斗目标、建设社会主义现代化强国奠定坚实的人才基础[2]。

1. 提供稳定的生活背景

婴幼儿期是个体身心发展的关键时期,稳定且安全的社会环境能为婴幼儿提供安心的成长背景。当社会处于和平、稳定状态时,家庭和社会成员能够专注于婴幼儿的照顾和教育,为他们提供必要的物质和精神支持,这有助于婴幼儿形成稳定的情感依恋,促进其身心健康发展。

2. 保障基本生活需求

社会安全环境体现在对婴幼儿基本生活需求的保障上,包括食品安全、居住安全、医疗安全等方面。例如:食品安全环境的改善能够确保婴幼儿摄入的食物安全、营养,有利于身体健康;居住安全环境的提升则能减少婴幼儿因居住环境不佳而引发的健康问题;医疗安全环境的优化能确保婴幼儿在生病时得到及时、有效的治疗。

3. 减少外部威胁和风险

社会安全环境的好坏直接关系到婴幼儿面临外部威胁和风险的程度。在一个安全的社会环境中,婴幼儿遭受暴力、虐待、遗弃等恶性事件的风险会大大降低。同时,良好的社会治安环境还能减少婴幼儿因意外事件(如交通事故、溺水等)而受到伤害的可能性。

4. 促进早期教育和社交发展

社会安全环境为婴幼儿早期教育和社交发展提供了有利条件。在安全的社区环境中,婴幼儿有机会与同龄伙伴进行互动,参与各种早教活动,这有助于他们培养社交技能、提高认知能力。同时,安全的社区环境还能激发家长和社区居民参与婴幼儿教育的积极性,共同为婴幼儿的成长营造良好的氛围。

---

[1] 国家卫生健康委人口监测与家庭发展司. 关于进一步完善和落实积极生育支持措施的指导意见[EB/OL]. (2022 - 08 - 16)[2024 - 09 - 27]. http://www. nhc. gov. cn/rkjcyjtfzs/s7785/202208/9247dd64744c42df9522c4fa2cb78e42. shtml.

[2] 国务院. 国务院关于印发中国妇女发展纲要和中国儿童发展纲要的通知[EB/OL]. (2021 - 09 - 27)[2024 - 09 - 27]. https://www. gov. cn/zhengce/content/2021-09/27/content_5639412. htm.

5. 增强家庭和社会的责任感

社会安全环境的建设还能增强家庭和社会对婴幼儿成长的责任感。当社会普遍重视婴幼儿的安全和健康时,家庭和社会成员会更加积极地履行自己的责任,为婴幼儿提供更好的成长环境。这种责任感的提升有助于形成全社会共同关注婴幼儿成长的良好风尚。

二、环境与婴幼儿健康发展的关系

精心创设的环境对婴幼儿健康发展具有深远的影响和积极的推动作用,主要体现在身体健康、心理健康、认知发展、社会情感发展等方面。

(一)对身体健康的影响

1. 减少疾病风险

适宜的环境温度和湿度有助于减少婴幼儿感冒、咳嗽等呼吸道疾病的发生。保持良好的通风和卫生条件,可降低细菌、病毒等病原体的滋生和传播,从而减少婴幼儿感染疾病的风险。

2. 促进身体发育

丰富的环境刺激,如色彩鲜艳的玩具、形状各异的教具等,可以激发婴幼儿的好奇心和探索欲,促进他们的身体活动,有助于骨骼、肌肉等身体组织的发育。安全、舒适的环境可以让婴幼儿自由地爬行、站立、行走等,锻炼身体协调性和平衡感。

(二)对心理健康的影响

1. 培养安全感

温馨、和谐的家庭氛围和稳定、安全的生活环境可以让婴幼儿感受到家人的关爱和保护,从而培养他们的安全感。这种安全感是婴幼儿心理健康发展的基础,有助于形成积极的自我认知和情绪管理能力。

2. 促进情感发展

环境中充满爱的元素,如家庭照片、亲子活动等,可以增强婴幼儿与家庭成员之间的情感联系,促进他们的情感发展。婴幼儿在感受到爱的同时,也会学着表达和调节自己的情绪,形成健康的情感表达方式。

(三)对认知发展的影响

1. 激发好奇心和探索欲

丰富的环境创设可以激发婴幼儿的好奇心和探索欲,促使他们主动观察、思考和操作。这种积极的探索行为有助于婴幼儿形成对新事物的认知和理解,促进智力发展。

2. 促进感官发展

婴幼儿通过触觉、听觉、视觉等感官来感知世界。环境创设中提供的多种感官刺激,如触摸墙、音乐播放等,可以促进他们的感官发展。感官发展是婴幼儿认知发展的重要组成部分,有助于他们更好地理解和适应周围环境。

(四)对社会情感的影响

1. 增强社交能力

婴幼儿在与周围环境的互动中,会逐渐学会与他人建立联系和沟通。丰富的环境可以提供更多的社交机会,帮助婴幼儿锻炼社交技能,如分享、合作、等待和解决冲突等。

2. 培养同理心

婴幼儿在观察和理解他人的情感反应时,会逐渐发展出同理心。充满关爱和尊重的环境有助于婴幼儿更好地感知他人的情绪和需求,从而培养出更加友善的性格。

3. 塑造积极性格

婴幼儿在环境中的体验会深刻影响他们的性格形成。积极、鼓励和支持的环境有助于婴幼儿形成自信、乐观和勇敢的性格特质。这些特质将伴随他们成长,成为他们面对未来挑战的重要力量。

育儿宝典

　　环境对婴幼儿的性格塑造有着积极意义。如果想让婴幼儿养成规则意识、收纳习惯,就需要创设规则明确的环境,在日常生活中制定简单明了的规则,如"玩具玩完后要放回原处""鞋子要放在鞋架上"等,这些规则应该与婴幼儿的日常生活紧密相关,便于他们理解和遵守。还可以通过设置不同功能区域,如睡眠区、喂养区、活动区等,每个区域都有固定的位置和用途,帮助婴幼儿建立秩序感和定位感。同时,在区域中放置相应的物品,并贴上标签或图片示意,让婴幼儿了解每个物品应该放置的位置。家长或老师应耐心解释规则的意义,并通过示范和提醒的方式,帮助婴幼儿逐步建立规则意识。

　　同时,家长也需要以身作则。他们是婴幼儿的第一任老师和榜样,他们的言行举止对婴幼儿有着潜移默化的影响。因此,家长可以与婴幼儿一起参与整理收纳活动,如打扫房间、整理玩具等,通过亲子互动增进亲子关系,同时培养婴幼儿的收纳习惯。

任务思考

1. 回顾你身边的人和事,是否发现环境对一个人成长的影响?
2. 想一想,如何利用好环境,使之更积极、正面地影响婴幼儿的成长?

任务三　了解环境创设与利用的基本原则

案例导入

有不少家长为刺激孩子的视觉发育,会在婴儿床和婴儿车上悬挂色彩鲜艳的玩具,却不知他们正在不经意间培养出"斜眼"宝宝!婴幼儿阶段是斜视的高发年龄段。医师指出,斜视不仅对孩子的外观有影响,更严重的会导致视功能受损,影响孩子日后的视功能发育。预防斜视,要从宝宝一出生开始,建议婴儿床和婴儿车上悬挂的玩具与孩子头部的距离最好在1m以上,避免因过度近距离用眼诱发调节性内斜视①。那么,在环境创设中需要注意什么呢?

良好的教养环境能保护婴幼儿的健康,促进婴幼儿认知水平的发展,发挥环境的养育功能。然而,目前婴幼儿教养环境创设中还存在着一些误区,因此我们在进行环境创设时需要遵循一定的原则,而不是盲目操作。

一、主体性原则

0～3岁婴幼儿的骨骼、肌肉、内脏器官以及免疫系统都处于逐步成长的过程中,对温度、湿度、空气质量以及物理环境都较为敏感。婴幼儿的心理与情感世界也正处于构建初期,对于环境与照顾者有强烈的依赖性,急需环境的细心呵护与主动保护。因此,在婴幼儿主要活动空间的环境创设中应以婴幼儿为主,这一原则应当贯穿始终。在进行环境创设时要充分考虑婴幼儿的生理和心理特点,尊重婴幼儿身心发展的规律,设计满足婴幼儿活动与游戏需求的空间场所,提供婴幼儿喜欢且有助于其成长的教玩具。

比如,在家庭环境创设中,可以划分出婴幼儿主要活动空间与成人活动空间,书房、厨房等成人活动空间可以设置障碍,避免婴幼儿进入。像客厅这样的公共活动空间可尽量减少不必要的陈设,利用爬行垫、护栏等创设专属的儿童活动区,如图1-1所示。家中卧室、儿童房以及托育机构的环境创设以婴幼儿的需求为主,可选择向阳的房间作为婴幼儿的活动区,确保光线充足。调节室内的温度与湿度保持在20～24℃,避免过冷或过热。经常通风换气,保持室内空气新鲜,环境有序整洁。婴儿床、婴儿椅、玩具等婴幼儿常接触的物品需要定期清洁与消毒。

图1-1　客厅的儿童活动区

二、安全性原则

0～3岁婴幼儿正处于生命中最为脆弱的阶段,需要更多环境给予的主动保护。不论对家庭还是教育机构来说,安全都是重中之重。安全性原则应该贯穿婴幼儿一日生活的方方面面。

在托育和早教机构的环境设计时就需要考虑到安全因素:桌子、墙面不要出现尖角;托儿所生活用房应布置在首层。当布置在首层确有困难时,可将托大班布置在二层,其人数不应超过60,并应符合有关防火安全疏散的规定。临空的栏杆高度不应小于1.30m;防护栏杆必须采用防止婴幼儿攀登和穿过的构造,当采用垂直杆件做栏杆时,其杆件净距离不应大于0.09m②。设计婴幼儿的玩具时也要考虑安全因素:玩

---

① 广州日报.婴儿床上挂玩具　当心养出"斜眼"宝宝[EB/OL].(2018-01-04)[2024-09-27].http://jiankang.cctv.com/2018/01/04/ARTIRJIFJC5jq13MiOYNEFu180104.shtml.

② 中华人民共和国住房和城乡建设部.托儿所、幼儿园建筑设计规范[M].北京:中国建筑工业出版社,2019:4.

具的颗粒不宜过小;玩具上不宜出现尖锐突起或过于锋利的部位;玩具的玩法也应该是安全的。

在家庭环境创设中应避免摆放尖锐、易倒的家具,确保家具稳固,将桌角、椅角等进行软包处理,防止婴幼儿碰撞受伤;使用安全插座,避免婴幼儿触电,将电线、插座等放置在婴幼儿无法触及的地方;安装防护栏或安全网,避免婴幼儿坠落,窗户旁边不要放置可攀爬的家具或物品;选择适合婴幼儿年龄和发育阶段的玩具和用品,避免选择有小零件的玩具,防止婴幼儿吞咽窒息;将药品、清洁剂等危险物品放置在婴幼儿无法触及的高处或加锁的柜子中。这些措施都能有效保障婴幼儿的安全。

但是安全的环境中也需要给孩子辨别风险的机会,因为不存在绝对安全的环境和无微不至、360°无死角的保护。照护者不但要保证他们基本的安全,也要在他们的日常生活中提供真实感受的机会,帮助他们辨别环境中的"风险",为其接下来的成长做好准备[1]。

拓展阅读

在照护学步儿的时候,看着他们不稳的步伐,照护者尤其担心地面是否平整。其实,从他们可以爬行的时候,照护者就应该考虑为他们提供一些"不平整"的地面。比如,照护者可以在孩子们每日需要路过的通道上放置小拱桥,依据他们的能力设置相应的坡度和宽度,既可以让他们安全地爬过去,也可以让他们在通过的时候必须集中注意力以保持平衡。很多感统训练里都提供了锻炼平衡的器械,但是能够促进他们发展的环境不应仅仅限定在感统室,在日常的环境中也需要给他们提供类似经历的条件和机会。而且,"富有意义的经历会增加它被记住的可能性。重复能够加强大脑回路中的神经通路"。但基于婴幼儿自身兴趣的主动重复并不等于被动地反复训练,感统室里的训练多由照护者主导,而日常环境中引发的活动则更多地是孩子们自己主动的体验和探索,更加能够强化大脑对这些活动的感知,增强婴幼儿辨识风险的能力,并逐渐学会如何在风险中保护自己[2]。

三、适宜性原则

婴幼儿的成长十分迅速,不同家庭或机构之间的差异也十分明显。因此面向不同年龄层次以及不同家庭背景或托育环境的婴幼儿教养环境,也应当有所区别,让其与婴幼儿的年龄特点及成长背景相适应,以更好地促进婴幼儿的成长。

婴幼儿会独立爬行之前的活动空间完全依赖于照护者的行为,因此这一阶段的环境创设以舒适为主,与婴幼儿进行互动和交流,如拥抱、亲吻、说话的同时提供丰富的视觉、听觉和触觉刺激,如播放音乐、展示色彩鲜艳的玩具等。婴幼儿开始独立爬行以后,活动空间得以大大拓展,需要指导家庭成员完成分区,并对婴幼儿主要活动区进行局部改造和整理,在保障安全的前提下,鼓励并支持婴幼儿对周围的探索,适应环境。教育机构中也需要通过乳儿班、托小班、托大班的分区,让不同年龄阶段的婴幼儿能够在适宜的环境中成长。

除年龄因素外,适宜的环境创设还需要考虑婴幼儿的成长背景,如家里有老人或阿姨共同生活,就需要结合家庭成员的不同需求及偏好,共同创设适宜且个性化的婴幼儿教养环境。有的托育机构和幼儿园同处一个建筑空间内,在创设环境时就需要兼顾3～6岁幼儿对环境的需求,使整体环境和谐统一,各得其所。

四、艺术性原则

美的环境不仅能让婴幼儿获得舒适、愉悦的体验,还能增强婴幼儿对美的理解,提升审美能力。因此,

---

① 姜莉.“视、听、做”一体化的婴幼儿语言习得环境研究[J].早期教育(教育教学),2020(6):22—23.
② 同上.

环境创设过程中应遵循艺术性原则,以美的环境感染婴幼儿,让其在环境的熏陶下获得愉悦的审美体验,建立初步的审美认知,培养审美能力。

在建筑空间环境设计时,建筑师通常会确定主色调和一套基本的配色方案。由于婴幼儿对色彩更敏感,因此配色方案需要更丰富、具体。不同的功能区域应该采用不同的配色方案,以更大效率地发挥该空间的功能。

对婴幼儿来说,活动室(客厅)是一日生活的重要场所,综合了学习、游戏、交往等功能。婴幼儿在活动室(客厅)的时间很长,这就要求活动室(客厅)内不宜长期大面积使用单一饱和色彩,长时间的视觉刺激会使婴幼儿产生视觉疲劳,影响视力发育以及对色彩的共鸣。因此,桌椅、柜子等家具以及地面选择浅木色这类亲近自然、饱和度低、容易被忽略的色彩,有助于保持婴幼儿的注意力。墙面同样不宜使用大面积鲜艳的色彩,可以在白色、木色、淡黄、淡绿这样高明度的主墙体色调中加入小面积的彩色,作为点缀。若条件允许,可不定期更换活动室中作为点缀的色块,避免视觉疲劳。

寝室的色彩选择应以保障婴幼儿高质量的睡眠为前提,避免出现能引起他们关注的醒目色彩。床铺同样可以使用浅木色,室内环境可以适当选用低纯度的冷色调,如天蓝色、淡绿色搭配白色、浅灰色,能舒缓情绪,帮助婴幼儿安静下来进入睡眠状态。窗帘需要遮光性强的,不宜出现过多的纹样以及色彩。在寝室空间的色彩搭配中应避免出现强烈的对比,和谐的色彩能够营造轻松舒适的氛围,让婴幼儿愉快地进入梦乡。

功能室与游戏空间的色彩可以相对艳丽些。婴幼儿不会长期处于固定的功能室和游戏空间中,短时间的色彩刺激有助于提升婴幼儿的兴趣,体验色彩带来的新奇感受,并在短时间内保持兴奋,提升活动的积极性,促进婴幼儿的交往。但色彩的选择依然是以不同的空间功能为依据,如阅读室以清新的蓝绿色调为主;餐饮室以促进食欲的暖色调为主;音乐活动室可以选用活泼的彩虹色;游戏室的色彩可以更丰富,对比更强烈,以吸引婴幼儿的兴趣,提高兴奋程度和参与游戏的积极性。

户外空间以及走廊等公共空间可以更多地选用"自然色",从大自然中取材,让活动空间与自然环境融为一体。很多人认为婴幼儿会本能地偏爱鲜艳饱和的色彩,但不能因此就在环境创设中一味地堆积高饱和度的色彩,大面积使用"彩虹色",导致色彩繁杂,产生强烈冲突,造成色彩污染。婴幼儿长期处于大量对比明显的高饱和度色彩环境下容易出现视觉疲劳,致使注意力不集中、烦躁不安,不利于婴幼儿的健康成长。

五、更新性原则

一成不变的环境容易让人感到审美疲劳,婴幼儿也总是对新奇的事物保持旺盛的好奇心,婴幼儿教养环境可以是动态的、更新的,让婴幼儿保持对环境的持续关注,进而发挥环境的教育功能。

环境的更新首先需要注意更新的频率,应该保持在一个合理的范围。过于频繁的更新会让婴幼儿缺乏对环境的安全感;而长期不变的环境则会让婴幼儿感到麻木,逐步减少与环境的互动。其次,更新的范围可更多地集中在玩具和用品的投放上,尽量减少空间分区的格局变化。收纳部分不新鲜的、婴幼儿不感兴趣的玩具和用品,过一段时间后可以作为新鲜的玩具或用品重新提供给婴幼儿使用。照护过程中发现,更换婴幼儿感兴趣的"新"餐具,能在一定程度上刺激婴幼儿的进食欲望。因此,通过循环投放"新"的玩具和用品,能促使婴幼儿保持对环境的兴趣与探索欲望,还能减轻家庭和机构的经济负担。再次,更新时应保证内容的连贯性,采用渐进式动态更新的方法。每次更新玩具、生活用品中的一部分,并保留其他部分。改变空间格局,或者更换家居设备的时候也可以采用渐进的动态更新的方法。这可以让婴幼儿既保持对环境的熟悉感、安全感,又能找到新的环境刺激点,并使得环境连贯、协调、有序,能够持续对婴幼儿产生影响,发挥教育功能。

育儿宝典

托班宝宝被称作"最柔软的群体",需要"最细致的呵护"。我们应该以婴幼儿为主体,托班环境创设注重营造温馨、舒适、如家般的氛围。例如,张贴宝宝的"全家福",采用可摘取的款式满足其情感需求;色彩上以淡绿色或暖黄色为主色调,营造宁静淡雅的氛围,给予婴幼儿和教师美的感受和放松的心情;空间布局上将娃娃家、建构区等安排在教室外面的走廊,使用玩具柜作为隔断,既安全又能激发兴趣和探索行为。

这样的环境有助于婴幼儿形成积极放松的心态,更好地适应幼儿园生活,同时也有利于他们情感的发展和社交技能的提升。

任务思考

案例分析 某托班老师在开学初花了整整一周的时间完成了班级环境创设,还主动加班做环创。她希望能一步到位,把班级布置得美美的,接下来就不用再布置班级环境了。

这位老师的做法对吗?为什么?

赛证链接

一、单选题

(2024 全国托育职业技能竞赛基础知识模块题库)(　　)提供人类心理发展的最初自然物质前提。

A. 遗传因素　　　　B. 生理成熟　　　　C. 自然环境　　　　D. 社会环境

二、多选题

(2024 全国托育职业技能竞赛题库)托育机构的环境创设主要是指(　　)。

A. 购买大型玩具　　　　　　　　B. 安装塑胶地板

C. 合格的物质条件　　　　　　　D. 良好的精神环境

三、判断题

(2024 全国育婴员技能竞赛基础知识模块题库)使用安全、有效的方法对日常生活环境做表面的消毒,不仅能提高我们的生活素质,更能预防疾病,保障健康。(　　)

项目二 创设婴幼儿家庭教养环境

💡 **项目导读**

良好的环境能为婴幼儿提供适宜的光照、温度与湿度,有助于婴幼儿养成良好习惯;丰富的环境能激发婴幼儿的好奇心和探索欲,促进智力发展;而温馨和谐的家庭关系则能增强他们的安全感。与家庭成员的互动有助于婴幼儿学习社交技能。

本项目明确了家庭教养环境创设的要点,强调与家长的沟通与指导,引导他们参与到婴幼儿的教养环境创设中,共同促进婴幼儿的全面发展;对卧室环境、饮食环境、卫生间环境、客厅环境、儿童房环境的创设提出具体的意见和建议。

📖 **教学目标**

知识目标:理解创设家庭教养环境对婴幼儿发展的重要性,掌握0～3岁婴幼儿家庭教养环境的创设要点。

能力目标:能运用相关理论开展对家长的指导工作,根据不同家庭需求创设合适的家庭教养环境。

素养目标:尊重婴幼儿的发展规律以及家庭需求的多样性,在家庭环境创设中体现人文关怀。

⚙ **项目导学**

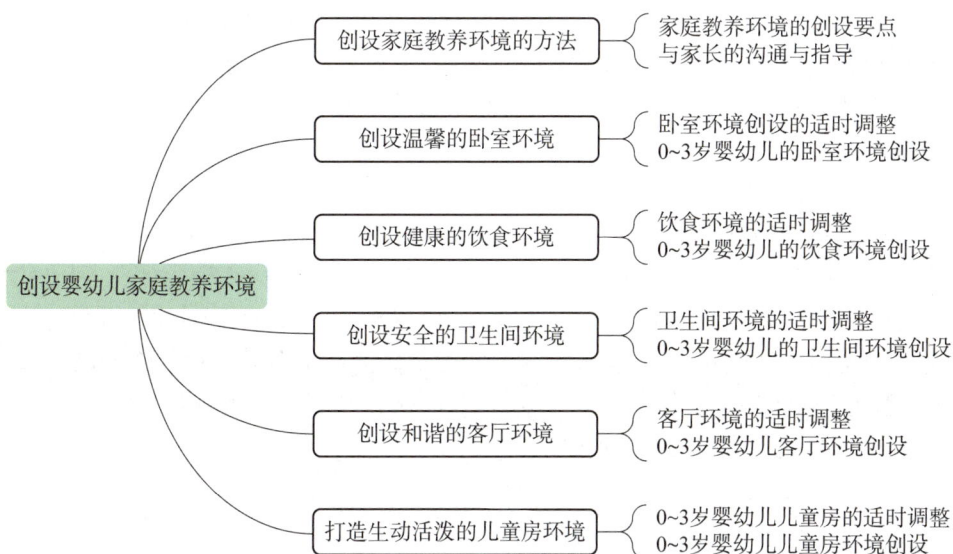

任务一　创设家庭教养环境的方法

案例导入

　　小雨妈妈自从知道自己怀孕后就开始在社交平台浏览各种家装信息,希望为孩子打造一个健康舒适的环境。但是看完信息后发现,几乎整个家都要重装,花费大量的精力和资金,自己喜欢的装修风格和空间都破坏了。有了孩子后难道就要推翻已有的家庭环境吗? 除了装修还要考虑什么环境?

　　家庭是人最初的成长环境,被称作人生的第一所学校。0~3岁婴幼儿绝大部分时间都在家庭中生活,家庭对婴幼儿的早期成长起到关键性的影响。家庭成员之间存在着深厚的情感联系和相互支持,共同生活在一个居住环境中,共享资源,共同承担生活的责任和义务。良好的家庭教养环境创设应该考虑婴幼儿以及每个家庭成员的需要,这也意味着家庭教养环境的创设是个性化的。

　　家庭教养环境是由家庭环境中的主、客观因素共同作用而形成的一种动态发展的氛围。家庭教养环境的构成成分复杂,但大致可以把它们分为主观因素和客观因素。主观因素是包括家庭成员的人格特征、家庭教养方式、家庭成员的情感气氛、家庭对话质量等,这是很多家长容易忽视的部分;客观因素包括家庭成员结构、家庭经济状况、家长的职业及文化水平基本生存条件等[①]。

　　家庭教养环境对婴幼儿的成长具有深远的影响。一个温馨、安全,富有刺激性和鼓励探索的家庭环境,有助于婴幼儿形成健康的心理状态,培养良好的社交技能,促进智力发展,以及建立积极的人生观和价值观。反之,不良的家庭教养环境可能导致婴幼儿出现行为问题、学习困难、情绪障碍等不利后果。因此,创建一个有益于婴幼儿健康成长的家庭教养环境是非常重要的。

一、家庭教养环境的创设要点

　　家庭由不同的人员组成,可以有多种形态,为了满足家庭成员的休息、健康、娱乐、工作需求等,创设家庭环境是复杂多样的。同时为了照顾婴幼儿的生活,在创设家庭教养环境时,必然要把婴幼儿的成长特殊需求考虑在内,设计出利于婴幼儿发展的空间。随着时间的推移,婴幼儿和家长、祖父母的生活需求都会发生变化,因此家庭教养环境的创设并不是一蹴而就,而是要不断调整。

(一) 安全的环境

　　0~3岁婴幼儿家庭安全的教养环境指的是在家庭规划、设计、建造和使用过程中采取的各种措施,以确保居住者的生命安全、身体健康和财产不受损害。在0~3岁婴幼儿家庭教养环境的创设中,安全性尤为重要,要顾及婴幼儿脆弱的身体、特殊的探索行为和薄弱的安全意识,既让他们有足够的探索空间又能保证安全的环境。

1. 硬装

　　硬装是指在室内装修中那些固定的、不可移动的装饰物及构造,它是装修工程的基础部分。硬装涵盖了房屋内部的基础设施和结构性装修,主要包括地面工程、墙面工程、顶面工程、木作工程、油漆工程、水电工程、结构改造、卫生洁具、厨房设施等。硬装工程通常在装修初期进行,一旦完成,后续的改动较为困难和昂贵,因为它涉及房屋的结构和基础设施,决定了室内空间的基本布局和功能性,是后续软装的基础。所以如果家庭计划在入住新家后生育,就应该提前规划好房间、家具、水电等硬装,设计符合婴幼儿生活的环境。家庭的硬装内容可以参考表2-1,提前规划。

---

①　张庭辉. 家庭教养环境与幼儿人格形成和发展关系的研究[D]. 重庆:西南大学,2009.

表 2-1　家庭常见硬装工程内容

硬装工程	工序或材料
地面工程	地板的平整、铺设地砖、木地板、石材或复合材料等
墙面工程	墙面的抹灰、刮腻子、贴瓷砖，木材饰面、墙纸或涂料等。这部分是甲醛等有害物质的主要来源之一，采购时要选择环保型的涂料和黏合剂
顶面工程	处理天花板，如刷漆、贴石膏板、安装吊顶等；水电线路可以提前设计，安装在吊顶里
木作工程	主要指定制家具和橱柜的安装，如嵌入式衣柜、书架、橱柜、门框、窗框等；木作的材料有实木板、颗粒板、密度板、各类合金等
油漆工程	墙面、天花板、定制橱柜、金属框架等物品的刷漆；刷漆可以起到装饰、防腐、防锈等作用
水电工程	水管、电线的铺设，插座、开关的安装，以及照明系统的设置；在装修前要根据生活习惯，合理安排插座、开关、水龙头、灯具等布局，避免线路裸露和短路风险
结构改造	拆墙、新建隔断墙、门窗的更换等；有幼儿的家庭要在楼梯口和阳台安装安全栅栏或防护网，防止幼儿跌落
基础设施	空调、暖气系统、新风系统、通风管道的安装
卫生洁具	洗手盆、马桶、淋浴设备、淋浴间等固定卫浴设施安装
厨房设施	固定安装的厨房台面、橱柜、抽油烟机、嵌入式家电、岛台、燃气报警器等

2. 软装

软装也被称为软装饰或软装修，是指在室内设计中，所有可以轻松移动、替换或更新的装饰元素，包括各种家具、窗帘、地毯、灯具、装饰画、植物等。它是在硬装完成后，为了进一步美化和个性化空间而添加的元素。软装在室内设计中起到了重要的装饰和实用功能，不仅可以增添房间的色彩和风格，还能够提升空间的舒适度和居住感受。软装有易于替换的特点，同时有很强的功能性，所以这是新生儿出生后，家长可操作性较大的部分。有了孩子后，软装并不是全部都要更新，一步到位，而需基于不同婴幼儿的月龄在原先的装修上添加、改动。

3. 玩具

0～3 岁婴幼儿玩具是专为这个年龄段婴幼儿设计的玩具，通常根据婴幼儿的发展阶段特点设计。这类玩具的主要目的是促进婴幼儿的感官发展、认知能力、运动技能、语言理解和情感成长。0～3 岁婴幼儿玩具包括触觉和感官发展玩具、运动和身体发展玩具、认知和语言发展玩具、社交和情感发展玩具、安抚和情绪调节玩具等。虽然家长都会为孩子购买玩具，但只有安全合适的玩具才能促进婴幼儿的发展，在选择玩具时要考虑材料的环保性、结构的合理性、年龄的适宜性、造型的美观性、玩法的多样性等，同时规划好玩具的数量、玩具的更新，以及玩具的放置、收纳等。

（二）健康的环境

0～3 岁婴幼儿家庭健康的教养环境是指能够促进婴幼儿全面健康发展的家庭条件和氛围。健康的教养环境对婴幼儿的生理、心理、情感、社会和认知发展都有积极的影响。健康的家庭教养环境是由精神环境和物质环境共建的，和睦的家庭关系能帮助婴幼儿建立安全的依恋和稳定的情绪，家庭成员的爱会传递给婴幼儿；物质环境的支持使得家庭成员能获得良好的心理体验和健康的生活体验。

1. 精神环境

和谐的家庭关系是创造良好精神环境的基础，家庭成员之间能够以一种健康、积极和相互支持的方式互动，创造出一个充满爱、尊重、理解和包容的环境。家庭成员应该相互尊重、喜爱、信任，能有效沟通，有解决问题的能力，尤其当新生儿出现，在打乱家庭原有稳定关系和作息的时候，家长是否能够及时调整，共同养育孩子，处理新增家庭成员带来的各种问题，是维持和谐家庭关系的重要因素。

2. 物质环境

（1）采光

采光是指在建筑设计中，通过规划和设计门窗的位置、大小以及建筑的结构布局，使得建筑物内部能获得自然光线的过程。良好的采光可以改善室内环境的质量,减少对人工照明的依赖,节省能源,并且对人的身心健康有益。自然光线可以促进维生素D的合成,增强免疫系统,改善情绪,调节生物钟等。门窗的设计需要考虑到季节变化、日照角度,建筑物的方向、门窗的尺寸和位置等因素,以达到最佳的采光效果。

（2）通风

室内通风是指在建筑物内部采取措施,使空气得以循环,以替换室内空气,排除室内的污染物、湿气、二氧化碳、异味和其他有害物质,引入新鲜的室外空气,迅速排除室内余热降温。通风可以维持室内空气品质,调节温度和湿度,保持呼吸系统健康,降低传染风险,提升精神状态等。

（3）色彩

室内色彩是指在室内环境中使用的各种颜色,涵盖了墙面、地面、天花板、家具、装饰品以及织物等所有可见表面的颜色。室内色彩设计是室内设计的一个重要组成部分,它不仅影响着空间的视觉美感,还对居住者的情绪、行为和健康有着显著的影响,比如情绪、注意力、睡眠、食欲等方面。冷暖色是指人体对色彩的一般感受,常运用于室内色彩的描述。冷色容易让人感到冷静稳定,暖色则更容易让人感到热烈、欢快。在选择色彩时要考虑空间的功能、居住者的需求以及想要营造的氛围。

（三）适宜的环境

1. 0~3岁婴幼儿发展的需要

新生儿已经具有人体的基本结构和生理功能,但还没完全发育成熟,婴幼儿并不是成人的"缩影",只是简单地减少、缩小物品无法满足他们健康成长的需求。婴幼儿的生理需求是多方面的,涉及营养、睡眠、卫生、安全等多个领域。在环境创设时,应关注婴幼儿的五官、皮肤、运动系统、呼吸系统、循环系统、消化系统、泌尿系统、神经系统发育的特殊性。

0~3岁是人生中成长最迅速的时期之一,这个时期婴幼儿学习能力非常强,通过视、听、嗅、味、触觉等方式大量地接收生活的各种信息,并影响其各方面发展。在环境创设中,除了基本的生存环境,还要为婴幼儿创设可探索的环境,提供符合他们身心需求的家具,增加他们多感官运用的机会。

2. 父母生活的需求

新生儿出生后,家长的精力、财产、生活空间、自由时间都会受到影响。尤其当前,家长不仅注重孩子的健康问题,还很关注孩子的早期教育。恰当的家庭教养环境可以为婴幼儿的生长发育、认知、情感、社交等方面提供积极的支持,减轻家长教养的压力,增加亲子互动。家庭教养环境的创设要在兼顾家长休闲、工作的同时,方便观察照看孩子,为家长创造舒适的休闲区域和适合的工作环境,减少家长育儿压力。

3. 祖父母生活的需求

祖父母在参与照顾孙辈的家庭中也有多种需求,这些需求往往与他们的年龄、健康状况、个人兴趣、与孙辈的关系以及家庭结构有关。有的祖父母是一开始就与家长合住,他们之间的生活习惯和行为相对趋同,对家庭有归属感。但有很多祖父母是为了照顾孙辈搬到新的家庭居住,他们在生活习惯,包括空间布局、家电使用、生活作息等问题上,需要花更多时间来磨合。

家长和祖父母的育儿观念也是婴幼儿家庭产生冲突的重要因素,如果家庭的教育观念不统一、规则混乱,会给婴幼儿带来不良的影响。创设的家庭环境没有考虑到祖父母的思维方式和学习能力,就会因为祖父母认为"没必要""不会用""麻烦"等原因闲置。

（四）发展的环境

1. 稳定的日常生活作息

稳定的生活作息指的是个人在日常生活中形成的一种有规律、有序的活动模式,它通常涉及工作、休息、饮食、锻炼、娱乐等多个方面的平衡。稳定的生活作息有助于个人保持身心健康,提高生活质量,增强生产力,同时也能够促进情绪稳定。稳定的生活节奏对婴幼儿有着重要的作用,包括促进婴幼儿生长发育、增强免疫力、培养注意力、建立安全感、稳定情绪等。在创设环境时可加强对健康日常生活作息的提示,所有家庭成员都要主动遵守。

2. 及时的环境调整

0~3岁的婴幼儿身心发展迅速,家长要根据婴幼儿的生长情况,比如睡眠时间的变化、身高体重的变化、饮食的变化、学习能力的变化、语言的变化等及时调整家庭教养环境。家庭教养环境的创设不可能提前设定统一的模板,因为婴幼儿的发展速度是不一致的,也不可能一劳永逸,一开始就创设出"完美"的环境,最终还是要根据婴幼儿的成长及时调整家庭教养环境。

3. 支持探索的空间

婴幼儿的探索行为是指他们在成长初期主动与周围环境互动,以理解和学习新信息的行为,这对于婴幼儿的认知、情感、社会和身体发展至关重要,是他们学习和发展的重要方式。婴幼儿会通过感官、动作、行为模仿、语言交流等方式进行探索。所以在进行家庭教养环境创设时,要提供让婴幼儿安全探索且能刺激他们发展的机会。

(五) 规划的环境

家庭教养环境在规划时要考虑各个空间的使用功能,有序的空间可以发展婴幼儿的安全感、秩序感、自理能力等。

1. 分区

住宅的分区是指在房屋设计中将不同的功能区域进行合理划分,以优化居住体验,保证生活的舒适性和便捷性。这种分区通常基于家庭成员的日常活动和隐私需求,将住宅内的空间分为不同的区域,如公共活动区(客厅、餐厅、门厅)、私密休息区(卧室、书房、儿童房)、功能辅助区(厨房、卫生间、洗衣房、储藏室),设计时要考虑动静分区、公私分区。婴幼儿自我保护能力弱,较少独立使用某个区域。所以,在成长初期,从家长的空间分割出部分区域作为婴幼儿的生活空间。

2. 收纳

收纳通常指的是将物品整理并有序存放的过程,目的是让空间变得整洁、高效和美观。随着经济的不断发展,中国城市住宅体系也在不断变化发展,商品房和经济适用房成为主要住房类型。再加上祖父母加入核心家庭,帮忙照顾孙子孙女和二孩、三孩,人均住宅面积减少。由于新生儿的出生,家长需要增添很多新的生活物品、玩具和家电,挤压原本的生活空间。因此,需要高效的收纳解决方案来进行空间利用,收纳逐渐成为家庭在教养环境创设中重要的一环。婴幼儿对于物品摆放位置和物品增减变化是非常敏感的,在这期间培养他们的收纳意识和能力也是必要的,所以设计收纳时也要考虑婴幼儿的收纳需求,而不仅仅是面向成人。

二、与家长的沟通与指导

教师在与0~3岁婴幼儿家长沟通教养环境时,要以家庭的需求为主,不可越俎代庖,特别注重沟通技巧和方法,以确保最终设计方案能够满足家庭成员的需求和期望,通过教养环境的创设传递正确的教养观念和科学的教养方式,为婴幼儿的健康成长和家庭的和谐发展奠定基础。

与家长的沟通指导可以是在家庭装修之前进行,也可以是在家庭已经装修后,不同时间的指导内容略有区别。装修前的指导会涉及空间规划、硬装、软装等;已完成装修的家庭指导偏向软装,对原有家庭环境进行更新和提升,而不是重新装修。

(一) 准备阶段

1. 建立信任关系

婴幼儿家庭教养环境创设的服务对象是0~3岁婴幼儿家庭成员,既包括父母,也可能包括与婴幼儿密切生活的祖辈、其他亲戚或者保姆。教师在初次与家长接触时,保持亲切友好的态度是第一步,面带微笑、态度积极,让家长感觉到自己是被尊重、照顾的。

教师应能够换位思考,理解许多家长没有相关背景知识,可能没有办法明确地描述自己想要的环境或者无法快速地做出回应,教师要耐心倾听他们的担忧,理解他们的顾虑。例如,家长可能担心家居改造的费用,不知道如何在家中创造一个既安全又有趣的学习环境。站在家长的角度考虑问题,展现出同理心,交流时观察家长的个性,了解谁是决策者,以便更有效地进行沟通。

2. 调研家庭需求

每个家庭都有其独特的情况和需求，设计家庭教养环境之前要了解家长的家庭结构（如家庭成员的数量和年龄）、家庭成员的生活习惯、婴幼儿的成长现状、特殊需求（如过敏、特殊教育需求）、功能需求、预算限制以及时间安排。在创设教养环境的时候要考虑各个家庭成员对环境的想法和习惯。

沟通时可以使用开放式问题引导家长表达更多细节，例如，询问家庭成员的睡眠质量如何，夜间的主要照护者是谁，希望以怎样的方式安排家庭成员的睡眠空间（由谁跟孩子一起睡觉，或是分开睡），进而根据家长的需求创设相应的睡眠环境。如果家长没有相关的设想也可以通过具体场景的描述，帮助家长想象未来空间的使用情况，这有助于发现潜在的需求和问题。还能分享以往类似情况的案例，帮助家长更好地理解设计的效果和设定自己的期望值，同时也展示教师的能力和审美。这会让家长对教师的建议更加信任和重视。

（二）创设过程

1. 直观明了地展示方案

在婴幼儿家庭教养环境创设时需要向家长展示设计方案，虽然不用像室内设计师那样给出 3D 模型或渲染图这类专业的图纸，但可以提供一些示意图、产品照片、适合婴幼儿的数据（比如高度、层数、弧度等）、色卡等，让家长能直观地理解设计方案，便于家长采购。如果家长有需求也可以根据教师的经验推荐具体的产品。不建议教师主动推荐品牌，以免家长误解，认为教师从中获利。除了设计方案的可视化，教师在沟通时应避免使用过多的专业术语，要用简单明了的语言解释自己的建议。例如，不要说"空间功能区分"，而是具体说明"我们可以把这个区域用作游戏区，那边用作阅读区"。

2. 提供科学育儿指导

专业教师进行婴幼儿家庭环境创设的优势在于，创设时能最大化地考虑婴幼儿健康快乐的成长，同时能向家长提供科学育儿指导。所以，在呈现设计方案时，并不仅仅要告诉家长要怎么布置环境，而且还要让家长知道为什么这样设计环境，对婴幼儿成长有什么积极的支持；要怎么利用创设好的环境，让环境起到该有的作用，不至于浪费空间。家庭环境是具有综合性、多样性、变化性的，它可以使很多家庭成员参与，有多种使用的方式，甚至家庭成员会开发出教师都没有想到的用法。家庭成员掌握科学的育儿方式，那么整个家庭环境就会变得生机勃勃、充满个性，不依赖教师也能持续、健康地发展。

3. 鼓励家庭成员参与创设

婴幼儿家庭环境是为全体家庭成员创设的，每个家庭成员都应该参与到这个过程中。当家庭成员都参与到家庭环境的创设中，他们会感到自己是家庭的重要组成部分，这种参与感会增强他们对家庭的归属感和认同感。每个家庭成员都有自己的喜好和需求，共同决定家庭环境的设计，可以确保空间既反映家庭的共同价值观，也照顾到个人的偏好，从而创造出更加舒适和个性化的居住环境，提高各个环境的使用率。其中，非常特别的一点是，婴幼儿也应该作为家庭环境创设的一份子。虽然很多人以为婴幼儿没有自己的喜好和决策能力，将婴幼儿排除在家庭环境创设之外，但是婴幼儿一出生就有视觉偏好，会对自己喜欢的物品有更长时间的注视。这就说明，婴幼儿也可以选择一些自己喜欢的物品和色彩。随着婴幼儿年龄的增长，他们的个性会越发明显。家长与婴幼儿一起选择和布置房间，让孩子有参与感和成就感，不仅可以提高孩子的自信心，还能增强他们对新环境的适应能力。

（三）后续跟进

婴幼儿家庭环境创设完成后，教师还应后续跟进，了解家庭成员对创设环境的满意度，针对家长在实施过程中遇到的问题及时提供解决方案。帮助家长进行长远规划，给出一些调整建议，不仅关注婴幼儿当前的需求，还考虑他们未来的发展。在这过程中进一步提升自己的环境创设能力。

育儿宝典

开放式设计是现代家庭装修中非常流行的风格，它通过减少隔断、增加空间的通透性，营造出宽敞、明亮的居住环境。对于有 0～3 岁婴幼儿的家庭来说，开放式设计不仅方便家长随时照看孩子，还能增强亲子互动。

常见的开放式设计将客厅与儿童活动区结合,和餐厅、厨房连通。

客厅与儿童活动区可以使用婴幼儿防护栏或者低矮的家具(如矮柜、软凳)划分区域,既保持通透性,又能明确功能分区。

采用开放式厨房设计让家长在做饭时也能照看孩子。比如,在餐厅与厨房之间设置吧台或岛台,既可作为用餐区,也能用于亲子互动。

使用地毯、可移动的家具、灯光或绿植等作为软隔断,可以在开放的空间,划分不同功能区,实现婴幼儿照护与家长生活的共同需求。

任务思考

1. 简述家庭教养环境的创设要点。
2. 简述与家长沟通指导的过程。

实训实践

实训实践任务书

任务名称　婴幼儿家庭的家庭教养环境需求

任务内容　搜索网络或者采访身边有婴幼儿的家庭,了解他们的家庭教养环境创设需求。记录他们认为生活中有效的创设和闲置的创设。

任务要求

(1) 真实客观地整理信息。

(2) 分析其环境创设有效和闲置的原因。

任务目标　了解婴幼儿家庭环创的实际需求。

任务准备　笔、记录本、手机。

任务实施

(1) 复习项目内容,选择记录对象。

(2) 整理资料,形成文本,见表2-2。

表2-2　婴幼儿家庭的家庭教养环境需求

家庭人数:	婴幼儿年龄:	家庭面积:
有效的创设:	具体内容:	原因:
闲置的环创:	具体内容:	原因:

任务二　创设温馨的卧室环境

案例导入

研究表明，与父母同睡确实增加了婴儿猝死综合征(SIDS)的风险。如果与成人同床共睡，在 4 个月以下的婴儿中，猝死的概率会增加 5 倍。当同睡者因为疲倦、服药或饮酒而导致警觉性下降时，发生事故的可能性也会增大[①]。如何保证婴幼儿的安全？让我们通过学习寻找答案。

卧室是指主要用于睡眠和休息的房间，是家庭住宅中最私密的空间之一。卧室的设计和功能可以非常多样化，但其核心目的是为居者提供舒适、安静的环境，让人在一天的活动之后能够获得良好的休息和睡眠。此外，卧室还可以为居住者提供储存衣物、棉被等物品的空间，满足人们基本的生活辅助功能需求，比如衣柜、斗柜或独立的衣帽间等；或者播放音乐，观看电影，放松心情，增添生活乐趣。

婴幼儿出生后，有的跟家长睡同一张床，部分婴幼儿会同家长睡在一间房但睡在自己的婴儿床里，极少婴幼儿单独睡一间房。婴幼儿与家长同睡是我国 0～3 岁婴幼儿睡眠的主要方式，但同床睡对婴儿及家长的睡眠质量有负面影响，容易造成婴儿和父母夜醒增多，睡眠质量不高，睡眠问题发生比例较高，且增加婴儿猝死综合征和意外伤害造成婴儿死亡的风险[②]。研究表明，婴幼儿与家长睡在同一房间的婴儿床上较为合适。中华人民共和国国家卫生和计划生育委员会发布的《0 岁～5 岁儿童睡眠卫生指南》指出："婴儿宜睡在自己的婴儿床里，与父母同一房间，幼儿期可逐渐从婴儿床过渡到小床，有条件的家庭宜让儿童单独一个房间睡眠。"从指南可以看出，幼儿睡眠的器具和空间是会发生变化的[③]。

在进行卧室环境创设时，要考虑到婴幼儿和家长的空间分配，以及家长在照顾婴幼儿的物品收纳和活动动线。由于婴幼儿的照护需要许多物品，比如婴儿床、奶瓶、纸巾、湿巾、纸尿布、衣物、身体乳、玩具等，所以要合理地归置这些物品。比较常用、急用的物品可以摆在床头柜或者专门的操作台；纸尿布、抚触油、玩具等物品则需要及时收纳，以免在日常生活尤其是家长起夜的时候被污染或碰倒。

一、卧室环境创设的适时调整

（一）身体发展的支持

婴幼儿的睡眠周期短，自我安抚能力弱，睡眠时容易发生危险，在创设卧室环境时要关注婴幼儿独特的睡眠需求。睡眠时间、睡眠质量和规律睡眠与人的身心健康密切相关，如果此阶段睡眠不足或睡眠质量欠佳，会对婴幼儿的体格生长、认知发育、情绪行为、代谢和免疫等方面造成不良影响，还会对家人的情绪和家庭功能产生显著和广泛的影响[④]。

卧室应空气清新，温度适宜。婴幼儿入睡时不宜穿太多和太紧的衣服。将卧室的温度控制在 20～25℃，相对湿度控制在 60%～70%，是比较舒适的，婴幼儿就不用穿太多衣服、盖厚被子，从而增加睡眠的舒适度，降低风险。

睡眠环境的创设应选用符合标准、安装牢固的婴儿床、软硬适中的床垫，床垫应与婴儿床大小匹配，没

---

① Moon R Y. How to Keep Your Sleeping Baby Safe: AAP Policy Explained [EB/OL]. (2023 - 10 - 25)[2024 - 09 - 27]. https://www.healthychildren.org/English/ages-stages/baby/sleep/Pages/a-parents-guide-to-safe-sleep.aspx.

② 中华人民共和国国家卫生和计划生育委员会. 0 岁～5 岁儿童睡眠卫生指南[EB/OL]. (2017 - 10 - 26)[2024 - 09 - 27]. http://www.nhc.gov.cn/wjw/fyjk/201710/e63c5fc4c3d74daf9f5234150c4f400a.shtml.

③ 孟森玲，丁媛. 南昌市 717 名 0～35 月龄婴幼儿睡眠现状分析[J]. 中国儿童保健杂志，2024,32(7):795 - 804.

④ 塔尼娅·奥尔特曼. 美国儿科学会育儿百科[M]. 唐亚，等，译. 第 7 版. 北京:北京科学技术出版社，2020.

有缝隙;不使用床围、软枕、软被、睡眠定位器等,以防婴儿在睡眠时窒息①。婴儿床不能放在靠窗或者危险的位置,以免婴幼儿翻出床外,造成伤害。由于发育尚未成熟,婴幼儿容易在睡眠时发生意外,卧室环境的科学创设能够有效减少婴幼儿发生意外的概率。

(二) 睡眠质量的保障

温馨的卧室环境创设有助于婴幼儿和家长获得较好的睡眠质量,减少入睡困难、睡眠节律紊乱、夜醒、睡眠时间缩短、睡眠呼吸问题等睡眠问题。

3 个月前的婴儿,入睡困难和睡眠节律紊乱的发生率较高。因为 3 个月的婴儿尚未发育成熟,睡眠节律尚未形成,还未学会自我入睡的技能。惊醒时需要家长安抚才能较快入睡。因此,环境创设时要考虑安抚婴幼儿所需要的空间。比如,不在婴儿床周围摆放许多的家具,或让婴儿床两边紧贴墙面,都不便于家长与婴儿互动。

3 个月后婴幼儿睡眠逐步规律,其入睡困难和睡眠节律紊乱的发生率逐渐下降。但 1 岁前婴儿的睡眠时间长达十几个小时,因此对婴儿的生活照护不仅要考虑黑夜的情况,比如在半夜起床喂奶、换尿布等,还要考虑白天遮光减噪等问题。噪声、强光、刺激等不良睡眠环境会使婴幼儿大脑过于兴奋,也容易引起睡眠问题。

婴幼儿独立在房间睡觉时,睡眠节律紊乱的发生率也会增高。独立房间睡眠的婴幼儿对黑暗和陌生环境的恐惧会影响睡眠。另外,在独立房间睡眠的婴幼儿夜醒后,家长没办法及时安抚,往往夜醒问题更加严重。家长应根据家庭和婴幼儿的实际情况循序渐进,让婴幼儿从同房分床的睡眠方式逐渐过渡到独立房间的睡眠方式。

电子产品对婴幼儿的睡眠质量也有影响。使用电子产品的频率越高,使用时间越长,婴幼儿的睡眠质量就越差。因此,为了保障婴幼儿的睡眠质量,家长最好不要在卧室里使用电子产品,不宜在卧室放置电视、电话、电脑、游戏机等设备。

(三) 认知发展的支持

卧室对于婴幼儿来说不仅是睡觉的地方,同时也是游戏的场所。年龄越小的婴幼儿,待在卧室的时间越长。等到婴幼儿会爬会走后,他们的生活空间才会大范围拓展。但在卧室里,他们也有很多发展认知的机会。其中,最重要的就是家人之间的互动。人尤其是人脸对于婴儿有强大的吸引力。因此,婴儿床应该选择利于家长俯身与婴儿互动的款式。床的周围摆放便于家长活动的、有靠背的椅子,减轻家长怀抱婴幼儿的负担。其次,视觉卡片、毛绒玩具、布书、硅胶咬嚼环、音乐播放器等也是发展婴幼儿认知的用具。在婴幼儿游戏后需要及时清洁、收纳,所以卧室还要有放置这些用品的地方。

二、0～3 岁婴幼儿的卧室环境创设

创设适合婴幼儿睡眠的卧室环境,可以从大环境和婴幼儿用品两个方面来提升。

(一) 大环境的创设

1. 色彩

色彩可以无声地影响人的情绪。考虑到卧室的主要功能是提供睡眠,所以,容易造成兴奋、烦躁的强烈刺激色彩(明度、纯度、对比度高的色彩)不适合装饰卧室。卧室的颜色宜以柔和的浅淡的暖色调为主,局部小面积可采用明度、纯度较高的颜色点缀。婴幼儿卧室的色彩设计尽量运用安全感较高的色调,如淡黄、淡粉、淡绿、淡蓝、米色等。如果想改变原有色调,也可以考虑用壁纸、氛围灯、装饰画、植物等方式调整。

2. 光线

卧室对光线的要求是比较复杂的。虽然睡眠时需要光线较弱的环境,但没有必要创设一个完全没有

---

① Thomson JL, Hennessy E, Landry AS, et al. Patterns of Food Regarding Junk Food and Sugary Parenting Practices Drinks among Parent-child Dyads [J]. Nutr J, 2020,19(1):91.

光线的环境。全黑的环境容易让人感到恐惧。而且,若婴幼儿习惯在全黑的环境入睡,以后稍微有点亮度的环境都容易影响睡眠质量。卧室的自然采光对人体内的生物钟、睡眠质量和情绪健康都会产生积极影响。特别是月龄较小且长期躺在床上的婴儿,还需要通过阳光合成维生素 D,促进新陈代谢,减轻黄疸(大部分新生儿都有生理性黄疸)。此外,阳光还能去除床被上的螨虫,杀灭细菌。因此,卧室朝向优先选择南向、西向,其次东向,最后北向。如果没有办法选择最优的朝向,可以用灯具辅助,比如吸顶灯、床头灯、壁灯、夜灯、嵌入式灯具等,有护眼、智能功能的更合适。

但光线也不是越亮越好。自然采光好的同时,婴幼儿容易受到强光直射,对皮肤和眼睛有害。需要及时遮阳,可考虑用不同材质的组合窗帘调节光线。婴幼儿躺着的位置也不能在吸顶灯下,避免婴幼儿直视过于明亮的光源。如果光线过亮可以遮挡或减弱光源,但不可以拿纱巾或纸巾盖住婴幼儿的眼睛,这样会影响婴幼儿视力发育,可能发生窒息等危险。

3. 声音

婴幼儿的卧室对声音环境有特别的要求,这是因为婴儿的听觉系统非常敏感,而且还在发育中,过大的声音或持续的噪声不仅会影响他们的睡眠,还可能对听力和整体健康造成负面影响。保持在 40~70 dB 的音量,婴儿舒适且不会造成伤害。超过 90 dB 的声音会引起婴儿强烈的不适反应,包括呼吸急促、烦躁不安和哭闹,长期暴露还可能损害听力。突然的噪声,如摔门声、门铃、手机铃声等,也会惊吓到婴幼儿,惊恐的感觉甚至会延续到睡梦中。值得注意的是,完全无声的环境也会造成婴幼儿不安,因为他们在妈妈肚子里时并不是无声的状态,而是会接收妈妈活动时的声音。所以,有一些日常活动的声音反而有助于婴幼儿睡眠。卧室可以挂上厚实柔软的窗帘、门帘,必要时可以贴上隔音棉,婴幼儿睡觉的时候,手机铃声应及时调小声或静音。婴幼儿睡觉并不需要完全无声的状态,所以家长还是可以休息和工作。

(二) 婴幼儿用品的选择

1. 婴儿床

婴儿床是一种专为婴儿设计的床,为婴幼儿提供安全、舒适和卫生的睡眠环境,有助于婴儿的生长发育和睡眠质量,能有效减少婴幼儿窒息风险。

选购婴儿床还需要考虑床体、护栏的稳定性、安全性、移动性,床的高度要适合家长抱婴幼儿、为婴幼儿护理、进行亲子互动。如图 2-1 所示,护栏高度应大于 66 cm,加床垫后,护栏高度要高出床垫 50 cm 左右。太低,婴幼儿容易爬出来不安全,太高,不方便抱婴幼儿。当孩子长到约 90 cm 高,或站起来时护栏的顶部低于乳头,就应该换一张床。护栏应选择竖杆,横杆容易卡到婴幼儿,还容易翻出婴儿床。杆与杆的间距应小于 6 cm,婴幼儿喜欢把头往栏杆之间伸,太大易卡住婴幼儿的脖颈,太小易卡住手脚。床头板和床尾板不应该有镂空和雕饰,这些容易刮伤婴幼儿。

图 2-1 实木婴儿床

婴儿床并不是越大越好,选择时要考虑婴幼儿的舒适度、房间大小以及婴儿床的使用年限。建议尺寸:床内径长 1.0 m 大约可用到 2 岁,内径 1.2 m 大约可用到 3 岁,内径 1.6 m 大约可用到 5 岁(仅供参考,可以结合家长的身高预设)。也可以选择能调节档位的婴儿床(切记检查可调节护栏的牢固程度,以免脱落造成危害）；床内宽度在 60～75 cm 之间。决定床外径需要测量卧室空间，如果婴儿床需要进出房间，记得确保宽度能通过房门。

婴儿床的种类繁多，包括传统的固定床、摇篮床（手动、电动）、拼接床、多功能床、智能床、床中床等，如图 2-2 所示。每种类型的婴儿床都有其独特的功能和适用场景，需要根据卧室的大小、婴幼儿照护、生活习惯、经费等方面选择。单独的婴儿床是最优的选择，但如果卧室空间较小可以考虑床中床。婴儿床材质有木质、竹质、藤质、金属材质、复合材料等，要确保婴儿床表面光滑无刺，结构、五金牢固，没有带状物品（容易缠绕婴幼儿造成窒息）。可以根据所处地区的温湿度、拆卸移动需求、占地空间、个人喜好等选择。婴儿床不能放在窗边以免婴幼儿翻出护栏坠落，床的栏杆不宜悬挂东西，以防东西掉落砸伤婴幼儿。

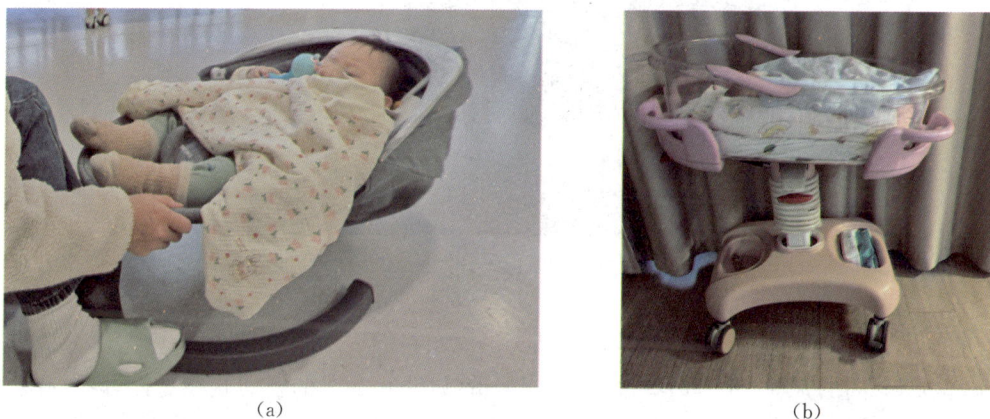

(a)　　　　　　　　　　　　　　　　　　　(b)

图 2-2　摇篮床和移动升降床

大部分的婴儿床是没有床垫的，需要自行选购。要选择结实、偏硬的床垫，软床垫不利于婴幼儿的发育，容易造成窒息。床垫的大小必须符合婴儿床内部的尺寸，防止婴幼儿滑落到护栏和床垫的缝隙。新生儿的床垫放入婴儿床后，如果任何一边还留有两指宽的缝隙，就应该换一张完全合适的床垫。新生儿的婴儿床内不应放置松软的物品或者易滑动的床上用品，包括枕头、被子、软垫、羊毛毯和毛绒玩具等。当婴幼儿睡觉时，可以将他们放入睡袋，穿暖和的睡衣或多层衣服来代替盖被子。婴幼儿睡在婴儿床内时应保持仰睡的姿势。

旋转床铃是一种专门为婴儿设计的玩具，通常安装在婴儿床的上方，距离婴幼儿头部 1 m 以上的位置。旋转床铃上面装有多个轻巧的玩具或装饰物，这些玩具可以是各种形状和颜色的小动物、卡通人物或者其他有趣的图案。要为婴儿挑选色彩鲜艳（婴儿最早能识别的颜色是红色）、造型丰富甚至可以播放乐曲的旋转床铃（播放的音乐应该是活泼或优雅的，不宜太过强烈）。选购时，一定要从下往上看，这样才能知道婴儿躺着看它时的样子。如图 2-3 所示，(a)图中的床铃色彩偏淡，难以吸引婴儿的注意，且玩具悬挂为成人视角，婴儿躺着时只能看到玩具的底部，而非其主要图案。(b)图中的床铃为婴儿视角，更适合平躺时的游戏、观察。婴儿可以自己坐起来之后（大约 5 个月后），应把旋转床铃取走，否则婴儿很容易把它拽下来砸伤自己。

(a)　　　　　　　　　　　　　　　　　　　(b)

图 2-3　旋转床铃

2. 尿布台

尿布台也称为婴儿换尿布台或婴儿护理台,是为更换婴儿尿布,进行抚触而设计的家具,如图2-4所示。家长可以直立照护婴幼儿,避免腰肌劳损。有些尿布台提供了存储尿布、湿巾、抚触油等必需品的空间。虽然尿布台并不是必备的,但很多家长都认为它能很好地解放身体,而且婴幼儿长大后还可以用于收纳。

图2-4 便携式尿布台

尿布台的支撑平台用于放置婴幼儿,要稳定结实。尿布台的表面应该是凹面,中间部分应稍稍低于四周,四边应该有5 cm高的护栏。配备有可调节的安全带,以防止活泼的婴幼儿在更换过程中滚动或掉落。但是,即使有安全防护也不能让婴幼儿独自待在尿布台,不能依靠安全带来保证婴幼儿的安全。

尿布台的下方或侧面可能有抽屉和储物柜,用于存放尿布、清洁用品、更换的衣物等。在为婴幼儿换尿布或换衣服时一定要把多余的物品及时收纳,以免婴幼儿吞食或者乱丢。给婴幼儿穿上纸尿裤后,要穿上衣服以盖住纸尿裤,防止婴幼儿无意间将纸尿裤的塑料内衬撕下甚至吞下去,造成窒息。

3. 尿不湿/尿布

尿不湿是婴儿和幼儿常用的一种日用品,它是纸尿裤、纸尿片、拉拉裤等的统称。尿不湿的设计目的是为了吸收并锁住婴儿的尿液和排泄物,保持婴儿的皮肤干燥,从而减少尿布疹的发生。同时提供给父母和照顾者便利,不必像传统尿布那样频繁地更换。但这不代表着尿不湿可以长时间使用。当婴幼儿尿湿和排便后,尿显条(大部分尿不湿外侧都有这个标识)会变色或者尿不湿膨胀、沉重,需要及时更换;新生儿2~3个小时需要检查并考虑更换尿不湿,随着婴幼儿成长,可以逐渐延时;天气较为闷热时要多关注尿不湿的使用情况,比如婴幼儿的皮肤是否起湿疹。尿不湿需内层亲肤透气,吸水芯体吸收效果好,有防侧漏边,尿显条,整体偏薄易于活动。尿不湿有不同的型号,可根据婴幼儿的体重按需购买。新生儿(小号)尿不湿不宜囤货过多,因为这个阶段他们成长迅速,可能很快就用不上小号的尿不湿。

尿布通常是用棉布或其他天然纤维制成,可以重复使用。需要手工清洗和晾干,然后再次使用。尿布的优点是成本较低,对环境的影响较小,且透气性好,较少引起皮肤过敏。缺点是清洗麻烦,外出携带不便,储存不当会产生细菌。尿布的替换时间与尿不湿类似,需要将婴幼儿的粪便丢进马桶再清洗。

无论是尿不湿还是尿布(包括擦拭的纸巾),替换后都要马上清理干净,不要将排泄物暴露在室内。家长也要及时消毒洗手,减少细菌病毒传染的风险。

育儿宝典

窗帘是家庭装饰的重要组成部分,具有调节光线、保护隐私、隔音降噪、保温隔热、安全防护、装饰环境等多重功能。合理选择和搭配窗帘,可以为家庭营造一个舒适、安全、美观的居住环境。

但是对于婴幼儿来说,部分窗帘可能是不安全的。首先,尽量选择无绳或短绳窗帘,避免使用带有长拉绳的款式,以防婴幼儿玩拉绳被缠绕。如果窗帘带有拉绳,最好把绳子固定在墙上高处或使用安全扣,避免垂落。其次,窗帘杆或轨道应安装牢固。婴幼儿可能会因为好奇心或者保持平衡拽窗帘,要保证窗帘不会被婴幼儿拉扯而脱落。家长需检查窗帘的固定装置,确保安全。最后,记得定期清洗窗帘。帘布面积大,有褶皱,又悬挂在窗边,为了遮阴、隔音,常选用绒布、棉布等材质,这都让窗帘成为巨大的粉尘"搜集器"。定期清洗窗帘,可以避免积灰和细菌滋生。

任务思考

1. 简述 0~3 岁婴幼儿睡眠特点。
2. 简述 0~3 岁婴幼儿的卧室环境创设的要点。

任务三   创设健康的饮食环境

案例导入

　　童童已经 1.5 岁了,父母为了培养童童的自理能力,让童童自己拿勺子进餐,但是童童总是吃得到处都是,还经常把碗打翻,既要家长清理又浪费粮食。有时童童还从椅子爬出来,奶奶看见后,就把童童抱在身上,一勺一勺地喂童童。童童家长十分头疼,到底要不要让童童自己进餐? 可以通过餐厅的环境创设解决这些问题吗?

　　婴幼儿饮食环境指影响婴幼儿饮食质量和习惯的所有条件,包括物理环境、社会环境和心理环境。构建健康的家庭饮食环境被认为是塑造婴幼儿健康饮食行为的重要举措。

一、饮食环境的适时调整

　　婴幼儿的饮食环境不是固定的位置,随着婴幼儿的成长,他们的食物和进食方式会不断调整,用餐地点也会跟着变化。

　　0～6 个月时,婴儿的消化系统尚未完全发育成熟,母乳或配方奶粉是婴儿的主要营养来源。婴儿一般每 2～3 小时喂一次,每天喂养 8～12 次,半夜也需要喝奶。这个时候婴儿大部分都在卧室里进食。为了方便,应准备专门的区域放置吸奶器、储奶袋、温奶器等工具。母亲应注意个人卫生,喂奶前后用温水轻轻擦拭乳头、乳晕,保持乳房清洁。如果乳头皲裂,可以涂抹乳汁或植物油,严重时可以湿敷康复新液、红霉素眼膏等药物(喂奶前要擦拭干净,若情况更严重则应停止哺乳)。这些物品可以根据母亲的喂奶习惯放在触手可及的地方。

　　0～6 个月时婴儿主要是依靠母亲哺乳,一个安静私密的空间更加符合母亲和婴儿的需要,所以大部分人会选择在卧室哺乳。如果是用奶瓶喂奶,可选择的空间比较灵活,但安静的空间会让婴儿感受安全,也便于家长与婴儿互动。阳台或者客厅并不是良好的哺乳地点,这些地方有太多的干扰因素,影响婴儿进食的专注力,不利于消化和良好饮食习惯的养成。

　　从 6 个月开始,婴儿在母乳、配方奶粉的基础上逐渐引入辅食。辅食应为质地细腻、易于消化的食物,如蛋黄、鱼泥、肉泥、蔬菜泥、果泥等,家长应鼓励婴幼儿尝试新食物。婴儿的饮食场所渐渐地从卧室转向客厅或餐厅。家长应提供安全的用餐环境,让婴幼儿坐起再喂食;选择合适的勺子,观察婴幼儿咀嚼吞咽情况,防止婴幼儿因食物窒息或其他意外伤害。当婴幼儿开始吃辅食时,可以让他们和家人一起在餐厅进餐,模仿大人的饮食行为,有利于学习餐桌礼仪和社会交往,与家人增加感情。

　　1 岁后,应允许婴幼儿自己用手抓食物或用勺进食,训练婴幼儿用杯子喝水,培养他们的独立进食能力,在餐厅进食更有利于婴幼儿的自主进食能力发展。

二、0～3 岁婴幼儿的饮食环境创设

　　0～3 岁婴幼儿的饮食环境指围绕婴幼儿进餐的所有外部条件,包括物理环境、社会环境和情感氛围。良好的饮食环境对于婴幼儿的健康成长至关重要,因为它不仅关乎营养的摄取,还涉及婴幼儿对食物的态度和饮食习惯的建立。

(一) 大环境的创设

1. 物理环境

　　首先,家长要确保厨房和餐厅清洁卫生。厨房是准备和存储食物的地方,若不清洁,容易滋生细菌、病毒、霉菌和寄生虫等病原体,导致食物中毒、感染性疾病和过敏反应。婴幼儿的免疫系统未完全发育,比成

年人更容易受到侵害,因此并不是家长没生病就可以不注重卫生。每次用餐前后都要整理好餐厅,婴幼儿餐盘中吃剩的辅食要及时倒掉,不要放到下次再吃。及时清理垃圾,保持整洁,帮助婴幼儿养成良好的用餐习惯。婴幼儿在自主进食的初期容易洒落食物,家长会比之前有更多的打扫工作,需要足够的耐心和细心。

物理环境的感官会影响婴幼儿和家长的食物选择。研究表明,人在明亮的环境中比在昏暗的环境中对于食品的安全感知更高,相比于昏暗的光线,人倾向于在明亮的光线下选择更多的健康食物。环境中的色彩会通过影响人对食物的味道、偏好和接受度的感知,影响人对食物的选择。例如,相比于暖色餐桌,人在冷色餐桌上会更多地做出以荤菜为主的食物选择。低音量的音乐会诱发个体的放松状态,从而增加个体对于健康食物的选择;而高音量的音乐会增加个体的兴奋程度,从而增加个体对于不健康食物的选择。因此餐厅的环境创设应该是光线明亮,色彩清新,没有不健康食品的环境,如果有需要可以播放一些轻柔低音量的音乐。

2. 社会环境

婴幼儿家庭饮食环境包括喂养行为、进餐干扰、家长的健康饮食素养等社会文化环境因素。

家长采用的喂养行为对婴幼儿的影响是长久的。比如,强迫婴幼儿吃健康食品或将食物作为奖惩手段,会降低婴幼儿对健康食品的食欲,更偏好摄入高能量和高脂肪的食物,以后孩子更容易暴饮暴食。另外,家长也不要用食物来调整婴幼儿的不良情绪或行为,这样会使他们更容易在不良情绪下进食量减少,也可能引起了婴幼儿通过拒绝食物来宣泄他们不良的情绪,用"绝食"来威胁家长。

生活中,婴幼儿的进餐干扰主要来源于电视、手机,进餐时看电视、手机的婴幼儿,进餐时间都会延长。画面和声音会分散婴幼儿的注意力,使他们不能认真品尝食物,有的婴幼儿会长时间含在嘴里,有的则随意吞咽。这对婴幼儿的消化系统发育是非常不利的,有可能发生窒息等生命危险。家长应以身作则树立正确的榜样,不看电视手机,专心陪伴婴幼儿用餐,营造良好的就餐环境,增强用餐的趣味性。

家长要培养自己的健康饮食素养,包含对健康食物的认识(了解日常食物中的营养物质以及它们对婴幼儿成长发育的作用)、选择(知道如何挑选新鲜、高质量的食物)以及最终行为的落实(懂得如何搭配食物,确保婴幼儿摄入均衡的营养,建立固定的饮食时间表)。婴幼儿食材的采购要新鲜并符合婴幼儿的营养需求,没有必要给婴幼儿买糖果、饮料或者其他零食。食物的可及性会影响食物的摄入情况,所以家长要把水和果蔬摆在婴幼儿看得见、摸得着的地方。如果家长想吃零食,一定要把它藏好,不让婴幼儿看见。家长日常饮食也需健康均衡,为婴幼儿做好榜样。

3. 情感氛围

积极的进餐情感氛围会让婴幼儿更加喜欢进餐环境,增进亲子关系,巩固良好的饮食习惯和饮食能力。家长在喂养婴幼儿时要多与他们进行眼神交流,使用鼓励的语言表扬婴幼儿的努力,比如描述食物如何美味有营养,夸奖婴幼儿勇于品尝新食物,称赞婴幼儿进餐的好行为等。

家长对婴幼儿的挑食或拒绝新食物的行为要有同理心和耐心,体会婴幼儿面对新食品时害怕、不适应的感觉。婴幼儿刚开始自主进食时也容易把食物洒落,家长不要把勺子从婴幼儿手中夺走,要鼓励他们不断练习,可能 1 岁之后婴幼儿才能做到连续地用勺子把食物放进嘴里。设身处地地思考,会更好地缓解家长自己的情绪。同时,家长要避免在进餐时产生冲突或者在进餐时工作,这会让婴幼儿感到害怕和紧张,影响他们的进餐体验,进而讨厌进餐。

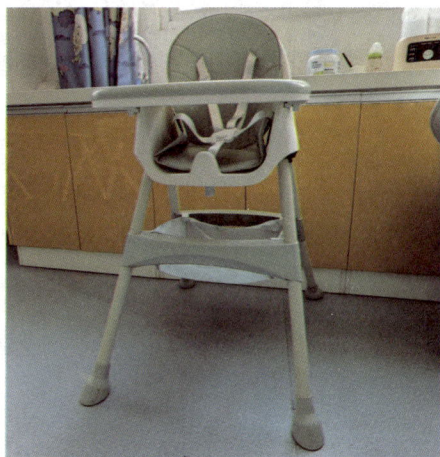

图 2-5　婴幼儿餐椅

(二) 婴幼儿用品的选择

1. 婴幼儿餐椅

如图 2-5 所示,婴幼儿餐椅是一种专门为婴幼儿设计的座椅,旨在帮助他们安全、舒适地进餐,不同月龄的婴幼儿有相应的款式。0~6 个月的婴儿餐椅,一般有新生儿内垫,倾斜度可调,可调至平躺;6 个月以后婴幼儿可以换成能坐直的餐椅。

安全性是婴幼儿餐椅的最基础的要求,目前常见的款式主要有四腿式、三角式以及 Z 字型三种结构,都是结构稳定的产品。四腿式餐椅便宜,但占据的空间较大;三角式餐椅好收纳;Z 字型不占位但比较重,不好移动。除了力学设计以外,还要检查婴幼儿餐椅的材质是否结实,餐椅是否有安全带,坐垫是否滑动,是否有夹婴幼儿的缝隙等。安全带更推荐选择五点式安全带或三点式背带。

婴幼儿餐椅的舒适度是决定婴幼儿是否愿意使用餐椅的关键因素,包括座椅的深度、桌板与椅背的距离、安全带的材质、围栏高度和边缘过渡、脚踏板等,都会影响婴幼儿的舒适度。选择婴幼儿餐椅时需要考虑婴幼儿的上半身高度、胸围、手长、体重等数据,有条件也可以带着婴幼儿试坐后再购买。

许多餐椅的高度、座位倾斜角度和脚踏板位置都是可调节的,可以根据婴幼儿的成长阶段调整,保证孩子的舒适度。部分高级的婴儿餐椅除了用作餐桌椅外,还可以转换成儿童书桌椅或者成人餐椅的一部分,以适应孩子成长的不同阶段。

婴幼儿进食时难免会洒落食物,婴幼儿餐椅易于清洁对家长来说会方便很多。皮质的婴幼儿餐椅虽然舒适但不好打理;塑料、木质的婴幼儿餐椅更受欢迎,它们容易擦拭;有些婴幼儿餐椅甚至可以拆卸清洗。增加可拆卸坐垫,既保证婴幼儿的舒适度,又能保证餐椅卫生。

2. 口腔清洁工具

尽管婴儿在长牙之前口腔内没有牙齿,但也要维护口腔卫生。婴儿喝完奶后的口腔中会有奶渍和其他细菌,这些残留物会导致口臭、口腔感染等问题。通过清洁口腔,可以减少细菌的数量,降低感染风险,为未来牙齿的健康生长创造良好的环境。此外,还可以从小培养婴儿对口腔卫生的重视,习惯口腔清洁的过程,有助于日后形成良好的个人卫生习惯。

在牙齿长出之前,家长可以用干净的湿纱布或特制的指套牙刷轻轻擦拭婴儿的牙龈,以去除口腔内的细菌和残留物。选择医用纱布(大小约 4 cm×4 cm)或者指套牙刷,再准备一杯温开水。把纱布或指套牙刷裹在食指上,用温开水沾湿。然后将食指伸入婴幼儿口腔内,轻轻擦拭婴幼儿的舌头、牙龈和口腔黏膜。对已长牙的婴幼儿,以食指裹住湿纱布,水平横向擦拭清洁乳牙。

婴幼儿第一颗牙齿开始长出来,通常是在约 6 个月大的时候,就可以开始使用婴儿牙刷和少量无氟牙膏(或只用水)来清洁牙齿(选择牙刷时要检查产品是否符合 GB 39669 - 2020 标准,如图 2 - 6 所示)[①]。初期可以使用纱布或手指牙刷,随着牙齿的增多,逐渐过渡到适合婴儿使用的软毛牙刷。2 岁左右,婴幼儿可以在家长的指导下自己刷牙,但还需家长监督才能每天认真刷牙。

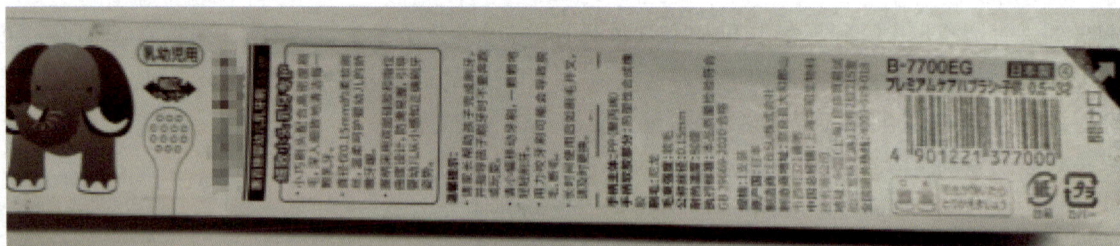

图 2 - 6　牙刷产品标准

选择专门为婴幼儿设计的牙刷。市面上有标明适合不同年龄段儿童的牙刷,如"0～2 岁""2～5 岁"等,这些牙刷色彩鲜艳、有卡通图案,可以增加婴幼儿刷牙的乐趣。婴幼儿的牙刷是软毛刷,刷毛末端经过特殊处理,更加圆润,减少对牙龈的刺激。但刷毛过软清洁力度不佳,公称丝径 0.13 mm 或者 0.15 mm 的刷毛较为适合婴幼儿,见表 2 - 3。

---

① 中华人民共和国工业和信息化部. 牙刷及口腔器具安全通用技术要求. (GB 39669 - 2020)[EB/OL]. (2020 - 12 - 24) [2024 - 09 - 27]. https://std.miit.gov.cn/#/index.

表2-3　牙刷毛束强度分类表

毛束强度分类	公称丝径(φ)/mm
软	$\varphi \leqslant 0.18$
中	$0.18 \leqslant \varphi \leqslant 0.22$
硬	$0.22 \leqslant \varphi \leqslant 0.35$

刷头的大小与婴幼儿的口腔大小相匹配,能够轻松到达口腔中的各个角落。刷头的长度大概相当于2颗牙齿的宽度,换算到刷毛的数量:乳牙期大约4~6束刷毛,恒牙大约5~8束刷毛;牙刷宽度,乳牙期大约3束刷毛,替牙期大约3~4束刷毛;牙刷高度,乳牙期大概5~7 mm,恒牙期7~11 mm。牙刷的把手易于抓握,通常粗短且带有防滑纹理,便于婴幼儿掌握。

3. 消毒设备

婴儿的餐具、口腔清洁工具每次使用后需要消毒,因为婴幼儿的免疫系统尚未完全成熟,口腔黏膜和消化道都非常敏感,因此他们对细菌、病毒和其他病原体的抵抗力较弱,更容易受到感染。母乳等奶制品比较容易变质,如果没有清洗消毒干净,会滋生细菌。消毒餐具可以有效地减少细菌和病原体的数量,降低婴儿感染如沙门氏菌、大肠杆菌、金黄色葡萄球菌等常见细菌的风险。

消毒前要将物品彻底清洗干净。如奶瓶,瓶身、奶嘴及配件要拆开清洗,将奶嘴里外洗刷干净,再用清水冲洗干净。需要特别留意清洗奶嘴孔,并用水冲过洞孔,确保没有食物残余。

（1）沸水消毒

沸水消毒是一种有效杀灭病菌的方法。先将清水煮沸,再放入要消毒餐具,确保所有餐具都完全浸泡在水中,放在沸水里煮2~3分钟。餐具要完全浸泡在水中才能彻底地杀灭病菌。但有些材质水煮过久,会令表面黏性增加,出现细孔,加速餐具老化,故不太适合沸水消毒。消毒时一定要有人在场,以免发生危险。

（2）蒸汽消毒

蒸汽消毒器利用高温水蒸气有效杀灭病菌。将水倒入发热底盘,奶瓶瓶口朝下,奶嘴朝上,旋转盖等可放进固定架上,盖上盖子,开始消毒。使用蒸汽消毒,不但令奶嘴更持久耐用,奶瓶上的图案也能更有效地保存。一般奶瓶蒸汽消毒器还有热奶的功能,比较实用。

（3）紫外线消毒

紫外线消毒柜使用紫外线(UV)作为消毒手段,可以有效地杀灭细菌、病毒和其他微生物,从而确保餐具的卫生安全。部分消毒柜还配备了烘干功能,可在消毒后将物品烘干,防止细菌再次滋生,随用随取。可以同时消毒多个奶瓶、奶嘴、餐具等。但紫外线消毒柜体积较大,价格也比较贵。

育儿宝典

创设亲子照片墙可以记录家庭的美好时刻,增强亲子情感连接,是一个既温馨又有意义的方式。照片墙应选择家人经常活动的区域,例如客厅、餐厅或走廊,方便大家随时欣赏,并根据照片数量选择大小合适的墙面。

照片墙展示了家庭的成长历程和美好回忆,选择照片应让每个家庭成员感受到家庭的温暖和支持,增强安全感和归属感。对于婴幼儿来说,照片墙展示的照片有强化作用。家长可以利用这个作用培养婴幼儿良好的习惯。比如,在餐厅悬挂婴幼儿开心进餐的照片、婴幼儿与家长买菜的照片、婴幼儿与家长一起备菜的照片等,让婴幼儿感知进餐是快乐的,减少婴幼儿不吃饭、挑食的不良习惯。

建议在地板或纸上模拟照片墙的布局,确定每张照片的位置。可以使用不同大小的相框或照片,增加层次感和视觉吸引力。例如,将大照片放在中间,小照片围绕四周。根据家人的身高调整照片墙的高度,使用模板或贴纸在墙面上标记位置,要确保婴幼儿也能轻松看到(在餐厅布置照片墙对婴幼儿比较友好,大家都坐着,视觉高度相对统一)。可以使用无痕钉、挂钩或双面胶固定相框,避免损坏墙面。对于较重的相框,可使用膨胀螺丝或专业挂钩。

　　婴幼儿有能力的话要鼓励他们参与照片墙的设计和布置,定期更换照片,记录新的家庭时刻,保持照片墙的活力。

任务思考

1. 简述 0～3 岁婴幼儿的饮食特点。
2. 简述 0～3 岁婴幼儿的饮食环境创设的要点。

任务四 创设安全的卫生间环境

案例导入

1岁半的小温在家玩耍,很久都没动静。家长到处寻找才发现小温险些溺亡在卫生间。卫生间里一个盛有半桶水的水桶,是造成婴幼儿伤害的原因。婴幼儿习惯多感官感知世界,会到处钻钻爬爬,舔舔摸摸。很多成人意识不到的风险都会成为婴幼儿伤亡的原因。婴幼儿摔倒后很难靠自己的力量爬起,如果面部朝下,卫生间的水桶、马桶、盥洗台等浅浅的水,都能导致婴幼儿窒息。

家庭卫生间是指住宅内部供家庭成员使用的私人空间,主要用于个人卫生和清洁活动,如便溺、沐浴、洗漱等,根据卫生间日常使用功能分为盥洗空间、如厕空间、洗浴空间、储存空间四个方面。

一、卫生间环境的适时调整

(一)沐浴

新生儿的脐带通常在出生后的一周到两周内自然脱落。在脐带残端未脱落前,需要保持脐带残端的清洁和干燥,避免感染。脐带脱落之前,不能让婴幼儿泡在浴盆里洗澡,只应擦浴。脐带被水或被尿液浸湿,要马上用干棉球或干净柔软的纱布擦干,然后用酒精棉签消毒。脐带脱落后,婴儿才可以沐浴。

因为婴幼儿很容易着凉,所以家长在给婴幼儿洗澡前要准备好所有沐浴用品,接一盆38~40℃的温水,准备一块冲洗干净的毛巾和一瓶低刺激性婴儿沐浴露、干净的衣服、尿不湿,把它们全部放在伸手可及的地方。假如家长因为其他事情需要离开,必须把婴幼儿从水里抱起来一起带走,绝对不可以将他们独自留在浴盆内。

(二)如厕

婴幼儿能主动如厕的前提是有能力分辨大小便的感觉,然后用语言或动作向家长表达需要帮助他上厕所的意愿,直至顺利上完厕所。婴幼儿有独立如厕的决心会使训练时间缩短,因此可以让婴幼儿观察家长如厕的过程,有模仿的对象。

最初几周,可让婴幼儿(不必脱裤子)坐在儿童专用坐便器上,熟悉坐便器,告诉婴幼儿坐便器的用途以及何时使用它,让婴幼儿对它产生兴趣。可以每隔两小时左右带婴幼儿去坐便器尝试,尤其是在饭后或睡醒时,因为这些时候他们更可能需要上厕所。

当婴幼儿习惯坐便器后,就可以取下尿布让他坐在坐便器上大小便。家长或稍大的孩子做示范,比如,如何将双脚牢牢地固定在地上。让使用坐便器成为婴幼儿的生活习惯,从每天一次增加到每天几次。

一旦婴幼儿学会如何使用坐便器,就极有可能对独立使用坐便器感兴趣。家长要为婴幼儿穿容易穿脱的衣服,如松紧裤,避免选择带有复杂扣子或拉链的款式。这样能增加婴幼儿独立如厕的成功率,让他们更愿意主动去坐便器如厕。最初婴幼儿可能因不太习惯坐便器而忘记脱裤子,家长不要对此感到失望,要多鼓励婴幼儿,直到他们习惯这一方式。对不愿意在坐便器上大便的婴幼儿,家长需要检查一下他的大便是否过硬,从而导致排便疼痛等生理问题。

当婴幼儿完全习惯使用儿童专用坐便器后,还可以为他们在标准马桶上放置儿童马桶圈,同时在马桶前放一个结实的踏脚凳,方便他们爬上爬下且能够踩在上面使用马桶。

二、0~3岁婴幼儿的卫生间环境创设

(一)大环境的创设

卫生间的功能指向性较为明确,婴幼儿在卫生间都有特定的任务,比如沐浴、如厕、洗手等。一个舒适

有趣的卫生间环境才能让婴幼儿愿意使用这些设施,养成良好的卫生习惯。另外,0～3岁婴幼儿属于非自主型儿童,主要依靠家长照顾,卫生间的设计要考虑家长和婴幼儿共同使用的情境。

安全是卫生间中最重要的设计要点。婴幼儿早期在浴盆洗澡,难免会有水溅落到地板上,因此周围要铺设防滑地板,以免摔倒,尤其是家长抱着婴幼儿时,摔倒风险会增加。当婴幼儿能淋浴后,浴室还应该安装安全扶手,婴幼儿站立淋浴时可以扶着安全扶手淋浴,以保持平衡;家长坐着为婴幼儿沐浴,帮婴幼儿洗完澡时突然站立容易站不稳,有扶手会安全很多。另外,卫生间的使用还需要考虑到儿童的身高、体型和行为特点。婴幼儿洗手、如厕器具的要根据婴幼儿的身高、体重选择合适的高度和承重。此外,可以在橱柜抽屉上安装儿童安全锁,马桶上安装盖板扣(图2-7)、水龙头上安装安全锁,高柜安装防倾倒安全链(图2-8)、儿童安全防撞角,以及电源安全插头保护盖(图2-9)等。安全锁、保护盖的种类和样式都非常丰富,可以根据实际情况选择。

图2-7　儿童安全锁　　　　图2-8　防倾倒安全链　　　　图2-9　电源安全插头保护盖

卫生间应该设计成较为明亮的空间,可以及时发现需要清洁的地方,特别是卫生死角,比如马桶后方、洗手台下方的区域。家长经常忽视这些区域,却是婴幼儿平时的视线范围。可以用浅色亮面的砖面、良好的采光和充足的照明来创设卫生间环境。明亮的卫生间除了有助于保持环境的整洁卫生,还有利于个人的清洁。在刷牙、洗脸、洗手的时候更能看清牙齿、脸部和双手是否清洗干净;观察自身的五官、肤色,了解自己的成长和健康状况等。另外,卫生间是较为私密的空间,为了保护隐私,在空间布局、门窗设计等方面有意阻隔。而且卫生间一般面积较小,洗手台、马桶、淋浴等器具较为密集。这些空间的密集度和高度,对于婴幼儿来说是比较有压迫感的,明亮的空间可以在视觉上给予婴幼儿安全感。

卫生间经常用水,常年处于潮湿的状态,温暖潮湿的环境容易滋生细菌,甚至会产生结露、发霉等问题。因此通风非常重要,有助于排除湿气、异味和有害气体,从而保持室内空气新鲜并减少霉菌和细菌的生长。如果有窗户,通过窗户进行自然通风,促进空气流通是最好的。在没有窗户的情况下,可以在墙壁上开设通风孔,安装排气扇,能够迅速排出潮湿空气和异味。

(二) 婴幼儿用品的选择

婴幼儿盥洗、如厕、洗浴能力和生理发展不同于成年人,比如身高、力量、手眼脑协调、对于危险的判断和躲避能力等。因此普通的卫浴产品不能满足他们生活的需要,对他们来说也充满危险。家庭有新生儿后需要增加一些适合婴幼儿的卫浴产品。

1. 浴盆

婴幼儿浴盆的选择要考虑结构(如稳定性、边缘锐利程度等)、材料(如亲肤、耐久等)、合格证书和使用说明书(需包含必要的警告和使用说明)。

婴幼儿皮肤比成人薄,只有3～4层表皮细胞,皮肤嫩,抵抗能力弱,易受刺激与感染。婴幼儿肌肤直接接触浴盆,避免有毛刺、棱角和夹缝等可能造成伤害的设计。PP(聚丙烯)材质是耐热、耐化学腐蚀的塑料,易于清洗,可以承受高温消毒,又轻便、无毒、无味,对婴幼儿皮肤友好。TPE(热塑性弹性体)材质是一种软质塑料,具有良好的弹性和柔韧性,也无毒、无味,且可以承受高温消毒。一些可折叠的浴盆也会加入TPE材质,因其柔软性和防滑性需要,也经常配合PP材质使用。在选择时,务必查看产品标签上的材质信息,并优先考虑标明为"无毒""BPA-free""环保"的产品。

婴幼儿洗澡的时候并不会一动不动,随着婴幼儿成长,他们更愿意与家长互动、玩水、玩玩具。因此,在选择浴盆的时候,还要充分地考虑稳定性。浴盆要有防滑底或底部有吸盘,以防止在使用过程中移动或滑动。选购浴盆时需检查盆面是否有防滑垫或者内嵌式的防滑材料,浴盆边缘是否圆润有扶手,帮助婴幼儿保持稳定,减少意外风险。

　　新生儿至婴儿期(通常0～6个月)可以选择带有倾斜设计的浴盆,或者有浴垫的浴盆,以支撑婴儿的头部和背部,让水流过全身,节省家长体力,如图2-10所示。浴垫要支撑性好,调整至让婴幼儿舒适且不呛水的角度,水深应在5 cm左右。6个月以后,可以使用更大的浴盆或坐式浴盆,允许他们坐在里面,并有足够的空间玩耍。现在很多浴盆是带有可拆卸浴垫的设计,可以满足新生儿到3岁婴幼儿使用,如图2-11所示。

图2-10　婴幼儿浴盆(0～6个月)　　　　　图2-11　婴幼儿浴盆(1岁半及以上)

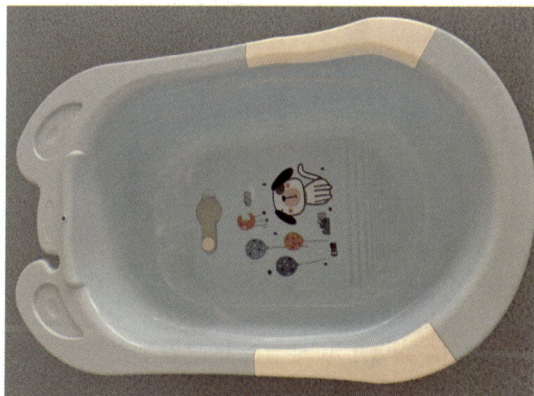

　　一些高端浴盆配备了水温计,可以帮助家长检查水温是否适宜。也可以考虑那些带有恒温功能的产品,以维持水温在安全范围内。如果没有水温计,可以用手腕或手肘内侧感觉温热。从水龙头接水时,应先放冷水后放热水,放完水后先关热水后关冷水,水龙头流出的热水的最高温度不得超过49℃,以免烫伤婴幼儿。还有的浴盆有排水口、可调节支架等,增加了浴盆的实用性和便利性。

2. 沐浴露

　　沐浴露可以帮助去除婴幼儿皮肤表面的污垢、油脂和死皮细胞,保持皮肤的清洁。适当的清洁可以减少细菌和其他微生物的生长,有助于预防皮肤感染和疾病。对于非常小的婴儿(特别是新生儿),最初的几周内不需要沐浴露,只用清水洗澡即可,因为婴儿的皮肤非常嫩,且自然分泌的皮脂对他们是有保护作用的。随着婴儿的成长,他们的身体开始产生更多的汗水和油脂,适度的清洁可以保持卫生,减少皮肤不适。

　　需要选择专门设计的婴幼儿沐浴露。婴幼儿沐浴露通常为低泡型。泡沫多并不意味着效果好,相反,过多的泡沫可能意味着表面活性剂含量较高,对婴幼儿的皮肤有潜在刺激性。婴幼儿专用沐浴露的配方较为温和,能保护他们脆弱的皮肤屏障。这类沐浴露通常不含或少含易引起过敏或刺激的化学成分,如香精、色素、植物、酒精等。婴幼儿沐浴露通常含有保湿成分,可以帮助保持皮肤的湿润,减少干燥和皮肤问题的发生。婴幼儿皮肤的pH值与成人不同,偏向弱酸性,所以婴儿沐浴露的pH值通常被设计为接近婴儿皮肤的自然pH值(大约5.5),有助于维持皮肤的酸碱平衡。在为婴幼儿沐浴时,难免会有眼睛进水的情况,所以许多婴儿沐浴露都具有无泪配方,即使沐浴露不慎进入眼睛也不会引起刺激或不适。婴幼儿沐浴露的功能越简单越好,避免使用标榜具有多种特殊功能的产品,如美白、杀菌等,可能会损害婴幼儿的皮肤。

3. 洗手台

　　舒适洗手台是婴幼儿独立洗手的关键。洗手台的边缘应为圆角设计,避免尖锐的棱角,降低孩子受伤的风险。使用明亮的颜色和可爱的图案来吸引婴幼儿的注意力,增加他们使用洗手台的兴趣。婴幼儿洗手台应选择易于清洁的材质,避免积水和细菌滋生,比如塑料或陶瓷。塑料相对便宜,适合幼儿期临时使用。为婴幼儿的洗手台重新安装上下水较难实现,因此家长可以准备一个水桶来储存用于洗手的干净水源,把下水与正常的洗手台或浴室下水连接,做一个简易的婴幼儿洗手台。婴幼儿洗手台的高度应该适合孩子的身高。对于 2 岁以下的婴幼儿,洗手台的高度应在 25～30 cm;对于 2 岁以上的孩子,高度可以调整到 45～50 cm。当家庭洗手台高度不方便调整时,可以结合婴幼儿的身高提供一个高度适合又稳定的踏步凳,如图 2-12 所示。这是家庭中最常见的解决方式,可行性强,可选择的样式较多且收纳方便,适配不同的家庭需求。

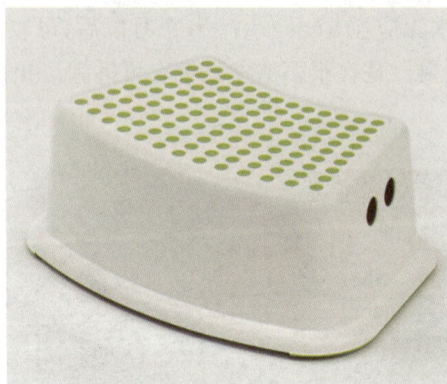

(a)　　　　　　　　　　　　　　(b)

图 2-12　婴幼儿踏步凳

0～3 岁是婴幼儿生理指标高速发展的阶段,体重和身高是家长选择匹配器具的重要指标,见表 2-4。

表 2-4　初生至 3 岁儿童生长发育参照标准

年龄	身高(男)/cm	体重(男)/kg	身高(女)/cm	体重(女)/kg
初生	47.6～54.8	2.8～4.2	46.8～53.8	2.7～4.1
1 月	51.3～59.0	3.7～5.6	50.4～57.8	3.5～5.3
6 月	64.2～73.2	6.9～10.3	62.7～71.5	6.4～9.6
12 月	71.7～81.6	8.3～12.3	70.4～80.1	7.7～11.6
2 岁	82.4～94.0	10.4～15.4	81.2～92.8	9.8～14.8
3 岁	90.9～104.1	12.0～18.0	89.7～102.7	11.5～17.7

4. 坐便器

婴幼儿坐便器是一种专门为婴幼儿设计的便器,用于帮助他们学习和习惯独立如厕。这种坐便器通常比成人使用的马桶更小、更低,并且设计得更加卡通化和安全,以适应婴幼儿的体型和需求。在选择婴幼儿坐便器时,要考虑婴幼儿年龄段、坐便器材质、安全性、易清洁、美观性等方面。

(1)骑跨式坐便器

图 2-13　骑跨式坐便器

类似于小马凳的形状,婴幼儿可以跨坐上去排便,如图 2-13 所示。坐便器需要承受婴幼儿体重,同时兼顾婴幼儿屁股的尺寸和骑跨的高度。因为坐便器与婴幼儿皮肤直接接触,所以多选用 PU、PVC、PP 材质。婴幼儿容易出汗,有时排便后站立时会把坐便器粘在皮肤上。所以,应选择带吸盘的坐便器,固定位置。骑跨式坐便器便槽设计成前凸加深样式,保证婴幼儿在小便时不会喷溅在身上或者其他地方。骑跨式坐便器的清洁较为麻烦,需要把便槽取出清洗,部分坐便器设计坐便袋,用完可以丢弃,但坐便器也要及时清洗消毒。

（2）婴幼儿马桶垫

又称婴幼儿坐便圈、婴幼儿马桶圈，如图 2-14 所示。在成人马桶上放置一个由 TPE 和 PU 材质组成的，符合婴幼儿臀型的马桶圈垫，一般垫圈的左右两侧配有扶手，使婴幼儿的屁股能坐在马桶圈上不会掉落。选择马桶垫时，除了要注意材质和防喷溅的设计外，还要考虑婴幼儿马桶垫是否能牢固地扣在成人马桶圈上，保证婴幼儿坐上去不会滑动。另一方面，还要检查婴幼儿马桶垫是否能多次快捷地拆卸，婴幼儿用完马桶垫后及时清洗消毒，其他家庭成员还可以正常使用成人马桶。部分家庭有婴幼儿独立使用的马桶，但也要经常清洁婴幼儿马桶圈，所以可拆卸是必须的功能。因为马桶垫是安装在成人马桶上，对于婴幼儿来说，马桶偏高，所以还需要搭配脚凳使用。脚凳要注意是否防滑，是否能和马桶良好衔接。婴幼儿马桶垫能帮助婴幼儿比较顺畅地过渡到使用成人马桶圈，生活中成人如厕的过程也更能被婴幼

图 2-14 婴幼儿马桶垫

儿模仿。此外，婴幼儿马桶垫不需要额外的空间，适合户型较小的家庭；不用另外处理婴幼儿的排泄物；出行在外，婴幼儿马桶垫也方便携带。

（3）男童站立式便斗

男童站立式便斗是专为男童设计的如厕训练工具，帮助其从使用尿不湿过渡到站立排尿，如图 2-15 所示。便斗的材质多样，家庭日常使用建议选择 PP 材质且经过抗菌处理，搭配防滑底座和分体结构。抗菌涂层或添加抗菌剂可抑制细菌滋生，降低感染风险。底部增加防滑垫或加重设计，能够有效防止使用中移位或倾倒，提升安全性。分体式设计可快速拆卸，直接冲洗或倒出尿液，便于彻底清洗，避免尿液残留滋生细菌。部分便斗还支持连接下水管道。便斗内部可通过导尿板或弧形结构引导尿液流向，减少外溅，保持卫生。安装时需注意挂钩或吸盘的材质强度，安装在与婴幼儿身高相适应的位置，方便婴幼儿使用。一些趣味性的卡通造型，如青蛙、风车等设计能吸引婴幼儿兴趣，提升使用的积极性。

图 2-15 男童站立式便斗

育儿宝典

干湿分离的卫生间是很多家庭喜欢的装修方式，但干湿分离把一个较大的空间分割成小面积的功能区，可能不利于家长为婴幼儿清洁。比如，会出现放不下浴盆，家长没地方蹲/坐在浴盆边为婴幼儿洗澡，或者没有地方放置婴幼儿洗澡时所需要的用具等问题。这些问题在家长还没亲自为婴幼儿洗澡前，很难意识到。因此是否进行预设的干湿分离，要考虑卫生间的数量、面积、形状和朝向等因素。

任务思考

1. 简述婴幼儿清洁的注意事项。
2. 简述婴幼儿如厕的注意事项。
3. 简述 0～3 岁婴幼儿卫生间的环境创设的要点

案例导入

　　婷婷妈妈为了给婷婷创造更多的活动空间,把客厅的桌子、沙发都撤了,摆上海绵地垫和围栏,但婷婷的玩具总是越来越多,到处都是,客厅走路的地方都变得拥挤。婷婷妈妈很烦恼,到底要如何布置客厅? 婴幼儿家庭的客厅环境应该如何创设?

　　客厅是住宅中用于接待客人和家庭成员共同活动的主要空间之一,可以在此进行社交活动、娱乐、休闲或家庭聚会,是整个家庭公共活动空间的核心。客厅通常位于房屋的前部或中心位置,有时也称为起居室、接待室或公共休息室,是家庭中功能最多、面积最大,也是活动时间最长、最频繁的空间。客厅设计一般会与玄关、餐厅、阳台、卧室、卫生间等空间结合起来,构成住宅的配套使用功能,从而达到不同空间的连通。

　　由于客厅一般是家里最大、功能最复杂的活动空间,能为婴幼儿的各方面发展提供多样的环境支持。客厅是家庭的公共空间,家庭成员都会聚在客厅社交、娱乐,这为婴幼儿的语言能力、情绪情感和社会性行为发展提供了独特的环境。客厅作为面向客人的空间,也有更美观整齐的陈设和布置,对婴幼儿的审美、认知等也是重要的支持。同时,客厅有足够大的空间,又有沙发这样的攀爬家具供婴幼儿活动,有利于他们的粗大动作发展。

一、客厅环境的适时调整

　　2～3 个月前,婴儿更多在婴儿床上休息,但随着婴儿清醒时长的增加,家长也可以抱着婴儿在客厅活动,丰富婴儿的感官,增加婴儿与家人交流的机会。这时需保持客厅的整洁,不摆太多杂物,保证家长抱着婴儿时不会绊倒。6 个月后,婴儿开始学习爬行,可以在客厅的明亮处,收拾出一片空地,铺设爬行垫和围栏供婴儿练习爬行。在地面爬行比起在床上爬行要安全,但也要注意排除周围的安全隐患。可以根据婴儿的需要逐步增加玩具和收纳玩具的家具,扩大婴儿的活动范围。当婴幼儿能够走路和攀爬时,可以带领婴幼儿走出围栏,尝试探索更大的空间;还可以结合沙发、抱枕和垫子为婴幼儿搭建攀爬的场所。当然,由于婴幼儿的安全意识和躲避能力非常弱,家长一定要细心、耐心地陪伴婴幼儿活动,随时排除婴幼儿游戏中的危险。

二、0～3 岁婴幼儿客厅环境创设

　　为 0～3 岁婴幼儿家庭创设一个安全、舒适且充满乐趣的客厅环境至关重要。在挑选家具与装饰时,首要原则是保证安全,其次是实用性和美观性。客厅应该成为婴幼儿成长过程中的一个温馨乐园。

(一) 大环境的创设

1. 安全性

　　婴幼儿的危险识别能力和规避风险的能力是非常弱的,往往不能意识哪些动作或者物品是有危险的,无法把行为和结果做联系。在这个阶段,婴幼儿主要靠探索和家长陪伴来了解世界,因此家长要创设一个有准备的安全空间,为婴幼儿提供探索的机会。

　　首先,应选择边角圆润的家具避免婴幼儿磕碰伤害,如果家具有直角或者有尖锐的边缘,应该用防撞条粘贴。婴幼儿在练习行走、攀爬、跳跃等粗大动作时难免跌倒,贴防撞条是有效降低婴幼儿伤害的防护措施。

　　其次,确保所有家具结构稳固,物品正确摆放,不会因婴幼儿攀爬而翻倒,特别是椅子、柜子,还有桌上的水杯等。往往有很多婴幼儿因为攀爬和打翻物品受到压伤、跌伤、割伤、挫伤、烫伤等,严重时甚至会致命。家里的药品应放在婴幼儿接触不到的位置,药品美丽的包装和家长服药的行为会让婴幼儿模仿。

另外,要使用无毒环保材料制作的家具,减少化学物质对婴幼儿的负面影响。部分材料对婴幼儿的生长发育有很强的干扰性,比如甲醛、邻苯二甲酸酯、铅等。有些材料日常使用没有危害,但婴幼儿可能会把它们放进嘴里,这些不可食用的材料也是潜在的风险。

此外,还需要安装防护网(窗户栏杆的间隔应小于11 cm)、安全锁等措施保护窗户及插座,防止婴幼儿触电和跌落。虽然大约6个月的婴儿已经具备了深度知觉的能力,并表现出对深度的恐惧和回避行为,但这种判断并不总是准确的,他们还无法判断深度是否安全,特别是他们沉浸于某些探索行为时,很可能会忽略跌落的危险。

拓展阅读

家居用品安全检查5S原则

家居用品安全检查5S原则是专为帮助家长打造安全居家环境,预防家中意外伤害而设计的一套指南。特别强调从婴幼儿的角度出发来审视和调整家居用品的布置与摆放,以确保儿童的安全。5S原则具体包括以下五个方面:

看(See): 建议家长们用婴幼儿的眼光去审视家中的物品摆放。因为婴幼儿的生活视角不同于成人,他们可能会以意想不到的方式使用或接触家中的物品。家长应当考虑婴幼儿如何看、如何接触这些物品,并据此调整。

绳带(String): 提醒家长注意避免婴幼儿接触过长(一般不超过22 cm)的绳带。婴幼儿可能会好奇地玩弄绳带,从而引发绕颈等危险情况。因此,应该确保任何可能松开或被婴幼儿触及的绳索和带子都是安全的。

尺寸(Size): 对于越小的幼儿,家长应该提供越大的物品。这是因为婴幼儿喜欢通过嘴巴探索世界,小物件容易被放入口中导致窒息风险。所以,要避免给婴幼儿提供能够放进嘴里的小件物品。

表面(Surface): 关注家具和其他物品的表面是否平滑柔软。棱角尖锐或边缘粗糙的物体增加了婴幼儿受伤的风险,如割伤或撞伤。尽量选择那些表面圆润、没有锋利边角的产品。

标准(Standard): 在购买家居用品时,家长应仔细检查产品的安全性,特别是有关婴幼儿用品的安全标准。遵循国家或国际上认可的安全规范可以大大降低潜在的风险。

2. 氛围

为了营造温馨氛围,家长可以选择色彩柔和、图案可爱的装饰品和布艺,比如卡通图案的抱枕、温暖色调的窗帘。婴幼儿对于红色等鲜艳的颜色更有兴趣,家长选择小装饰物的时候可以多考虑红色,但不建议大范围地使用对比色装饰,否则会使婴幼儿视觉疲劳、焦虑不安,不利于他们视力的发育。地面可以铺设柔软的地毯、爬垫等,既保暖又安全,让婴幼儿可以自由地在地上爬行玩耍。此外,结合自然采光,安装柔和的灯具,让婴幼儿可以在明亮的环境活动,更加有安全感。值得注意的是,婴幼儿对灯光的需求与成年人有所不同,因为他们的眼睛还在发育之中,对光线更为敏感。尽量避免强烈的直射光源,比如直射的日光或强光灯,以防止对婴幼儿眼睛造成刺激。推荐使用接近自然光的色温(4 000~5 000 K)。可以采用间接照明方式,比如使用灯罩或反射器将光线散射开来,以减少对眼睛的直接刺激。确保房间内的照明均匀分布,避免出现明显的明暗对比或阴影,以减少视觉疲劳。

3. 实用性和互动性

可以设置低矮的儿童桌椅供婴幼儿使用,便于他们游戏和锻炼。在婴幼儿阶段,家庭物品增多,选择带有储物空间的家具,如带抽屉的茶几或可作为座位的储物箱等,及时收纳婴幼儿用品、玩具和书籍,保持空间整洁有序,会增加家庭的活动空间,有利于婴幼儿养成良好的秩序感和生活习惯。沙发、窗帘等选择易于清洁的面料,并考虑可拆洗的设计,便于日常打理,以防灰尘、螨虫等引发婴幼儿的过敏反应和其他疾病。婴幼儿在探索时也经常弄脏家庭的各个角落,选择易清洁的家具才能保持家庭卫生,家长也更愿意让婴幼儿试误。

4. 游戏性

选择客厅的一角作为游戏区,最好是有自然采光的窗边。利用家具或者围栏分隔,将游戏区与成人活动区分开,让双方都有相对独立自由的空间。为婴幼儿配备玩具、布书、乐器、帐篷等物品,激发他们的好奇心和创造力。在墙面挂上适合婴幼儿观看的壁画或贴纸,增添趣味性。还可以使用开放式的收纳架或篮筐,便于婴幼儿自行取放玩具,同时培养他们的整理习惯。随着婴幼儿的成长,根据他们的兴趣和能力,调整游戏区的布置和玩具种类;根据季节变化调整游戏区的装饰和活动,使环境更加舒适和生动。同时,游戏区的选择和布置不能完全遮挡婴幼儿,要让家长能随时关注到婴幼儿的活动情况,以免家长错过婴幼儿的社交请求或者没有及时发现婴幼儿的意外情况。

(二) 婴幼儿用品的选择

1. 防撞条

婴幼儿防撞条是专为保护婴幼儿安全而设计的产品,主要用于生活中的墙角、家具边缘等易造成碰撞伤害的地方,如图 2-16 所示。考虑到婴幼儿可能舔或啃咬防撞条,所以防撞条应选择环保的硅胶、PVC、橡胶、泡沫等柔软、无毒的材料。材料要具有良好的弹性和耐久性,可以吸收冲击力,减少碰撞伤害。一般来说,加厚加宽的设计可以提供更好的保护效果,但也要基于美观、经济和实用性来选择。防撞条的款式和颜色丰富多样,选择与家居装饰协调的防撞条会让家庭环境相对美观。防撞条有 L 型、U 型或 W 型,根据家具和墙角的角度和厚度选择合适的类型,才能更好地贴合不同的角落和边缘。因为婴幼儿容易流汗、流口水,所以防撞条的表面应该光滑,易于清洁、消毒。使用黏性好且无毒的双面胶(如 3M 胶贴),以确保防撞条牢固黏附,并且长时间使用后容易移除而不留下残留物。家长看见翘边的防撞条要及时贴好,以免发生意外。

2. 婴幼儿防护栏

如图 2-17 所示,婴幼儿防护栏能把婴幼儿限定在一个相对安全的范围,防止婴幼儿在家中因爬行、行走或游戏而遇到危险。在选择时,应考虑材料安全、结构稳定、照护便利、安装收纳等因素。

图 2-16 防撞条

图 2-17 婴幼儿防护栏

婴幼儿防护栏的主要材料有布质、塑料、金属、木质等。布质和塑料轻便、经济、易收纳,是目前婴幼儿防护栏的主流款式。布质的防护栏一般由牛津布制成。牛津布的纤维结构紧密,相比其他面料更耐磨损,有良好的防水性能,容易清洗并且干燥速度快,便于维护,造型多样,价格实惠。牛津布结合网布制成的防护栏既起到了限制婴幼儿活动范围的作用,又能让家长实时观察婴幼儿活动。但是这类防护栏的大小是固定的,无法随使用场景的变化而调整。塑料防护栏轻便,易于清洁,能较好地保护婴幼儿。更重要的是,它由多个小块塑料防护栏组成,能根据需要拼成适合的大小和形状。金属防护栏更多用于楼梯口和厨房门口,有更好的支撑性。

婴幼儿防护栏的结构要稳定,确保防护栏不会因为婴幼儿的重量而倾斜或倒塌。防护栏的框架要选择强度高、耐腐蚀的材料,如钢材、铝合金或高强度塑料等。立柱应该足够坚固,并与地面牢固支撑。根据三点成一平面的原理,不同立柱连接件不能位于同一直线上,至少需要架成三角形或者有墙面支撑,以增强护栏的稳定性。护栏的安装应遵循相关规范和标准,确保每一步都按照说明书上的正确步骤进行。如有需要,应寻求专业人士的帮助,确保安装质量和安全性。

婴幼儿防护栏不可完全遮挡住婴幼儿,即使婴幼儿能独自待在防护栏玩耍,他们也还是会寻求家长的关注和互动。家长可以在客厅休息、工作或者做家务,婴幼儿感觉到家长在旁边陪伴会更加安心。另外,家长要实时关注婴幼儿的活动情况,万一发生意外情况,家长能及时处理。婴幼儿长时间没有发出声响,一定要马上查看。

婴幼儿防护栏并不是越高越好,60～70 cm 是比较合适的高度,方便家长隔着防护栏与婴幼儿交流。最好有家长可以打开但婴幼儿开不了的锁扣,这样家长能够比较轻松地带着孩子进出游戏区。如果客厅面积紧凑,可以选择可折叠的防护栏,婴幼儿不用游戏区时,及时收纳,其他家庭成员才有活动空间。

3. 婴幼儿爬行垫

随着婴幼儿身体发育,他们在地面活动时长不断延长。爬行垫能为婴幼儿提供一个安全、干净、舒适的环境。在选择爬行垫时,除了材料安全,还要考虑爬行垫的回弹性、亲肤性和保温性。当婴幼儿在爬行垫上玩耍时,可能会不小心摔倒,具有良好回弹性的爬行垫能够吸收大部分冲击力,降低他们受伤的风险。当婴幼儿跳跃时,回弹性好的爬行垫能提供更好的缓冲作用,降低因冲击造成的伤害。同时,回弹性能好的垫子可以有效地减少振动和噪声,避免影响到他人。

爬行垫的表面与婴幼儿直接接触,要用柔软、舒适、亲肤的材质。地毯不适合婴幼儿爬行,虽然它也柔软,但不易清洁,容易藏污纳垢,如灰尘、螨虫。婴幼儿体温调节中枢尚未发育成熟,基础代谢率较低,产生的热量较少,所以比成人更需要保温。他们常常坐着、趴着,与地面接触较多,因此爬行垫的保温性对婴幼儿有特殊的作用。当然,到了夏季,家长应该根据温度调整爬行垫的材质,换上较凉爽的材质。需要特别注意的是,爬行垫背部的材料要防滑,尤其是瓷砖、大理石这种光滑的地面更要选择抓地性好的爬行垫,防止婴幼儿滑倒。

(三) 家具的摆放

客厅是综合性强的空间,不可能改造成完全符合婴幼儿需求的环境,主要考虑的还是安全性和活动空间。一些尖锐边缘的家具可以用防撞条保护,但还有一类易倾倒的家具是容易被家长忽略的。因为正常使用这些家具是安全的,但是婴幼儿可能会摇晃、攀爬家具,造成危险。茶几、角几、电视柜、展示柜、储物柜、书架都是可能发生危险的家具,长柜脚的柜子、带有轮子的柜子、抽屉深度较长的柜子是危险系数特别高的家具,最好更换,或者用牢固的钉子、螺丝、防倾倒安全链将它们固定住。避免在家具顶部放置过重的物品,尤其是当家具顶部没有足够支撑的时候。婴幼儿能够着的柜子最好都用抽屉安全扣扣上,以防婴幼儿误食里面的食物、药品、清洁剂等,或者拿到小刀、剪刀、锤子等危险物品,又或者被抽屉和橱柜夹到手。

作为家庭最大的公共空间,客厅是婴幼儿进行室内粗大动作锻炼的绝佳场所。为了给婴幼儿留出更多活动空间,可以减少不必要的家具,选择体积较小的家具,以便于婴幼儿在家具之间自由穿梭。挑选带有储物功能的家具,如带抽屉的沙发、可折叠的桌子等,可以节省空间,同时方便收纳婴幼儿的玩具和日常用品。保持通道畅通,确保走道宽敞无障碍,避免堆放杂物,让婴幼儿可以自由行走或进行动作发展的亲子游戏。确保视线通透,保持客厅的开放感,确保家长从一个位置就能看到婴幼儿的活动情况,避免视线死角。

作为家庭成员休息、交流的场所,客厅的环境布置,不仅要考虑婴幼儿的活动需求,也要照顾到全部家庭成员的需要。可以用防护栏和爬行垫进行适当分区,及时收纳婴幼儿玩具和用品,保持客厅的整洁,为其他成员创造活动空间。

育儿宝典

　　婴幼儿在成长的过程中也会有自己的小烦恼,被家长管教,吃不喜欢的食物,天气不好或者莫名的烦躁……这些负面的情绪该如何化解?为婴幼儿创设一个提供情绪表达和调节的情绪角也许是个好主意。对于0~3岁婴幼儿来说,情绪角不仅能帮助他们学会冷静和自我安抚,还能增强他们的安全感和自我认知。

　　情绪角应选择一个相对安静、不受干扰的角落,远离大人主要活动区域(卧室和客厅相对来说比较合适)。准备情绪卡片,帮助婴幼儿识别情绪,或用表情玩偶表演,表达情绪;提供婴幼儿喜欢的安抚物,如毛绒玩具、抱枕、安抚巾或小毯子;提供感官瓶(装有亮片或水的瓶子),摇晃时可以帮助婴幼儿转移注意力,恢复平静;或者播放轻柔的音乐或白噪声,帮助婴幼儿放松。不要强迫婴幼儿使用情绪角,家长要尊重他们的情绪和选择。当婴幼儿不愿意表达时,给予他们时间和空间。在情绪角,家长既可以与婴幼儿沟通交流,也可以让婴幼儿自己探索;当婴幼儿成功调节情绪时,家长需给予表扬和鼓励。如果没有空间专门设置一个情绪角,抱着婴幼儿来到阳台边或窗边(注意安全)看看外面的景色,这里也是平复情绪的好地方。

任务思考

简述0~3岁婴幼儿客厅环境创设的要点。

任务六　打造生动活泼的儿童房环境

　　在装修儿童房的过程中,爸爸妈妈在选书桌、书架时犯难了,到底要给孩子选择多高的书桌呢? 要预留多大的位置铺爬行垫、放玩具? 书架安装不够多,到了高中还放得下书吗? 墙壁要刷什么颜色才能既有童趣又不幼稚?

　　家长应该用发展的眼光设计儿童房。从婴儿时期到上学后,孩子生理、心理都有明显的变化,不用急于在装修时就把所有的软装都安排好,可以根据孩子的不同成长阶段调整。婴幼儿书桌利用率低,把书桌的空间设置成地面的活动区更合适;童趣的氛围感也可以通过墙饰、吊饰这类可更换的装饰体现。

　　儿童房是专门为儿童设计的房间,旨在为孩子提供一个睡眠、休息、学习、游戏的个人空间。儿童房的设计需要综合考虑孩子的年龄、性别、兴趣爱好以及成长阶段的需求。作为孩子的独立空间,儿童房将陪伴他们从婴儿到少年,因此房间环境创设需要随着孩子的成长而调整。儿童房不仅仅是一个物理空间,更是一个对婴幼儿安全感、创造力有着深远影响的重要场所。

　　通过精心设计和布置,儿童房能为孩子提供一个安全、健康、富有启发性和情感支持的成长环境。在这个空间中,父母可以放置一些适合孩子年龄的玩具和书籍,鼓励他们的探索和学习。通过在房间内进行一些简单的教育活动,如亲子阅读、游戏玩耍等,可以刺激孩子的认知和感官发展。

一、儿童房的适时调整

　　儿童房是婴幼儿相对独立的空间,他们在儿童房里不受打扰地进行各种活动,还可以帮助孩子和父母逐步适应分离的过程。儿童房应该能促进他们的身体发育、认知发展、情感交流,保障安全。例如,选择柔和而富有层次的色调,使用色彩鲜艳但不过度刺激的墙贴或挂饰,来激发婴幼儿视觉发育;选择适合婴幼儿独立睡眠的床铺,提供陪伴的依恋物;铺设爬行垫或游戏垫,为婴幼儿提供安全、舒适的爬行和玩耍空间,帮助婴幼儿发展运动技能等。

(一) 睡眠

　　随着婴幼儿逐渐长大,夜间醒来的次数减少,睡眠模式变得更为稳定。这时,分房睡有助于幼儿学习独立睡眠,同时还能为父母提供更多的私人空间,确保父母和孩子都能获得良好的休息,有助于保持家庭的和谐。

(二) 游戏

　　作为专门为婴幼儿设计的房间,全屋的色彩、照明、家具、玩具等均按照婴幼儿身心特点个性化创设,能让婴幼儿更自由自主地进行游戏。

　　虽然儿童房是相对安静的空间,可以减少婴幼儿被其他家庭成员的活动干扰,但并不意味着婴幼儿可以完全独立地在儿童房游戏。需要至少一位家长陪伴婴幼儿玩耍,保障婴幼儿的游戏安全,促进他们的社会交往,为婴幼儿提供正确行为的模仿范例。但也不是越多陪伴越好,过多人参与游戏会产生很多婴幼儿大脑处理不了的信息,影响婴幼儿的注意力和判断力。而且考虑到儿童房空间有限(一般在 $10 \sim 20\,\mathrm{m}^2$),同时容纳太多成人可能会显得拥挤,不利于婴幼儿自由地移动和游戏。如果家里有多人都愿意与婴幼儿玩耍,可以安排他们轮流陪伴婴幼儿,这样可以让婴幼儿体验不同的互动方式,同时也给家人休息的机会。

(三) 收纳

　　0～3 岁婴幼儿在收纳能力方面的发展是一个逐步的过程,随着年龄的增长,他们能够逐渐学会并掌握一些基本的整理和收纳技巧。

婴儿主要专注于感官探索和个人运动技能的发展,还没有能力参与具体的收纳活动。但当婴儿在旁时,家长可以演示如何把玩具放回原位,并且用言语解释,尽管婴儿还不能完全理解。保持环境整洁,让婴儿在有序的环境中成长,可以帮助他们建立良好的生活习惯。

1岁左右的婴幼儿开始展现出一定的自主性和模仿能力。这个阶段的目标是让他们意识到物品有固定的放置位置。家长可以提供一个易于打开的玩具箱,让婴幼儿游戏后把玩具放进箱子,培养收纳整理的意识。

到了2岁以后,幼儿收纳能力有所提升,可以设置一些稍微复杂一点的任务来帮助他们进一步发展整理收纳的能力。教孩子将玩具按照类别分开存放,如所有的球放在一起,所有的积木放在一起。可以使用不同颜色的收纳框作为最简单的分类标识,如图2-18所示,或者与婴幼儿共同绘制图片标签,帮助他们识别每个储物箱或抽屉里的物品。

图 2-18　儿童房的收纳

二、0~3 岁婴幼儿儿童房环境创设

儿童房对婴幼儿健康成长,培养婴幼儿独立生活能力及启迪婴幼儿的智慧具有非常重要的意义。为婴幼儿布置儿童房时,需要特别关注安全性、舒适性、发展支持性和功能性等方面,以提供一个适合他们成长的环境。

(一) 大环境的创设

1. 安全性

儿童房要选择圆润边角、高度适合、材料环保的家具,并固定好。考虑婴幼儿的成长,可以选择常规款的床铺,但是最好安装床围以防婴幼儿从床上跌落。床围要选择网面或者竖直的围栏款,不要选择棉布或者海绵款,避免婴幼儿面部贴在床围上导致窒息。床围四周不能留有缝隙,以免卡住婴幼儿。如果床铺靠墙摆放,要确保婴幼儿不会掉进床与墙之间的缝隙。万一婴幼儿感到焦虑,家长可以和他们一起准备安抚物(如毯子、玩偶等)、安装小夜灯,缓解婴幼儿紧张的情绪。

儿童房不宜使用折叠式的家具,比如折叠画架,以免婴幼儿碰撞或在搬动过程中出现夹伤等意外。如果一定要采用折叠式的家具,应设置保护措施,如加装固定装置或保险绳。

2. 舒适性

睡眠区可以布置在房间的中心区域,或者根据空间结构放置在安静的角落,避免过于靠近门窗;储藏区则可以灵活考虑可能的区域;而设置学习和游戏区时,要选择在采光和通风较好的地方。

婴幼儿家具的尺寸、功能、造型、色彩等都应该以他们的心理和生理需求为依据,儿童家具不应是成人家具的缩小版。适合婴幼儿身体的家具会让其感到安全舒适,有利于良好习惯的养成;长期使用尺度不合理的家具会使儿童养成不良坐姿,严重的还会引起骨骼、脊椎畸形和视力下降。有趣的造型和色彩能让婴幼儿保持积极的情绪和安全感,发展他们的注意力和创造力。

3. 功能性

房间内应设有足够的储物空间,如衣柜、玩具箱、书架等,帮助家长整理和存放物品,同时也为将来婴幼儿学会整理提供支持。低矮的家具设计,方便婴幼儿在成长过程中逐步参与到日常整理。婴幼儿年纪较小,整体空间的设计就要侧重储藏的功能,因为这时候他们的玩具和日用品较多。如果婴幼儿有特殊的兴趣爱好,在空间分区时,不妨也将其考虑进去。

4. 可调整性

儿童房功能区域设置应适当留有余地和弹性,尽量避免大量的固定的装饰构造,否则会为功能区域的变化和调整留下难以解决的难题。采用可移动的区域设置是则相对合理做法,比如随着婴幼儿的成长,玩具收纳柜可能需要改成书柜,学习区域需要适当扩大等。功能区域尽可能以开敞的方式来布置,以便适应孩子不断变化的功能需求。

儿童房不需要一开始就安排满家具和玩具,可以留有空间,让婴幼儿参与选择,根据需要逐渐填充。还可以在墙上留出一块空间给他作画,给婴幼儿的成长留下一块可以任他自由发挥的空间。他们非常喜欢到处乱写乱画,在涂画的过程中不但可以增添乐趣,对他们想象力、创造力、记忆力、观察力、动手能力等都有很大的促进作用。也可以在墙上贴面积较大的纸张,方便更换。

考虑到婴幼儿快速成长的特点,房间布置应具有一定的灵活性。选择可调节的家具,如可调高度的床和多功能储物家具,能够随孩子的成长调整,延长家具的使用寿命。装饰方面,可以使用可更换的墙贴和柔性装饰品,方便随着孩子的兴趣变化而更新房间风格。

(二) 婴幼儿用品的选择

1. 玩具

对于0~3岁婴幼儿来说,玩具不仅仅是娱乐的工具,它们在孩子的成长和发展过程中扮演着极其重要的角色。这个年龄段的孩子正处于大脑快速发展的关键时期,他们通过感官体验、探索和互动来学习新事物,感官的发育影响着婴幼儿对玩具的偏好。

(1) 视觉玩具

新生儿的视力非常有限,出生几周后也只能看到黑白和高对比度的图案。这个时候,可以为婴幼儿提供大约20 cm×20 cm的图案简洁又清晰的黑白卡片(或者黑白红卡片),如图2-19所示,缓慢移动,随着婴幼儿视觉追踪能力提升可以慢慢提速。

图2-19　黑白卡片

布娃娃不仅造型丰富,还可以作为婴幼儿的情感依托。布娃娃应符合国家标准,面料为纯棉最佳,眼睛、嘴巴等其他部位应以缝制的方式装饰,避免用其他单独的小配件或长绳装饰,以免婴儿拽或咬布娃娃时脱落,或被婴儿误食、缠绕在婴儿的脖子、四肢,造成窒息或肢体坏死。手感柔软、有弹性的布娃娃更容易被婴幼儿接受。布娃娃填充物应该柔软、均匀,没有异物,不用废旧物料填充,以免存在卫生问题。由于婴儿经常咬布娃娃且他们的汗液较多,应选择容易清洗的布娃娃,定期清洗、消毒。虽然布娃娃能为婴幼儿带来安全感,但睡觉时不能放在婴儿床上,否则会有窒息的风险。

3个月后,婴儿能够更好地聚焦,开始分辨颜色。这个阶段,可以增加红、黄、蓝、绿等鲜艳颜色的玩具,比如曼哈顿球(图2-20)、手摇铃、咬咬胶等。有些玩具会用五颜六色的光线吸引婴儿注意力,但婴儿如果长时间接触过强的光线,会损伤视网膜。购买此类玩具要选光线柔和,不使用闪烁光和强光装置的款式,要控制婴儿玩耍时的距离和时间。还可以为婴儿准备认知镜,如图2-21所示,帮助婴儿认识自己的面部特征,促进自我意识的发展。小面的认知镜,需要用布或海绵包裹四周及背部,婴儿在抓取时才不会割伤,不小心将镜子摔到地上也不易碎。可以选择能调整角度的认知镜,方便婴幼儿在爬行或走路时观察。大面的认知镜同样要包边,并且固定在墙上。婴幼儿直接用手摸镜子容易脏,镜子要经常擦拭。

图2-20　曼哈顿球

图2-21　认知镜

6个月后,可以多让婴幼儿进行手眼协调能力的练习。图形拼图通过拼接不同形状和颜色的拼图块发展婴幼儿手眼协调、精细动作能力和解决问题的能力。拼图块通常较大,便于婴幼儿抓住并操作。形状多样化,包括圆形、方形、三角形等基本几何图形,也有动物、车辆等具象形状;常见材料包括木材、塑料和纸板。婴幼儿应从简单的拼图开始拼,随着技能的提高逐渐引入更复杂的拼图。木质拼图虽然更加耐用,但塑料或纸板拼图可能更轻便,成本更低,市场占比更高。串珠玩具需要婴幼儿将不同颜色和形状的珠子穿在一根绳子或杆子上,对婴幼儿的手眼协调能力也有很大的帮助。造型多样的珠子容易引起婴幼儿的兴趣,可以通过不同大小的珠子和孔洞调整难度。珠子的体积不能太小,家长需要陪伴婴幼儿游戏,时刻提醒婴幼儿,不能将珠子放入身体的任何部位。积木也是这个阶段婴幼儿非常喜欢的玩具,可以为婴幼儿选择木制积木或者泡沫积木。比起原木色的积木,婴幼儿更偏好有色彩的积木,除了搭建不同的造型,可以玩色彩和形状的指认游戏。

(2)听觉玩具

婴幼儿对事物的感知始于听觉,在胎儿期他们就能听到声音,婴儿期是听觉发展的关键时期。婴幼儿虽然很喜欢听人说话,但他们对有声音的玩具也充满兴趣,比较喜欢有规律、优美活泼的音乐声,不同的声音能够刺激婴幼儿的自主神经系统,能够帮助婴幼儿调节呼吸、心跳、神经传导和内分泌等,有助于促进婴幼儿的成长发育,家长应该根据不同的生活环境为婴幼儿选择合适的音乐。选择发声玩具的声音不能尖锐,要柔和,超过70 dB的声音会对婴幼儿的听力造成一定的损伤。发声玩具的形式多样,主要模式是音乐播放器或者通过敲击产生声音的玩具。播放器需要电能,家长要注意保护播放器,防止婴幼儿抠电池或者玩充电插头。敲击类的玩具需要定期检查是否安全,以免婴幼儿敲坏玩具引发意外伤害。

(3)触觉玩具

触觉是婴幼儿认识外界环境的重要方式,作为婴幼儿一种认识和学习外界的途径,包含了至少11种不同的感觉,比如痛觉、触觉、压力觉、痒觉、温度觉等。触觉类的玩具主要是一些可操作性的玩具,可以锻炼婴幼儿的皮肤敏感度和手指灵活度。可以通过不同的形状、温度、材质、软硬等选择玩具。在形状方面,如突出的部位和平坦的部位,或粗糙和光滑的部位。在材料方面,如木头、塑料、海绵、纸巾、丝绸等。不同的温度也影响着婴幼儿的触觉,如在玩具中添加变温的效果,也会对婴幼儿的触觉产生不一样的刺激效果。婴幼儿的触觉刚刚开始发育,往往需要考虑形状比较简单的玩具,如球体和方块等,比较常见的有积木玩具、触觉球(图 2‐22)、毛绒玩具、叠叠杯(图 2‐23)、橡皮泥等。

图 2‐22　触觉球

图 2‐23　叠叠杯

2. 阅读区

婴幼儿注意力容易分散,所以阅读区的设置应该符合安静、整洁和舒适温馨的特点。可以在阅读区铺设地垫,以减少噪声,在亲子阅读时,其他人也要避免走近干扰,为亲子阅读营造独立的空间。尽量将阅读区域设置在光线充足但不刺眼的位置,并补充灯光照明,保证在雨天或者夜晚也能进行亲子阅读。如果阅读时间和地点无法避免光线直射,可以使用轻薄、柔软、半透明的薄纱作窗帘,减弱光线强度。

阅读区必不可少的家具就是书架,为了鼓励婴幼儿主动阅读,书架的设计应为婴幼儿服务。首先,确保书架足够稳固,不会轻易翻倒。可以选择带有固定装置的书架,将其固定在墙上或其他固定点上。其次,书架上的书应该方便婴幼儿拿取和放回,2 岁左右的婴幼儿应该能够独立地从书架上取书。因此,书架的高度应在 80~90 cm,这样他们站在地上就能够轻松拿取书籍。可以考虑采用分层设计,将婴幼儿常看的书籍放置在较低的一层,较高的位置则可以放置不常用的书籍。婴幼儿通过封面猜测故事内容,因此书架应设计成可以让书本封面朝外展示的方式,以激发他们选书的兴趣。

婴幼儿很早就可以阅读布书,布书是一种专门为婴幼儿设计的特殊类型的书籍,使用棉质、聚酯纤维或其他柔软且安全的纺织品制成,如图 2‐24 所示。布书可以承受婴幼儿的拉扯和咬嚼,能用温和的洗涤剂手洗或机洗,设计有互动元素,如响铃、拉链、纽扣等,增加了趣味性和教育价值。家长选择布书时要考

图 2‐24　布书

图 2‐25　触摸书

虑婴幼儿的年龄段：0～3 个月适合布质简单、页面少且有声音的布书；3～6 个月适合颜色鲜艳、图案有趣的布书；6～12 个月适合不同质地的布书；1 岁以上建议选择有一定情节的书。

随着婴幼儿的成长，他们懂得如何翻书和保护书本，就可以使用纸质的绘本，如触摸书（见图 2-25）、翻翻书等。绘本书角要圆滑，纸质较厚，没有刺激性气味，印刷清晰，材质无毒。选择图片大、色彩鲜艳、互动性强的绘本，有助于吸引婴幼儿的注意力。家长要观察孩子感兴趣类型的图案或故事，尝试为他们提供多样化的图书类型，选择既能吸引孩子兴趣又能带来一定教育意义的书本。

3. 收纳

引导婴幼儿学会收纳是一个长久的过程，需要家长保持足够的耐心和爱心，但良好的习惯会让家庭和婴幼儿受益终身。婴儿 7～12 个月时开始探索周围的环境，家长可以引导婴儿将玩具放入容器中，如篮子或盒子，虽然他们可能更感兴趣的是拿出而不是放入，但家长要多鼓励婴儿进行这个动作。1 岁后幼儿可以被引导将玩具放回指定的位置，但往往需要家长的指导和帮助。可以使用大而鲜艳的箱子或篮子来吸引他们的注意，这样婴幼儿会更容易识别收纳的位置。分类是较复杂的认知能力，家长不能指望婴幼儿能自己分类摆放物品，应该为婴幼儿指明物品需要放置的位置。家长可以使用贴纸或图片来标记不同的物品存放位置，帮助婴幼儿记忆和理解。随着成长，婴幼儿开始展现出自主性和独立性，可以自己完成简单的任务，或者听从指令并积极参与家庭中的日常整理，如把书放回书架上，或者把玩具放进箱子里。

要让婴幼儿养成良好的收纳习惯，家长要以身作则，及时整理物品，保持家庭环境的整洁卫生。收纳家具的布局要考虑收纳的便捷，分类放在相应活动空间附近，使家长能轻松拿取和放回婴幼儿用品。比如在阅读区放置书架，在游戏区放置低矮的抽屉或篮子，在床边放置橱柜，将婴幼儿书本、玩具、衣物、尿布等分类，便于快速找到所需物品。儿童房收纳的设计要顾及婴幼儿的特殊生理、心理阶段，比如收纳家具的高度、橱柜的深度、抽拉橱门柜门所需的力度、物品的分类等。生活中，要积极引导婴幼儿定期清理玩具并将其归位，养成固定的日常习惯。当婴幼儿成功整理玩具时给予表扬和奖励，鼓励他们养成良好的习惯。

（1）收纳箱

收纳箱是一种用来存放和整理物品的容器，有塑料、布艺、木质、金属、纸质等材质，塑料收纳箱和布艺收纳箱是婴幼儿家庭比较常用的类型。柔软的布艺收纳箱不容易造成婴幼儿伤害，并且容易清洗，但不防潮；厚实的塑料收纳箱轻便耐用，防水防潮，透明的款式方便查找物品，但用久容易坏。收纳箱也可以选择带盖子、轮子或者叠放的样式。收纳箱适合装婴幼儿的玩具、衣物等，因为它的体积较大，能装形状体积各异的物品。收纳箱相对于橱柜收纳比较便捷，更加适合婴幼儿刚开始学习整理的阶段。在购买收纳箱前，先测量好放置收纳箱的空间，确保所选的收纳箱尺寸合适。并且考虑要存放的物品的大小和数量，选择合适容量的收纳箱。

（2）橱柜

橱柜相对收纳箱更加结实，能长时间使用。在外观上，设计风格尽量与整个房间的装饰风格协调一致；在材料和做工方面要求也较高，选择耐用且易于保养的材质，确保长期使用。安装时确保橱柜结构稳固，不易翻倒，可以选择底部较宽的款式或者安装防倒固定器。橱柜要带有阻尼器或安全锁的门和抽屉，防止夹伤婴幼儿的手。根据需要选择内部分隔合理的橱柜，便于分类存放不同的物品。低矮的抽屉或开放式的架子可以让婴幼儿自己拿取玩具或衣物，培养自理能力。橱柜可以选择可调节的隔板或抽屉，以便随着孩子的成长调整内部空间。

育儿宝典

当前很多家庭都住商品房，人均使用面积有限，但家长还是尽量想为婴幼儿拓展活动空间，从哪儿入手呢？墙面的利用也许是个好方法。

1. 攀爬墙

墙面安装攀爬网或者攀岩墙，能为婴幼儿身体发展和运动技能培养提供机会。攀爬墙需要设计在承重墙或实心墙上，地面和天花板要留有婴幼儿上下活动的空间，要有确保安全的防护垫。

随着婴幼儿能力发展,还可以增加吊环、吊杆和秋千等器具。

2. 绘画墙

绘画墙可以用贴纸,时常更换,也可以用珐琅板、磁吸白板、玻璃等材料制作,易于擦拭。可以在四周包边或装饰,提示婴幼儿绘画区域。

任务思考

1. 简述0～3岁婴幼儿儿童房主要活动类型。
2. 简述0～3岁婴幼儿儿童房环境创设的要点。

实训 实践

实训实践任务书

任务名称　家庭环境设计

任务内容　请为待产的三口之家绘制环境设计图,包括客厅、卧室、餐厅、卫生间、儿童房等(可以添加其他空间)。

任务要求　从物质环境、精神环境,考虑家庭成员的安全、健康、发展和适宜性。

任务目标　从实操的层面设计家庭环境创设,提升创设的整体性,进一步熟悉婴幼儿的发展特点和家庭需求。

任务准备　笔、尺子、手机、笔记本。

任务实施

(1)复习项目内容,查阅资料。

(2)整理资料,绘制设计图,见表2-5。

表2-5　家庭环境设计图

全屋平面图	客厅平面图
婴幼儿卧室平面图	餐厅平面图

卫生间平面图	儿童房平面图

赛证链接

单选题

1. （育婴师（四级）理论职业技能鉴定国家题库）对于拒绝吃各种食物的婴儿，进餐环境不应该（　　　）。

A. 有丰富刺激的场所 　　　　　　 B. 选择无视觉、听觉干扰的环境

C. 有固定的位置、桌椅和餐具 　　　 D. 安全和舒适

2. （育婴师（四级）理论职业技能鉴定国家题库）家中窗户栏杆的间隔应小于（　　　）cm，窗下不放家具，免婴儿爬高。

A. 11 　　　　　 B. 16 　　　　　 C. 19 　　　　　 D. 21

3. （育婴师（四级）理论职业技能鉴定国家题库）下面做法对婴儿安全不利的是（　　　）。

A. 购买家具时应避免尖角和锐边、缺口、木刺等

B. 有尖角的家具应套上塑料防护角

C. 要购买安装了防脱装置的抽屉

D. 购买家具时只需要注意家具的款式

4. （育婴师（四级）理论职业技能鉴定国家题库）以下做法有助于保护婴儿安全的是（　　　）。

A. 设立的专用药箱应放在婴儿取不到的地方

B. 可以使用饮料瓶灌装杀虫剂、洗涤剂、消毒剂等

C. 可以用装有药的瓶子当玩具

D. 厨房、卫生间的各类消毒液、洗涤剂、皂粉等化学制品放入柜中不应加锁

5. （"1＋X"幼儿照护职业技能等级证书理论题库）家具用品安全检查"5S"原则中的"绳带"，长度一般不超过（　　　）。

A. 15 cm 　　　　 B. 18 cm 　　　　 C. 20 cm 　　　　 D. 22 cm

项目三 > 创设婴幼儿教养机构环境

项目导读

婴幼儿教养机构环境的科学创设至关重要，需精心规划，通过丰富的感官刺激与互动机会，全面促进婴幼儿在感官、运动、言语及认知等多领域的发展。

本项目从规划机构的整体布局到创设具体的公共区域环境、班级环境、生活区环境，再到规划活动区、材料投放和户外活动区，以及配套功能区的环境创设，全方位、多角度地呈现科学的婴幼儿教养机构环境创设方案。

教学目标

知识目标：掌握婴幼儿教养机构环境创设的方法。

能力目标：能运用相关理论知识，根据不同年龄阶段婴幼儿能力发展水平，创设适合婴幼儿成长的教养环境。

素养目标：尊重婴幼儿的发展规律，关注个体差异性，创设舒适温馨有爱的环境，促进婴幼儿全面发展。

项目导学

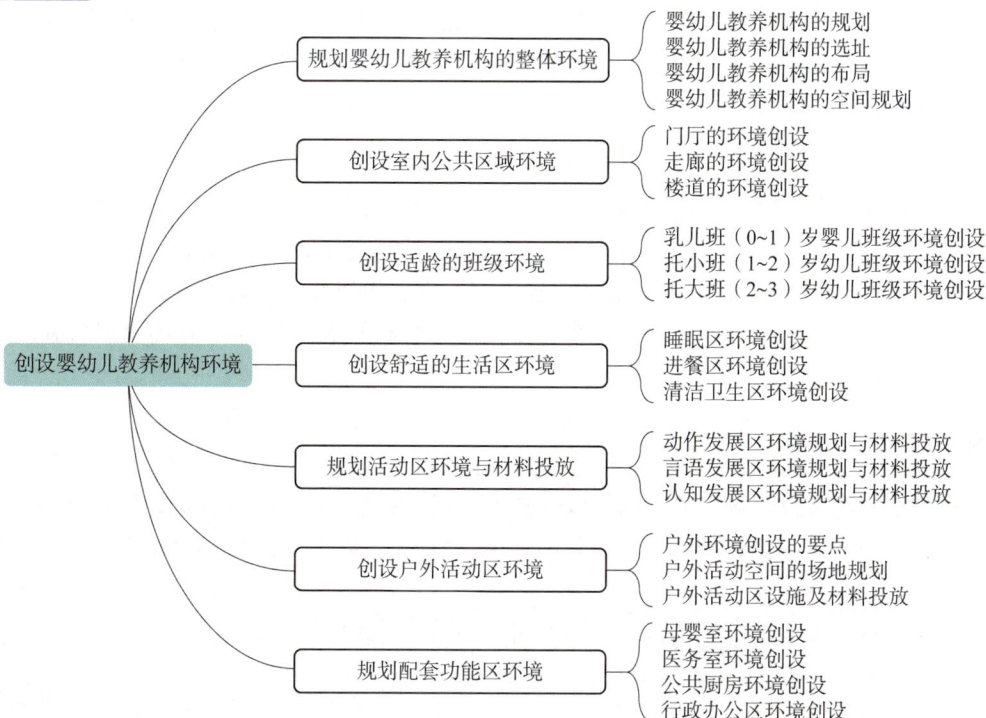

案例导入

　　某托育园开业大半年后,才发现大门附近不足 100 m 处要建大型汽车充电站,多方协调无果后只能移址经营,导致前期投入损失,还面临生源流失、退费等问题。这表明,选址不仅要考虑当下,还要关注场地周边未来 1~5 年的规划。

　　另一所托育服务中心想扩大规模,但在新园区选址时遇到瓶颈。后来通过求助,街道招商服务人员与其负责人一起从社区环境、意向人群、经济活力等方面分析生源与消费水平,并实地考察周边场地。这体现了托育机构在扩展选址时,要综合考虑多方面因素,政府的支持也很重要。

　　以上的两个案例说明,托育教养机构的选址和规划关乎其发展。托育机构的选址需要考虑哪些因素呢?

一、婴幼儿教养机构的规划

(一)婴幼儿教养机构及整体规划

　　婴幼儿教养机构选址应符合国家标准,根据《托儿所、幼儿园建筑设计规范》(JGJ 39 - 2016)、《城市幼儿园建筑面积定额(试行)》[(88)教基字 108 号]《托育机构设置标准(试行)》和《托育机构管理规范(试行)》(国卫人口发〔2019〕58 号)等相关教育文件规定,在进行婴幼儿教养机构选址及整体规划设计时,应遵循"因地制宜、规模适度、就近入托、方便接送"的原则,因此,在婴幼儿教养机构选址及整体规划的具体要求上,要综合考虑安全等问题,为婴幼儿选择那些地质条件较好、环境适宜、交通方便、场地平整、排水通畅、日照充足、空气流通、公用配套设施较为完善、远离各种污染源的地方。

(二)托育机构的设置要求

　　托育机构设置应当综合考虑城乡区域发展特点,根据经济社会发展水平、工作基础和群众需求,科学规划,合理布局。新建居住区应当规划建设与常住人口规模相适应的婴幼儿教养机构。老城区和已建成居住区应当采取多种方式完善婴幼儿教养机构的建设,如利用原有的社区空间改扩建等,满足居民需求。城镇托育机构建设要充分考虑进城务工人员随迁婴幼儿的照护服务需求。在农村社区综合服务设施建设中,应当统筹考虑托育机构建设①。

【视频　托育机构设置标准】

(三)交通及通信

　　交通是否便捷,通信是否顺畅,关系到婴幼儿教养机构的发展。在婴幼儿教养机构的规划设计中,应该充分考虑到婴幼儿教养机构周边的交通及通信要求。一般情况下,婴幼儿教养机构宜选址于社区或普通住宅小区附近,靠近二级次干道。这样既考虑到了家长接送婴幼儿上下幼儿园的需求,又避免了主干道车流量大、人员复杂的问题,为婴幼儿出入安全提供保障,同时,也在一定程度上减少了喧闹、嘈杂的环境给婴幼儿生活带来的不利影响。

二、婴幼儿教养机构的选址

　　婴幼儿教养机构的选址不仅关乎机构自身的长远发展,而且关系到机构中婴幼儿的身心发展。因此,机构的创办者需要依据婴幼儿照护服务相关政策要求,结合人口密度、人口增长、婴幼儿照护服务需求、交

---

① 国家卫生健康委. 托育机构设置标准(试行)[EB/OL]. (2019 - 10 - 08)[2024 - 09 - 27]. https://www.gov.cn/gongbao/content/2020/content_5477327.htm.

通、环境等因素综合考虑,合理选址,方能为婴幼儿提供一个安全健康、支持性的环境。

婴幼儿教养机构的场地应当选择自然条件良好、交通便利、符合卫生和环保要求的建设用地,远离对婴幼儿成长有危害的建筑、设施及污染源,满足抗震、防火、疏散等要求。虽然不同规模和性质的婴幼儿教养机构在选址上有差异,但都需要遵循一些基本要求。

1. 安全保障

托育机构要把婴幼儿的安全放在工作的第一位。在选址上,需要充分考虑安全问题,远离对婴幼儿成长有危害的建筑、设施及污染源,如工厂、加油站等,确保环境安全无污染。避开交通主干道、小河等有危险的地方,以防婴幼儿出现意外事故,威胁生命安全。基础设施同样也要有安全保障,场地应具备完善的基础设施,如排水系统、供电系统、消防系统等,确保机构的正常运营。

2. 无污染

空气污染和噪声污染会影响婴幼儿的身心健康。婴幼儿教养机构要远离污染严重的工业区、垃圾及污水处理站等场所,防止婴幼儿吸入二氧化硫、二氧化氮、一氧化碳、铅化合物、飘尘等有害物质,避免对婴幼儿的身心造成危害。

噪声污染不仅会损害婴幼儿的听觉,还会导致中枢神经的调节功能紊乱,产生心跳加快、血压波动、慢性疲劳和情绪烦躁等问题。因此,婴幼儿教养机构不宜选址在公共娱乐场所、集贸市场附近等环境嘈杂的地方。

3. 地质条件良好

婴幼儿教养机构要避免在低凹的地方选址,防止暴雨暴雪天气导致的排水不畅通所带来的安全和卫生问题;也要避开易发生地质灾害的地区及输气管道和高压走廊等危险的地方。因此,婴幼儿教养机构要在地势平坦、场地开阔、地质干燥坚实、易于排水的地方选址。

4. 日照充足,空气流通

婴幼儿教养机构选址应确保场地日照充足、空气流通,这有利于婴幼儿的健康成长。采光不足会使人感到压抑,对心理健康产生消极作用,并且会降低婴幼儿的免疫力,不利于婴幼儿的生长发育。因此,婴幼儿教养机构要避免被高大的建筑物遮挡,保证室外有充足的阳光。同时,室内的活动室、休息区、卫生间等区域也需要有日照。婴幼儿教养机构在选址时要切实考虑以上基本要求,对婴幼儿的健康和安全负责,也让家长能够放心地把孩子托付给机构,满足婴幼儿照护的需求。

5. 楼层和面积

婴幼儿教养机构应选择低楼层,最好在三层以下,且不得设在负楼层。这主要是出于安全考虑,确保在紧急情况下能够迅速疏散婴幼儿。具体面积根据机构的定位和规模而定。同时,要确保室内有足够的生活用房、服务管理用房和供应用房。

6. 符合国家标准

婴幼儿教养机构的选址场地要符合《托育机构消防安全指南(试行)》中消防方面的要求,场地需通过一次消防验收,并可进行二次消防备案;抗震方面要求新建、改建、扩建的婴幼儿教养机构应符合国家抗震标准,如不得设置在四层及四层以上、地下或半地下,具体设置楼层应符合《建筑设计 防火规范》(GB50016-2014)的有关规定。

婴幼儿教养机构不得设置在"三合一"场所(住宿与生产、储存、经营合用场所)和彩钢板建筑内,不得与生产、储存、经营易燃易爆危险品场所设置在同一建筑物内,确保了机构在消防和抗震等安全方面符合国家标准。

拓展阅读

《托儿所、幼儿园建筑设计规范》①

3.1 基 地

---

① 中华人民共和国住房和城乡建设部. 托儿所、幼儿园建筑设计规范[M].北京:中国建筑工业出版社,2019:9.

3.1.1　托儿所、幼儿园建设基地的选择应符合当地总体规划和国家现行有关标准的要求。

3.1.2　托儿所、幼儿园的基地应符合下列规定：

1. 应建设在日照充足、交通方便、场地平整、干燥、排水通畅、环境优美、基础设施完善的地段；

2. 不应置于易发生自然地质灾害的地段；

3. 与易发生危险的建筑物、仓库、储罐、可燃物品和材料堆场等之间的规定距离应符合国家现行有关标准；

4. 不应与大型公共娱乐场所、商场、批发市场等人流密集场所相毗邻；

5. 应远离各种污染源，并应符合国家现行有关卫生、防护标准的要求；

6. 园内不应有高压输电线、燃气、输油管道主干道等穿过。

3.1.3　托儿所、幼儿园的服务半径宜为 300 m。

7. 市场需求和物业条件

近几年受出生率低的影响，婴幼儿的生源下降，但越来越多年轻家长有托育服务的需求。2025 年，《中华人民共和国学前教育法》实施，鼓励有条件的公办幼儿园开办托班。开办托婴幼儿教养机构选址时应做好调研，考虑周边社区的人口密度、新生儿数量以及家长对托育服务的需求程度，以确保新开设的机构有足够的生源。同时考虑场地租金等问题，开设在社区或者商场中的机构也需考虑物业条件等因素，避免后期因物业问题而带来额外的支出和麻烦，影响机构的生存和长期运营。

综上所述，婴幼儿教养机构在选址时应综合考虑场地地质条件、类型和年限、周边环境、楼层和面积、合规性以及市场需求和开业条件等多个方面，以确保机构能够为婴幼儿提供一个安全、健康、舒适的学习成长环境。

三、婴幼儿教养机构的布局

婴幼儿教养机构的布局是指全园所有建筑及附属设施的设计、建造和装饰美化的总体规划。婴幼儿教养机构如何布局，应该考虑到多方面的因素，如婴幼儿教养机构的教育目标、整体风格，婴幼儿的身心发展特点，婴幼儿生活及学习需要等。这些因素，都对婴幼儿教养机构的具体规划和布局产生着重要影响。

（一）婴幼儿教养机构布局要求

好的婴幼儿教养机构布局可以对婴幼儿起到积极的引导和教育作用，同时，它又受一些因素的影响和制约。因此，在探讨婴幼儿教养机构如何布局时，首先应该考虑如下几方面问题。

1. 考虑婴幼儿身心发展特点

婴幼儿教养机构环境创设不同于其他场所环境的装饰设计，其特殊性主要体现在婴幼儿这一活动主体上，由于婴幼儿身体尺寸不同于成人，其心理发展对于危险物品及场所的认识以及自我保护的能力有待于进一步提高，因此，机构的布局首先需要考虑到婴幼儿的身心发展特点。

2. 考虑婴幼儿身形尺寸

婴幼儿的桌椅高度、洗手池高度、便池宽度等都应该符合婴幼儿身体尺寸的要求。考虑到这一因素，设计者在进行婴幼儿教养机构的布局时，应全面考虑，从婴幼儿的身高和视角去感受和布置教养机构环境，避免教养机构环境布局的成人化。

3. 考虑婴幼儿的安全因素

从婴幼儿心理发展角度而言，由于他们对环境中的危险因素估计不足，自我保护能力尚不完善，因此，在婴幼儿教养机构环境设计和布局时，应充分考虑到安全这一要素。如婴幼儿经常接触和活动的室内区域可以增加墙面软包，机构中的木质桌椅及大型玩具不要选择有突出尖角的设计，婴幼儿出入园的通道与车行道要分开设置等。

中华人民共和国住房和城乡建设部、教育部颁布的《托儿所、幼儿园建筑设计规范（试行）》，对婴幼儿教养机构的规模、班额、总面积、楼高及窗地比、生活、供应用房、水电燃气等都做了相关规定。

拓展阅读

《托儿所、幼儿园建筑设计规范》中关于场地规划的要求

（1）托儿所、幼儿园应设室外活动场地，其中，托儿所室外活动场地人均面积不应小于 $3\,m^2$。城市人口密集地区改、扩建的托儿所，设置室外活动场地确有困难时，人均面积不应小于 $2\,m^2$。

（2）活动地面应平整、防滑、无障碍、无尖锐突出物，并宜采用软质地坪。

（3）共用活动场地应设置游戏器具、沙坑、30 m 跑道等，宜设戏水池，储水深度不应超过 0.30 m。游戏器具下方地面及周围应设软质铺装。

（4）活动场地宜设洗手池、洗脚池。

（5）室外活动场地应有 1/2 以上的面积在标准建筑日照阴影线之外。

（6）托儿所、幼儿园场地内绿地率不应小于 30%，绿地内不应种植有毒、带刺、有飞絮、病虫害多、有刺激性的植物。

（7）供应区内宜设杂物院，并应与其他部分相隔离。杂物院应有单独的对外出入口。

（8）基地周围应设围护设施，在出入口处应设大门和有良好视野的警卫室。出入口不应直接设置在城市干道一侧，应设置供车辆和人员停留的场地，且不应影响城市道路交通。

（9）托儿所、幼儿园的活动室、寝室及具有相同功能的区域，应布置在当地最好朝向，冬至日底层满窗日照不应少于 3 小时。需要获得冬季日照的婴幼儿生活用房窗洞开口面积不应小于该房间面积的 20%。此条为强制性条文，必须严格执行。

（10）夏热冬冷、夏热冬暖地区的幼儿生活用房不宜朝西；若无法避免，应采取遮阳措施。

（二）婴幼儿教养机构区域划分

1. 公共区

公共区域包括门厅、走廊、楼道等。门厅是婴幼儿教养机构所有人员进出的集散地，是婴幼儿、家长、教职员工以及外来人员的必经之处。因此，对于门厅区的设计，应更加精心，要体现出整个婴幼儿教养机构的环境特色及整体水平。走廊和楼道都是连接其他各个区域的重要通道。

2. 教学区

教学区主要包括活动室、功能室。由于婴幼儿身体尺寸限制及安全意识和自我保护能力尚有待提高，在设计教学区域时，应该充分考虑婴幼儿的身心发展需要。

3. 户外活动区

婴幼儿教养机构户外活动区域，是婴幼儿教养机构进行各类户外探索、游戏活动和各类户外大型集体活动的主要场所。在户外活动区域创设时，应注意婴幼儿年龄特征，遵循其身心发展规律，满足婴幼儿的个性需要。婴幼儿教养机构的户外活动环境主要包括游乐器械区、体育活动区、戏水玩沙区、种植饲养区等。

4. 办公区

从婴幼儿教养机构发挥的功能作用来看，在婴幼儿教养机构中，有一部分为婴幼儿教养机构的办公区域。这部分区域一般包括办公室、会议室及休息室等。根据每个婴幼儿教养机构具体情况的不同，这部分区域设置的具体位置及大小各有不同。

5. 后勤服务区

后勤服务区是承担服务性功能和作用的区域,也是婴幼儿教养机构不可或缺的一部分。婴幼儿教养机构的后勤服务区包括医务保健室、门卫室、公共厨房、车库等。

拓展阅读

托育机构设置标准(试行)[①]
第三章 场地设施

第十一条　托育机构应当有自有场地或租赁期不少于3年的场地。

第十二条　托育机构的场地应当选择自然条件良好、交通便利、符合卫生和环保要求的建设用地,远离对婴幼儿成长有危害的建筑、设施及污染源,满足抗震、防火、疏散等要求。

第十三条　托育机构的建筑应当符合有关工程建设国家标准、行业标准,设置符合标准要求的生活用房,根据需要设置服务管理用房和供应用房。

第十四条　托育机构的房屋装修、设施设备、装饰材料等,应当符合国家相关安全质量标准和环保标准,并定期进行检查维护。

第十五条　托育机构应当配备符合婴幼儿月龄特点的家具、用具、玩具、图书和游戏材料等,并符合国家相关安全质量标准和环保标准。

第十六条　托育机构应当设有室外活动场地,配备适宜的游戏设施,且有相应的安全防护设施。

在保障安全的前提下,可利用附近的公共场地和设施。

第十七条　托育机构应当设置符合标准要求的安全防护设施设备。

四、婴幼儿教养机构的空间规划

不同类型托育机构选用地址考虑的问题也不同,根据当前存在的婴幼儿教养机构形式,从以下几个方面展开。

(一) 家庭托育点

托育机构中婴幼儿年龄在3岁及以下,行走能力尚处于发展中,不适宜多楼层上下走动。因此,家庭托育点最好将婴幼儿的生活用房设置在一层,托大班的生活用房可以适当设置在二层,但要符合有关防火安全疏散的规定[②]。

家庭托育点一般设置在居民楼内,居民楼原有的格局很难改变,因此,如何在原有的厨房、卫生间、卧室、客厅的基础上进行改造,以满足婴幼儿生活和游戏需求,为他们创设一个适宜的环境,是在空间规划上必须考虑的问题。具体而言,不同的生活区要考虑以下几点。

首先,婴幼儿的活动室要有足够的使用面积、最佳的朝向、充足的光线和良好的通风条件,以满足活动和游戏的需要。活动室内,在创设活动区时要根据活动性质进行空间定位,如睡眠区应该尽量远离游戏区,就餐区应靠近厨房,尿布台应靠近盥洗室或紧邻洗手池。

其次,有条件的家庭托育点可以为婴幼儿单独设置睡眠室,并考虑房间的朝向和通风条件,避免阳光直射。另外,成人厕所要与婴幼儿的卫生间隔离,卫生间邻近活动室和睡眠室,但不宜正对活动室和睡眠室。由于家庭托育点设置在居民楼内,为减少声音干扰,要考虑安装一些隔音设备,如双层砖、隔音天花板

---

① 国家卫生健康委. 国家卫生健康委关于印发托育机构设置标准(试行)和托育机构管理规范(试行)的通知[EB/OL].
(2019-10-14)[2024-09-27]. http://www.gov.cn/xinwen/2019-10/16/content_5440463.

② 王兴华,张萌萌.家庭托育点规范化发展的国际经验及启示——基于政策工具的视角[J].学前教育研究,2022(1):59-69.

等,也可以放置一些吸音设备,如地毯、窗帘等。这样一方面,能避免对婴幼儿听觉器官的发育造成不良影响;另一方面,也能防止对附近居民有噪声干扰。

最后,家庭托育点通常没有独立的室外活动场地,可以在保证安全的前提下,充分利用小区内或小区周边的公共场地和设施。室外活动场地要选择冬有阳光、夏有阴凉地点,以平坦的土地、空地、草地和塑胶地面为宜,并且保证交通安全,排除公共器械设备存在的安全隐患。

(二) 托育园

托育园或托育中心又可细分为几种不同的形式:一是开办在商业区、写字楼或社区的托育或早教中心,通常没有独立的园区或独立的系统;二是有独立场地的托育园;三是附设在幼儿园内的托班。三者在空间规划上需要考虑的侧重点也有所差异。

1. 无独立场地的托育或早教中心

设置在商业区、写字楼或社区的托育或早教中心,其附近建筑密度一般较大,且机构周围缺少安全防护措施。因此,在做空间规划时,首先要考虑的是安全问题,比如,设置独立的出入口,在出入口设置安全警示标志等。

该类机构的入口处一般不是直接通向户外的,而是与主建筑的大厅相连接。在这种情况下,如果条件允许,可以考虑将大厅作为警卫处、家长接送婴幼儿的场所和晨检厅。此外,保健室和隔离室设置在门厅附近,与婴幼儿的生活用房要有适当的距离。隔离室可以设在保健室内并以玻璃隔断,便于保健医生对患儿进行观察,也可紧邻其他区域。行政办公室或办公区宜设置在中心的出入口处,便于与家长和其他人员联系。

在楼层的选择上,要考虑婴幼儿的身体发育水平,将一层作为婴幼儿活动用房的首选,并且合理规划不同的空间以最大限度地利用空间资源。乳儿班、托小班和托大班宜使用独立的活动用房。教学办公室或办公区可以灵活安排,但宜靠近婴幼儿活动区,便于保育师照顾婴幼儿。

由于户外活动场地受限,无独立场地的托育中心宜利用室内宽阔的场地设立公共的体育和游戏活动区,并设置符合婴幼儿年龄特点的游戏设施。该区域还可以兼做家长休息区和接待区、亲子阅读区等。此外,各班可以利用宽阔的走廊开展一些活动项目。另外,建议该类托育中心充分利用周边有利的环境资源,保障婴幼儿户外游戏和活动的时间。如果靠近托育中心的区域有可租用的平坦开阔的户外场地适宜婴幼儿进行游戏和活动,可以用围栏与外界隔开,形成相对独立的户外活动场地,并在地面铺设柔软和有弹性的材料,除放置一些固定的游戏活动器械外,保育师还可以根据婴幼儿的兴趣和需要提供一些可移动的小型器械和游戏材料。这类商场周边,人流量大的固定户外活动空间也可以成为园所招生的窗口。

如若商场或写字楼内有宽敞且安全的阳台空间,也可以租赁改造为户外活动场地。规模较大、收托婴幼儿人数较多的托育中心可以考虑各班轮流到户外活动。如果户外场地和托育中心之间需要经过人流量、车流量较大的马路,保育师需要规划好通往户外场地的路线,保障婴幼儿的安全。

全日制的托育中心还涉及婴幼儿的膳食问题。如果机构的空间有限,利用周边的餐饮公司为婴幼儿提供专门的膳食是比较适宜的选择,但需要按照当地卫生部门的要求,选择有资质的餐饮公司并按规定做好食品留样,保障婴幼儿的饮食安全和卫生。

2. 有独立场地的托育园

有独立场地的托育园一般有独立的园区(包括独立的出入口、户外活动场地等)或独立的建筑。建筑布局上通常有两种形式:集中式和分散式。集中式布局是将婴幼儿活动用房、服务管理用房、附属用房等组合在一起。而分散式布局则是将成人用房与婴幼儿用房分开,设置在不同的建筑内。目前,我国托育园以集中式的建筑布局为主。

在托育园的空间规划上,要根据婴幼儿的身心发展特点和需求,合理规划已有空间。首先需要考虑的是主入口和次入口的位置①。主入口一般要避开城市的主干道。如果布置在主干道上,主入口应后退一段距离,托育机构的主要通道与辅助通道互不干扰,并且满足安全和卫生的要求。

---

① 龚兆先.幼儿园建筑设计[M].北京:北京大学出版社,2014:59—60.

托育园的室外活动场地应具备良好的日晒和通风条件,根据室外场地的大小,设有集体活动区、自然种植区、动物饲养区、沙水区、大型器械设备区、户外道路、绿化用地等。集体活动区宜集中布局,且与其他活动用房有便捷的交通通道。自然种植区和动物饲养区一般布置在角落,动物饲养区设置在下风口并远离主入口。

婴幼儿活动用房的规划应尽量接近主入口和门厅,用南北向格局以保障日照、采光和通风条件。为便于联系要尽量进行集中布局。活动用房是婴幼儿主要空间区域,要考虑围合出生动灵活的外部空间,对婴幼儿形成积极的外部空间刺激;附属用房与其他功能用房通过绿化的方式进行隔离,并通过连廊连接。

有独立场地的托育园一般规模较大,可设置专门的厨房为婴幼儿提供饮食。厨房设置在婴幼儿活动用房的下风方向,与活动用房保持适当的距离,并设置专用对外出入口,使杂物通道与婴幼儿通道分开。其平面设计要合乎操作顺序,合理组织内部各交叉通道,避免生、熟食物的通道交叉。厨房的装修及设施配置要符合当地卫生部门的要求,应有良好的排气设施。厨房的地面、墙裙、洗池、炉灶应为瓷砖镶面或水磨石面,以便于刷洗。地面要有排水坡度和地漏,便于及时排除地面上的水。此外,使用燃气的厨房需要配备可燃气体浓度报警装置、燃气紧急切断装置,以及灭火器、灭火毯等灭火器材,并与其他区域采取防火隔墙和防火门等有效的防火分隔措施,以保障托育机构厨房使用的安全性。设在高层建筑内的托育机构的厨房不得使用瓶装液化气,每季度应清洗排油烟罩、油烟管道。

(三)附设在幼儿园的托班

当前,幼儿园推行托幼一体化,在幼儿园内为3岁以下的婴幼儿设置保教服务的班级,有的幼儿园会把托班称为"小小班""宝宝班"等。由于3岁以下婴幼儿和3岁及以上的幼儿处于不同的动作发展和心理发展水平,因此在空间规划上要考虑到托班婴幼儿的独特性,创设适宜的环境,促进婴幼儿健康发展。可以从以下几个方面考虑。

首先,托班需要单独设置出入口。由于托班婴幼儿年龄小,生活自理能力不强,为方便家长在接送时有足够的空间帮助婴幼儿穿脱衣服和鞋子,有时间安抚婴幼儿的情绪,帮助婴幼儿更好地度过入托适应阶段;托班的家长接待区应单独设置,能起到一定的安全保障作用。

出入口分开设置也有利于避免在家长接送托班婴幼儿和幼儿园幼儿时出现交通拥堵的情况。托班的户外活动场地也应单独设置。3岁以下婴幼儿的动作发展水平较低,因此户外活动设施、材料、形式和内容等是与3岁及以上幼儿有所区别的。托班的活动场地若与幼儿园大龄幼儿班级混合使用,会存在一定的安全隐患,因此在幼儿园内办托育园,特别是存在乳儿班和托小班的情况下,户外活动场地最好能单独设置,以免发生意外伤害。

不同类型婴幼儿教养机构空间规划见表3-1。

表3-1 不同类型的婴幼儿教养机构空间规划

家庭托育点	无独立场地的托育中心	有独立场地的托育园	附属在幼儿园的托班
1. 楼层选择	1. 楼层选择	1. 大门、围墙的布局	1. 出入口、接送区的设置
2. 原有的室内空间布局改造	2. 不同用房的规划	2. 户外活动场地的规划与布局	2. 户外场地分开设置还是共用
3. 室内活动游戏区的规划	3. 室内体育和游戏区的规划	3. 婴幼儿活动用房、服务管理用房、附属用房的布局	3. 生活用房的适宜性
4. 小区内和周边户外环境与资源的利用	4. 户外环境的利用	4. 厨房的规划	4. 幼儿园资源的合理利用

拓展阅读

《托育机构消防安全指南(试行)》①

本指南中的托育机构,是指为3岁以下婴幼儿提供全日托、半日托、计时托、临时托等托育服务的机构。为规范托育机构消防安全工作,提升消防安全管理水平,制定如下指南。

一、消防安全基本条件

(一)托育机构不得设置在四层及四层以上、地下或半地下,具体设置楼层应符合《建筑设计防火规范》(GB 50016)的有关规定。

(二)托育机构不得设置在"三合一"场所(住宿与生产、储存、经营合用场所)和彩钢板建筑内,不得与生产、储存、经营易燃易爆危险品场所设置在同一建筑物内。

(三)托育机构与所在建筑内其他功能场所应采取有效的防火分隔措施,当需要局部连通时,墙上开设的门、窗应采用乙级防火门、窗。托育机构与办公经营场所组合设置时,其疏散楼梯应与办公经营场所采取有效的防火分隔措施。

(四)托育机构楼梯的设置形式、数量、宽度等设置要求应符合《建筑设计防火规范》(GB 50016)的有关规定。疏散楼梯的梯段和平台均应采用不燃材料制作。托育机构设置在高层建筑内时,应设置独立的安全出口和疏散楼梯。托育机构中建筑面积大于50 m²的房间,其疏散门数量不应少于2个。

(五)托育机构室内装修材料应符合《建筑内部装修设计防火规范》(GB 50222)的有关规定,不得采用易燃可燃装修材料。为防止婴幼儿摔伤、碰伤,确需少量使用易燃可燃材料时,应与电源插座、电气线路、用电设备等保持一定的安全距离。

(六)托育机构应按照国家标准、行业标准设置消防设施、器材。大中型托育机构(参照《托儿所、幼儿园建筑设计规范》JGJ 39的有关规定)应按标准设置自动喷水灭火系统和火灾自动报警系统(可不安装声光报警装置);其他托育机构应安装具有联网报警功能的独立式火灾探测报警器,有条件的可安装简易喷淋设施。建筑面积50 m²以上的房间、建筑长度大于20 m的疏散走道应具备自然排烟条件或设置机械排烟设施。托育机构应设置满足照度要求的应急照明灯和灯光疏散指示标志。托育机构每50 m²配置1具5 L以上ABC类干粉灭火器或2具6 L水基型灭火器,且每个设置点不少于2具。

(七)托育机构使用燃气的厨房应配备可燃气体浓度报警装置、燃气紧急切断装置,以及灭火器、灭火毯等灭火器材,并与其他区域采取防火隔墙和防火门等有效的防火分隔措施。

(八)托育机构应根据托育从业人员、婴幼儿的数量,配备简易防毒面具并放置在便于紧急取用的位置,满足安全疏散逃生需要。托育从业人员应经过消防安全培训,具备协助婴幼儿疏散逃生的能力。婴幼儿休息床铺设置应便于安全疏散。

(九)托育机构应安装24小时可视监控设备或可视监控系统,图像应能在值班室、所在建筑消防控制室等场所实时显示,视频图像信息保存期限不应少于30天。

(十)托育机构电气线路、燃气管路的设计、敷设应由具备电气设计施工资质、燃气设计施工资质的机构或人员实施,应采用合格的电气设备、电气线路和燃气灶具、阀门、管线。

育儿宝典

父母们面对市场上诸多的教养机构,到底该如何选择呢?父母们确实需要一本"育儿宝典"来指导他们做出明智的决策。以下是参考的一些关键要素,可以帮助父母们挑选到合适的婴幼

---

① 国家卫生健康委办公厅.关于印发托育机构消防安全指南(试行)的通知[EB/OL].(2022-01-19)[2024-09-27] http://www.gov.cn/zhangce/zhengceku/2020-01/23/content.

儿教养机构：

（1）**查看资质**　确认机构是否具有相关的托育资质和执照，在当地的卫健委官方是否有备案公示，机构是否有《托育机构备案回执》等，这可以确保机构已经通过了政府部门的审核，符合基本的托育服务标准和规范。

（2）**考察环境**　实地考察机构的场地环境，确保它远离污染源和噪声源，且满足抗震、防火、疏散等安全要求。同时，要注意机构的卫生情况，包括教室、活动室、卫生间等是否干净整洁，有无异味。

（3）**安全设施**　检查机构是否配备了必要的安全设施，如监控设备、消防器材、紧急疏散通道等。此外，还要关注机构内设施的安全处理，如墙角、家具边缘是否有防撞条，窗户是否安装防护栏等。

任务思考

一、单选题

以下哪类区域最适合作为婴幼儿托育选址？（　　　）

A. 紧邻大型垃圾处理厂附近

B. 交通便利且周边绿化良好的社区旁

C. 靠近机场跑道，噪声较大的区域

D. 位于市中心繁华但停车位紧张的写字楼高层

二、多选题

托育机构选址时，需要考虑的关键因素有（　　　）。

A. 周边人口结构及婴幼儿数量占比

B. 场地租金是否在预算范围内

C. 附近有无大型商场

D. 与周边其他托育机构的距离和竞争态势

三、简答题

（1）简述在老旧城区和新建开发区进行婴幼儿托育选址时，各自的优势和可能面临的挑战。

（2）婴幼儿教养机构选址应满足哪些基本的需求？

（3）家庭托育点的选址需要考虑哪些？

四、论述题

1. 假如你要在一个中等规模城市开设一家高端定位的托育机构，请详细阐述你的选址策略，包括考虑的区域、周边配套设施、如何结合目标客户群体特点等方面。

2. 结合本节的内容，请你为一家早期教养机构（家庭共育或者托育园）选址，用文字或者规划图，交流选址的理由。

五、案例分析题

某托育机构计划在 A、B 两个区域选址。A 区域是成熟的大型居住区，入住率高，但周边已经有 3 家托育机构；B 区域是新兴的商业办公混合区，交通便利，周边托育机构较少，但居民数量相对较少。请分析两个区域的利弊，并给出你的选址建议及理由。

任务二　　创设室内公共区域环境

案例导入

　　如图 3-1 和图 3-2 所示,这两所不同托育机构的入户大厅,一个宽敞明亮,一个温馨舒适,你更喜欢哪所机构的公共区域呢?为什么?除了入户大厅以外,还有哪些公共区域?如何创设这些公共区域的环境?让我们带着问题一起来学习吧。

图 3-1　宽敞明亮的门厅环境①

图 3-2　温馨舒适的门厅环境②

一、门厅的环境创设

　　门厅是托育、早教园的室内外过渡空间,应设置晨检室和接待室,宜设置展示区、婴幼儿和成年人使用的洗手池、婴幼儿车存储区等空间,宜设卫生间③。作为交通要道,设计时首先应当保障婴幼儿行走路线的安全与畅通。门厅可以是婴幼儿及其家长交流、游戏的场所,也可以作为亲子空间,缓和婴幼儿与家长的分离焦虑,还可作为婴幼儿在阴雨天运动、游戏的场所。同时,门厅也是园所对外展示的窗口,它的功能是综合多样的。

(一) 接待功能区的环境创设

　　0～3 岁婴幼儿还不具备独自入园进班的能力,需要教师接待家长,完成交接工作,并将婴幼儿送入各自的班级。不同年龄段的婴幼儿作息时间并不一致,不同的婴幼儿之间个体差异也十分明显,因此婴幼儿的入园时间也较为灵活。接待功能区就成为一个重要的常设岗位。

1. 接待区的物质环境创设

　　接待区的整体风格设计应该是温馨舒适的,可以选用低饱和度的柔和的色彩作为主色调。运用墙饰能很好地体现园所文化并向家长传达机构的办学理念、服务内容,科普一些养育知识等。还可以在墙面上展示机构的资格认证证书、荣誉证书、奖杯等,增强家长的信任感;展示教师的照片、简介和资格证书,让家长了解师资力量。墙面安装电子显示屏,既用来滚动播放可视化的机构介绍、活动预告、课程信息等,展示机构最新的活动和成就,也可以分屏播放各个教室内的实时监控视频,让在大厅等待的家长能够即时了解到婴幼儿在班级活动的情况。低处可使用触摸屏,提供查询服务,让家长可以轻松获取所需信息。设置意见箱或意见本,鼓励家长提出宝贵意见。需要注意的是:这部分墙饰内容是面向家长的,因此建议展示于

---

①　图片来自泉州博博宝贝托育服务有限公司。

②　图片来自福州鼓楼国投润楼教育小茉莉托育园。

③　中华人民共和国住房和城乡建设部. 托儿所、幼儿园建筑设计规范[M].北京:中国建筑工业出版社,2019:9.

墙面距离地面 1.4～2 m 的高度。尽量不使用支架来展示信息,以免倾倒,压、砸婴幼儿。面朝门口的方向还应安装视频安防监控系统以保障婴幼儿的安全。

可供婴幼儿互动、参与的墙饰应设计在 1.2 m 以下的高度,如乐高墙、磁吸墙、照片墙等,如图 3-3 所示。出于安全考虑,乐高墙应使用大颗粒,磁吸墙和照片墙也不要使用体积过小的磁钉、磁贴,避免幼儿吞咽,发生危险。

图 3-3　乐高墙①

接待台可以采用童趣化的外观设计,从视觉上吸引婴幼儿的兴趣,建议使用分区设计,既可满足接待人员独处时的日常办公需求,又可以方便家长的签到和沟通交流。正面展示柜中的玩具还可供婴幼儿在等待时把玩,缓解婴幼儿对陌生环境的恐惧感。

此外还可以配置多功能沙发、地垫、儿童座椅,可折叠的婴儿车、玩具等,方便教师和家长的沟通交流。除了面向大众的公共接待台外,还可以设置一个相对私密的咨询区,供家长与工作人员深入交流,比如,教师与家长一对一的交谈婴幼儿情况时,安全安静的咨询区有利于双方深入的交谈,更好地保护婴幼儿家庭的隐私。

2. 接待区的精神环境创设

接待区的值班教师是精神环境创设的主要责任人。接待区教师的主要工作分为两个部分。首先是热情的接待每一位入园或是离园的婴幼儿及其家长。用温暖亲切的笑容迎接每一位入园的婴幼儿与家长,观察婴幼儿的状态。进行简单的健康检查,与家长交流,了解婴幼儿的需求并做好签到、记录。稍后与带班教师完成交接工作。在离园时反馈婴幼儿在园的情况,像家人一样地告别。其次,迎接来访的家长和潜在客户,提供热情友好的接待服务,同时解答家长疑问,提供机构介绍和服务项目说明。

接待区工作是十分重要的,是家长和婴幼儿对机构的第一印象,也是精神环境创设的重要部分。可以分时段配置岗位,在入园和离园的高峰期增设人员,务求细心周到地接待每一位家长与婴幼儿。

(二) 隔离缓冲区的环境创设

隔离缓冲区一般设置在室内教学区域和户外活动区域之间,作为一个过渡空间,兼具安全过渡和卫生保健功能。

1. 缓冲区的安全过渡功能创设

缓冲区作为连接室内和户外的过渡空间,必须兼顾逃生通道和紧急疏散等安全因素,并为入园和离园高峰期的婴幼儿和家长留出足够的使用空间,因此这个区域应该足够宽敞。在设计上可以使用柔和的色调以及温馨的布局。良好的通风和采光条件可以保持缓冲区的空气清新和光线充足。而寒冷地区的门斗一般也设置在缓冲区,防止冷空气直接侵入室内②。

托育和早教机构中的婴幼儿行动能力和自我保护意识相对较弱,缓冲区可以将他们与潜在的危险因

视频
隔离缓冲区
环境创设

---

① 图片来自福州鼓楼国投润楼教育小茉莉托育园。
② 中华人民共和国住房和城乡建设部. 托儿所、幼儿园建筑设计规范[M]. 北京:中国建筑工业出版社,2019:4.

素隔离开。比如,避免他们离开机构来到交通要道,或是与外界陌生人员产生不必要的接触,从而降低意外发生风险的概率。

为方便婴幼儿和家长出行,这一区域还需要预留婴儿车的停放空间。

2. 缓冲区的卫生保健功能创设

婴幼儿抵抗力较弱,托育、早教机构中有 7～10 个月大学习爬行的婴幼儿,也有 1 岁左右刚刚学会行走的婴幼儿,因此室内教学区域需要时刻保持地面整洁。为家长准备鞋套,或者脱鞋换袜子都可以避免将户外的尘土、细菌带入室内。对婴幼儿来说,有的鞋子质地不够柔软,不防滑,或者码数不合适,这些都不利于 0～3 岁婴幼儿学习爬行、站立和行走,使用防滑地板袜可以在保暖的同时增加摩擦力,保障婴幼儿的安全,如图 3-4 所示。软底的室内鞋袜比硬底鞋产生的噪音要小,有助于为婴幼儿提供安静的学习和休息环境。

图 3-4 防滑地板袜

基于此,鞋柜和矮凳就成为缓冲区必不可少的配套资源,如图 3-5 所示。鞋柜应选择开放式的,避免内部滋生细菌。软包可坐式的鞋柜高度在 0.4 m 左右,同时满足了收纳和座椅的功能,还可以作为缓冲区的隔断,是性价比较高的选择。缓冲区空间较小的机构可以在靠墙的位置增设多层柜子,用以摆放成人的鞋子、提包等物。

图 3-5 组合鞋柜①

免洗洗手液、电子温度计、鞋套、口罩、雨伞、卫生记录表等也都是缓冲区常备的物品。

(三) 交流活动区的环境创设

交流活动区是教师与家长之间、家长相互之间交流的主要区域。为保障成人之间的顺畅沟通,该区域应提供玩具吸引婴幼儿的注意力。部分婴幼儿也可以在这里游戏等待课程的开始或等待家长来接。需要的时候还可以作为家长课程、机构活动的场地。

1. 空间布局

交流活动区兼具多种功能,因此这个区域空间需要足够宽敞。在空间布局上应遵循动静分离的原则:阅读区、乐高或磁力墙、益智科学游戏区可以用玩具柜或沙发、地垫等做简易的空间隔断,形成相对安静的半私密空间,如图 3-6 所示;室内滑梯、海洋球池、运动区、音乐感知区等相对活泼的游戏集中在一个区域。确保孩子们能在和谐、有序的环境中自由探索与学习。

---

① 图片来自泉州博博宝贝托育服务有限公司。

图3-6　简易隔断形成半私密的阅读空间①

为了能在方便照看婴幼儿的同时进行成人之间的沟通交流，可以在各个区域都放置方便移动的桌椅或坐垫。婴幼儿年龄小力气小，椅子尽量选轻便或者底部平稳可以让婴幼儿推着移动的。一些可拼接摆放的家具既能满足多人聚集的需求，也可以拆分单人使用，是适合交流活动区使用环境的。

另外，交流活动区应该直接连通到母婴室，若条件不允许，可搭建一个小隔间作为母婴室，为哺乳期的母亲和婴幼儿提供便利。

2. 色彩与光线

交流活动区与接待区、缓冲区同处一个空间，需要统一主色调。可采用鲜艳活泼的色调，如黄色、蓝色、绿色等能够吸引婴幼儿的注意力，激发他们的好奇心与探索欲。同时，注意色彩搭配的平衡与和谐，避免过于刺眼或杂乱的色彩组合。

充分利用自然光，可最大限度保障室内光线明亮充足。有条件的机构可以面向户外设置落地窗，既是对外宣传的窗口，又是室内光线的重要来源。在此基础上结合可调节的照明系统，确保各区域光线充足而不刺眼，有助于婴幼儿的视力发展，同时营造出温馨、愉悦的氛围。

3. 材料与安全

在材料的选择上，应选用无毒、无刺激、易清洁的材料，如环保涂料、软质地板及抗菌面料等能确保婴幼儿的健康与安全。婴幼儿经常在地上玩耍，地面应做暖性、软质面层处理，可采取地热采暖、铺设木地板或地毯等措施②。墙饰和装饰物应牢牢固定，家具应避免有棱角，最好能添加软包设计防止婴幼儿受伤。婴幼儿使用的椅子（图3-7）应采用圆弧形的边角设计，椅脚在地面的支撑面积越大，重心越稳，有防滑脚套避免婴幼儿在扶着椅子站立或者推着椅子走的时候打滑摔倒，环保PE材质的椅子重量较轻，便于婴幼儿灵活移动安置。切勿为追求设计感而选用一些重心不稳的产品。在选择大人的坐椅时也要尽量避免尖、细的椅脚设计，以防无意中压踩婴幼儿的手、脚，或是婴幼儿在推动过程中划伤地面或地垫。为椅腿加上脚套也能有效避免极端情况的发生。

为保障婴幼儿的健康与安全，在外界温度适宜、空气质量良好、保障安全的条件下，应采取持续开窗通风的方式保持室内空气流通。不具备开窗通风、空气消毒条件时，可采用紫外线杀菌灯进行照射消毒，每日1次，每次持续照射时间60分钟。在设计时尽量减少空间死角有助于日常环境的清洁与维护。保持玩具、图书表面的清洁卫生，每周至少进行1次玩具清洗，每2周图书翻晒1次③。采用湿式清扫方式清洁地面，并做好日常的清洁记录，责任到人。

---

① 图片来自泉州博博宝贝托育服务有限公司。
② 中华人民共和国住房和城乡建设部. 托儿所、幼儿园建筑设计规范［M］. 北京：中国建筑工业出版社，2019：27.
③ 中华人民共和国国家卫生健康委员会. 托儿所幼儿园卫生保健工作规范［EB/OL］.（2012-05-09）［2024-09-27］. http://www.nhc.gov.cn/wjw/gfxwj/201304/89397580d35b4ccb81c6fd9b2714a92d. shtml.

图 3-7　选择合适的椅子

二、走廊的环境创设

室内走廊是联系同层各活动室的通道,在保障其通行功能、不占用消防通道的前提下,可以增加一些游戏环境的创设,在一定程度上拓展婴幼儿的活动空间。

(一)走廊的信息标识设计

走廊连通着各个班级与活动室,明确的指路标识牌、班牌的设计能极大提升环境的功能性和美观度。标识牌的设计首重实用性,悬挂牢固,防止脱落。标识的信息简洁、明确,字体清晰易于识别。以童趣化的设计风格为主,形象、色彩与整体环境设计协调一致,同类型的标识牌(同为班牌或同为方向指路牌)设计完整连贯。例如,用阳光、彩虹、云朵等婴幼儿熟悉的自然元素设计成班牌标识,使之兼具辨识度与装饰性,也更富有童趣。

除班牌外,班级课程安排与活动方案、婴幼儿出勤与健康情况、教室卫生清洁的记录表等相关信息栏也布置在走廊的墙面上。有条件的机构可以用电子屏展示相关信息,方便快捷,还可以存储大量信息,随时调取观看。也可以创设班级公示栏展示这些信息。班级公示栏的设计除了美观外,更需要注重实用性,应便于更换,并注意安全,不宜使用工字钉这一类有安全隐患的材料,磁吸板、透明文件框都是不错的选择。家长是这些信息的主要受众,因此电子屏和公示栏的安装应以成人身高为衡量标准。

(二)走廊的游戏环境创设

在走廊上创设游戏空间,能吸引婴幼儿的兴趣,拓展活动范围。其中,墙面游戏是最不占用走廊面积的,能最大限度保障走廊的通行功能。将游戏板固定在 1 m 以下的墙面上,能让坐和爬阶段的婴幼儿也能愉快地参与游戏。

1. 感知觉游戏

感知觉游戏是通过运用各种感知觉元素,如视觉、听觉、触觉、嗅觉等来激发婴幼儿的感知能力、思维能力的游戏的统称。

如图 3-8 所示,触摸墙是一种常见的感知觉游戏形式,制作成本低,步骤简单,根据制作方法的不同可以全面调动婴幼儿的视觉、听觉、触觉、嗅觉等多感官参与。

制作方法:

① 选择环保的硬质板材,如木板、亚克力板、雪弗板、安迪板等,作为底板,切割成设计好的图形。为了方便后期的组装,建议选用方形、圆形、六边形这一类拼装高效且美观的图形作为底板,每块板的直径在 15~25 cm 不等,可根据墙面大小调整。最后对板材进行清洁、打磨处理。

② 选择合适的材料并分类。可以根据触觉特征将材料分成坚硬的、柔软的,平滑的、粗糙的,平面的、

图 3-8　网购触摸墙与自制主题式触摸墙

立体的。色彩的选择尽量丰富,为后期的排版组合留下更多的操作空间。并对材料中可能造成安全隐患的部分进行修剪、打磨。除了触觉材料外,还可以添加一些声响材料,如婴幼儿直接拍打就能发出声响的不同材质的小盒子。在嗅觉方面,可以结合香包的原理,用纱袋分装植物样本或中草药作为素材。

③ 处理材料并排列组合。素材的使用并不是简单地堆积,需要精心的设计构思。根据教育目标挑选合适的材料和颜色并进行相应的处理。例如,希望婴幼儿在触摸某一块板材的时候感知到平滑和粗糙的材质区别,以纸张为素材,其本身是平滑的,可是将它揉皱以后再摊开就是粗糙的;揉成球状的纸张是立体且粗糙的,折成球状的纸张是立体且相对平滑的。处理好的素材并不需要一板一眼地有序排列,可以用不同颜色的素材丰富婴幼儿的视觉感知,运用艺术性的排版布局和色彩搭配,让触摸墙给婴幼儿带来美的感受。

④ 粘贴上墙。粘贴上墙的框一定要固定好,防止掉落。将材料固定在板材上时也应该使用更加环保的黏合材料,避免使用有挥发气体残留的黏合剂。将底板框粘贴上墙也有不同的排列组合方式,可以让墙面更具观赏性,刺激婴幼儿的视觉感知能力。墙饰组合的重心靠下更契合婴幼儿的视角。在此提供一些简单的排列组合方式以供参考,如图 3-9 所示。

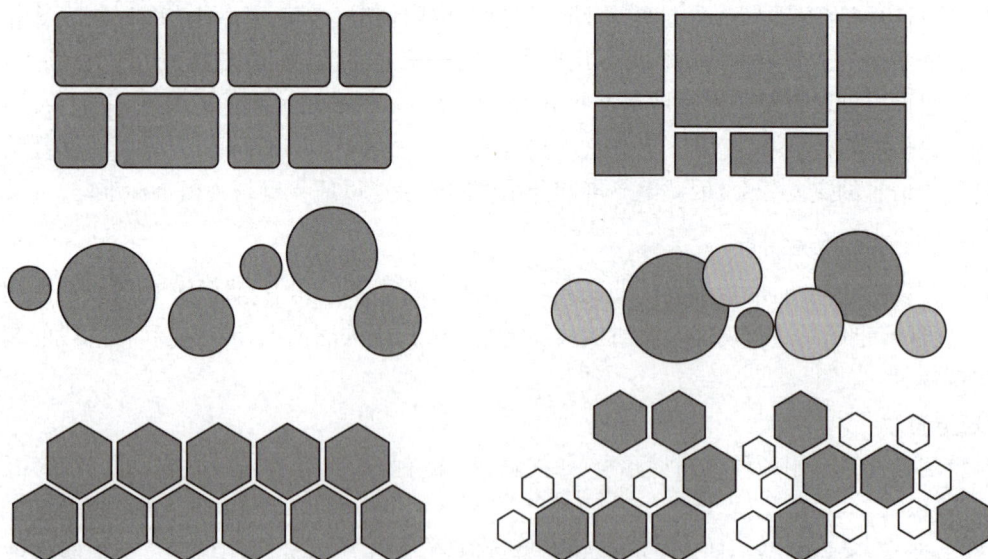

图 3-9　触摸墙的排列组合方式

2. 益智游戏

益智游戏是通过设计趣味性的关卡或任务,让婴幼儿运用观察、记忆、逻辑思维和创造力等多种方式,去解决问题达成目标的游戏形式。

为婴幼儿设计的益智任务或关卡虽然比较简单,但具有很强的操作性。忙碌板是一种专为婴幼儿设计的多功能游戏板,如图 3-10 所示。婴幼儿的神经系统和大脑发育尚未完全,难以长时间集中注意力于某一事物,功能多样的忙碌板恰好能给予婴幼儿更多的新鲜感,通过互动操作激发婴幼儿的探索欲望,在一次又一次地观察、记忆、操作中获得发展。

制作方法:

① 在板材的选择上:除了触摸墙中介绍的板材外,还可以使用洞洞板,用扎带穿过洞口固定操作材料。每块板的长度为 1～2 m。

图 3-10　忙碌板

② 在游戏材料的选择上:市面上成品的忙碌板有很多,自制忙碌板的优势在于可以尽量多地选用生活用品,少用儿童模型玩具。可以搜集各式各样的盒子,开关、门锁、瓶盖、刷子等,让婴幼儿将游戏与生活经验相链接,有助于增强婴幼儿对生活中各种事物的理解和认知,激发学习动力。

③ 在游戏材料的组合上:按婴幼儿的年龄特征及发展水平将游戏材料重新排列组合。大大超出自身能力水平的操作材料会让婴幼儿产生挫败感,消耗他们对游戏的兴趣和动力。可以板材为组合单位,在靠近班级门口的走廊上放置适合本班婴幼儿能力水平的游戏材料。

④ 在固定方式上:0～3 岁婴幼儿成长十分迅速,年龄越小,变化就越明显,一两个月的时间,婴幼儿各方面的能力就会有质的提升。而班级教室可能一年才换一次,因此,建议遵循更新性原则,采用便于拆卸的安装方式,如整块板都用卡扣的方式固定,或者用扎带将游戏材料绑在洞洞板上,让忙碌板的游戏跟上婴幼儿发展的步伐,并保持新鲜感与探索欲。

3. 运动游戏

运动游戏是专为婴幼儿设计的,旨在促进他们身体发育、提高运动能力的游戏活动。这类游戏通常包括各种肢体动作,如爬行、站立、行走、跑跳,以及抓握、投掷、接取等精细动作。

走廊是长条形的,非常适合设计路径式的运动游戏,如图 3-11 所示。在走廊足够宽敞的前提下,可以将游戏器材放置在走廊的一侧,使另一侧能够正常通行,或在晨间入园时段搭设临时的游戏路径,鼓励婴幼儿自己通过游戏进入班级,实现运动目的,过后可将器材收纳,恢复走廊的原有功能。

图 3-11　走廊上的运动空间[①]

运动游戏的设计同样需要遵循婴幼儿生长发育的规律,乳儿班以爬行和扶握行走的游戏为主,托小班和托大班的游戏内容就可以更丰富一些,包括爬、走、跑、跳等内容。运动游戏的器材不建议自制,在购买时需要考察运动器械的生产厂家是否具备相应的资质,是否有完善的售后辅导和维护机制;产品是否安全、稳固,无异味,材料环保、无毒且耐用;产品的设计有无明显安全隐患等。在入园高峰期时可安排教师

---

① 图片来自泉州博博宝贝托育服务有限公司。

分段监管守护,其他时间则由接待教师陪伴婴幼儿使用运动器械,或仅在入园时段提供走廊运动器械的使用。

(三)走廊的艺术环境创设

环境优美的走廊空间能够刺激婴幼儿观察并关注环境,丰富婴幼儿对美感的构建,增强对审美的体验,也能提升婴幼儿教养机构的品牌形象。

1. 绿植美化环境

图 3-12　走廊地面的绿植

向阳的走廊可以摆放盆栽营造自然之美,绿植能净化空气,调节湿度,为婴幼儿创造一个更加舒适、健康的环境,如图 3-12 所示。

绿植环境创设的方法:

① 植物的选择:可根据当地的气候条件,选择易于生长且不易生虫的观赏性植物,如长春花、龙舌兰、君子兰、万年青、文竹等。这些植物易于养护,能为环境增添生机,还能为婴幼儿提供更丰富的环境。

② 花盆的选择:避免使用有尖角的异形花盆,花盆的材质应该是环保安全的,树脂盆、塑料盆优于沉重易碎的陶瓷盆。婴幼儿教养机构不宜选用悬挂式的花盆,或过高的盆景架,除了安全问题外,过高的盆栽也不利于婴幼儿的观察与欣赏。

③ 绿植环境的创设:绿植应在走廊的一侧贴墙摆放,不过多地占用走廊空间。盆栽下方铺一块绿色的地垫,既可以吸收浇花时多余的水分,防止盆土散落,易于打理,又能与盆栽相互映衬,提升整体的美观度和协调性,增强环境的艺术感。明确的边界吸引婴幼儿的关注的同时,又能提示需要保持的距离。

④ 绿植环境的养护与卫生:需要根据不同植物的需求和季节变化,合理安排浇水量和频率,可以花盆下放置接水盆,便于清理。保持花盆、托盘干净整洁,无脏污,花盆内无杂物、垃圾,以免滋生细菌。损坏的花盆、托盘需及时更换。定期擦拭叶片,去除灰尘和污垢,有利于植物的光合作用。定期检查植物是否有病虫害。

2. 艺术作品美化环境

艺术的环境能丰富婴幼儿的感官体验,促进婴幼儿的情感发展,培养审美观念。艺术作品美化环境的方法有很多,考虑到婴幼儿的年龄特点,绘画作品和照片是较为常见的环境创设方式,装置艺术可用于节庆活动中短期陈设,如图 3-13 所示。

艺术环境创设的方法:

① 色彩选择:整条走廊的艺术风格应该是和谐统一的,过于刺眼的颜色可能会使婴幼儿感到不适或产生视觉疲劳。如果用绘画作品或照片来装点墙面环境,则墙体应选择柔和的低饱和度色彩,能更好地衬托绘画作品或照片。

图 3-13　用于短期陈设的装置艺术环境

② 空间布局:走廊的艺术空间布局可以按高度分为 1 m 以下和 1 m 以上的艺术空间。大部分婴幼儿会存在生理性远视的情况,1 周岁以内的婴儿还经常被成人抱着经过走廊,因此将一些画幅足够大或成本较高的作品摆放在 1.3～1.5 m 的高度是合适的。墙面 1 m 以下的艺术环境更适合与婴幼儿互动,应当允许婴幼儿拍打、抚摸甚至啃咬作品,因此可以将作品过塑,并定期擦拭、更换。

③ 内容选择:不同高度的艺术作品选择也有所区别。高处的墙面可以展示名家名作和儿童绘画作

品,尽量选择色彩鲜艳且画幅较大能吸引婴幼儿注意的;1 m 以下的作品能够和婴幼儿近距离互动,内容简单,形象单一,更贴近生活。比如,布置一条微笑长廊,将孩子以及父母灿烂明媚的笑容打印成 16 寸大小的照片,张贴在走廊 1 m 以下的高度。婴幼儿看到后心情愉悦,会忍不住伸手抚摸互动。此外,婴幼儿喜爱的动物和卡通形象图片也是不错的选择。

三、楼道的环境创设

楼道不仅是师幼及家长日常行走的通道,也是消防安全通道,更是在发生安全事故时大家逃生的生命通道。楼道的畅通无阻对于保障婴幼儿的安全和及时疏散至关重要。

(一)楼道的安全环境创设

婴幼儿教养机构的楼梯间最好有直接的天然采光和自然通风。除设成人扶手外,应在梯段两侧设幼儿扶手,建议高度约为 0.60 m。楼梯不宜采用扇形、螺旋形踏步。供幼儿使用的楼梯踏步应采用防滑材料,建议高度为 0.13 m,宽度为 0.26 m。踏步踢面不应漏空,踏步面应做明显警示标识。在空间充足的情况下,可以在楼道增设滑滑梯鼓励婴幼儿积极上下楼梯,增添趣味性,如图 3-14 所示。在设计时,滑梯顶部起始部分的踏面应更为宽阔,便于婴幼儿站立准备下滑;滑梯的着陆区需要设置软垫等物用于缓冲。在使用中,建议机构工作人员在楼梯踏步面上增设明显的警示标识,更好地保障婴幼儿的安全。

图 3-14　带有滑滑梯的楼道设计①

拓展阅读

《托儿所、幼儿园建筑设计规范》规定②

4.1.11　楼梯、扶手和踏步等应符合下列规定:楼梯踏步面应采用防滑材料,踏步踢面不应漏空,踏步面应做明显警示标识。

4.1.12　幼儿使用的楼梯,当楼梯井净宽度大于 0.11 m 时,必须采取防止幼儿攀滑措施。楼梯栏杆应采取不易攀爬的构造,当采用垂直杆件做栏杆时,其杆件净距不应大于 0.09 m。

(二)楼道的艺术环境创设

在创设楼道的艺术环境时也应兼顾安全,楼梯的扶手侧、顶部及台阶上除喷漆彩绘以外,不应有多余的装饰。楼梯的拐角平台可以布置一些绿植以美化环境,侧边的墙面可以用平面作品或活动照片加以装饰点缀。不建议婴幼儿和家长在楼道内长时间停留,楼道空间的艺术墙面创设高度应该在 1.5 m 左右,1 m 以下的婴幼儿互动空间建议采用留白或软包设计,让婴幼儿能更专注地上下楼梯,保障安全。绿植环境的创设以及墙面艺术作品内容的选择可参照"走廊的艺术环境创设"中的内容,此处不再赘述。

育儿宝典

某机构在门厅的一角用婴幼儿的作品布置了"花花世界"主题环境,如图 3-15 所示。教师将孩子们的作品铺在了地上,让婴幼儿可以更好地与环境互动。儿童作品与环境相融合,让环境

---

① 图片来自福州鼓楼国投润楼教育小茉莉托育园。
② 中华人民共和国住房和城乡建设部.托儿所、幼儿园建筑设计规范[M].北京:中国建筑工业出版社,2019:5.

更加生动、有趣,以儿童视角吸引婴幼儿的好奇心和关注,也是对创作者的认可和鼓励。这样的艺术环境也得到了家长们的认可。

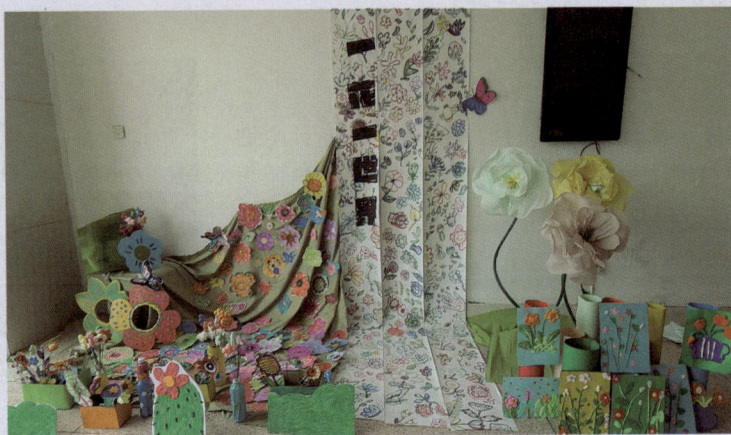

图 3－15　门厅艺术环境"花花世界"

任务思考

1. 打开购物软件,找一找有哪些适合布置在托育机构公共环境中的充满童趣的家具产品。

2. 某托育机构的门厅是一个长 8 m、宽 6 m 的长方形空间,请你设计它的装修风格,并画一个平面示意图吧。

实训实践

实训实践任务书

任务名称　婴幼儿教养机构门厅布局设计

任务内容　请完成一个包含接待功能、隔离缓冲区、交流活动区的门厅环境布局设计。

任务要求

(1) 根据自己所在机构的面积大小来绘制平面设计图。在校生则以长 8 m,宽 6 m 的长方形房间作为设计蓝本。

(2) 合理划分不同的功能区,并搭配相应的家具。

任务目标　掌握婴幼儿教养机构门厅布局设计的方法。

任务实施

(1) 规划功能分区,选择相应的家具。

(2) 绘制平面设计图,填表 3－2。

表 3－2　婴幼儿教养机构门厅布局设计

功能区	面积/m²	家具清单
接待区		
隔离缓冲区		
交流活动区		

（续表）

功能区	面积/m²	家具清单

平面设计图

任务三　创设适龄的班级环境

　　某家长无法兼顾工作与育儿,她考察了周边的几所托育机构,发现有的机构中所有婴幼儿的活动室都大同小异,甚至和幼儿园的活动室都没什么两样;有的机构乳儿班和托大班的活动室看着就很不一样。她觉得后者的机构环境是比较用心的。经过机构工作人员的详细介绍,她了解到不同年龄班的环境是根据婴幼儿年龄特点来设计的,0～3岁的婴幼儿正处于飞速成长的时期,因此不同年龄班级的环境也会有明显差异。家长对此深表认同,就将这所机构列为首选。

　　0～3岁婴幼儿正处于飞速发展的阶段,他们的身心各方面都在经历显著的变化与成长。婴幼儿教养机构中根据年龄设置乳儿班、托小班、托大班,不同年龄班的班级环境应当有所区别,提供健康、安全、丰富的生活和活动环境,配置符合婴幼儿月龄特点的家具、用具、玩具、图书、游戏材料和安全防护措施,并根据场地条件合理确定收托规模,配备符合要求的保育人员[①]。

拓展阅读

《托儿所、幼儿园建筑设计规范》[②]:

4.2　托儿所生活用房

4.2.1　托儿所生活用房应由乳儿班、托小班、托大班组成,各班应为独立使用的生活单元。宜设公共活动空间。

4.2.2　托大班生活用房的使用面积及要求宜与幼儿园生活用房相同。

4.2.3　乳儿班应包括睡眠区、活动区、配餐区、清洁区、储藏区等,各区最小使用面积应符合表4.2.3的规定。

表4.2.3　乳儿班各区最小使用面积(m^2)

各区名称	最小使用面积
睡眠区	30
活动区	15
配餐区	6
清洁区	6
储藏区	4

4.2.3A　托小班应包括睡眠区、活动区、配餐区、清洁区、卫生间、储藏区等,各区最小使用面积应符合表4.2.3A的规定。

---

① 国家卫生健康委.国家卫生健康委关于印发托育机构保育指导大纲(试行)的通知[EB/OL].(2021-01-12)[2024-09-27].http://www.nhc.gov.cn/rkjcyjtfzs/s7785/202101/deb9c0d7a44e4e8283b3e227c5b114c9.shtml.

② 中华人民共和国住房和城乡建设部.托儿所、幼儿园建筑设计规范[M].北京:中国建筑工业出版社,2019:5.

表 4.2.3A　托小班各区最小使用面积(m²)

各区名称	最小使用面积
睡眠区	35
活动区	35
配餐区	6
清洁区	6
卫生间	8
储藏区	4

注:睡眠区与活动区合用时,其使用面积不应小于 50 m²。

4.2.3B　乳儿班和托小班宜设喂奶室,使用面积不宜小于 10 m²,并应符合下列规定:

1. 应临近婴幼儿生活空间;

2. 应设置开向疏散走道的门;

3. 应设尿布台、洗手池,宜设成人厕所。

4.2.3C　乳儿班和托小班生活单元各功能分区之间宜采取分隔措施,并应互相通视。

4.2.3D　乳儿班和托小班活动区地面应做暖性、软质面层;距地 1.20 m 的墙面应做软质面层。

4.2.4　托儿所和幼儿园合建时,托儿所应单独分区,并应设独立安全出入口,室外活动场地宜分开。

一、乳儿班(0~1 岁)婴儿班级环境创设

乳儿班招收 6~12 个月的婴儿,每班人数在 10 人以下,所配备保育人员与婴儿的比例应当不低于 1:3[1]。

(一) 物质环境创设

乳儿班的物质环境创设首重安全卫生、舒适宜人。

1. 空间布局

乳儿班应包括睡眠区、活动区、配餐区、清洁区、储藏区、喂奶室等,各区之间宜采取分隔措施,并互相通视。

这个年龄段的婴儿每天的睡眠时间较长,大约在 12~16 小时不等,因此在区域划分上就需要一个相对独立的睡眠区,布置供每个婴儿使用的床位,不应布置双层床,床位四周不宜贴靠外墙[2],以保障婴儿良好的睡眠质量。

乳儿班活动区的面积相较其他年龄班要小得多,睡眠区与活动区之间可以用门帘间隔,既保障睡眠区的安全性与私密性,又能让照料者在活动区也能听见婴幼儿睡觉的动静。活动区墙面可以装柜子,作为储藏区,只要与整体空间协调统一,样式不拘一格,以方便照料护人员取用为主。

6 个月以上的婴儿已经开始添加辅食了,但每个孩子的睡眠和进餐时间并不是非常统一,因此除了公共厨房备餐外,在班级内也需要设置配餐区,可随时为婴幼儿准备辅食。配餐区应邻近对外出入口,并设

---

① 国家卫生健康委. 托育机构设置标准(试行)[EB/OL]. (2019 - 10 - 08)[2024 - 09 - 27]. https://www. gov. cn/gongbao/content/2020/content_5477327. htm.

② 中华人民共和国住房和城乡建设部. 托儿所、幼儿园建筑设计规范[M]. 北京:中国建筑工业出版社,2019:7.

有调理台、洗涤池、洗手池、储藏柜等,应设加热设施,宜设通风或排烟设施①。喂奶室可与配餐区相邻,共用洗手池、冷藏柜,并提供舒适的成人桌椅方便母乳喂养。

有条件的机构可将清洁区尽量远离喂奶室与配餐区,设尿布台和简单的淋浴装置、洗涤池的同时,可放置保洁用品,设置污水池和成人厕位。

2. 室内陈设

乳儿班的婴儿在行动上以坐和爬为主,活动区地面应铺设大面积暖性、软质面层,如图 3-16 所示;距地 1.2 m 的墙面也应做软质面层②,不要让过多的儿童家具成为婴儿爬行的"障碍";餐椅选择体积小或折叠式的,在用餐过后及时收纳,留出空旷的场地让婴儿自由爬行探索。这一阶段的婴儿初次离家,年龄小,对环境的适应能力较弱。因此,在室内陈设上尽可能地营造如家般安全、温馨、舒适的氛围,柔软的成人沙发不仅带来家一般的感觉,还是适合师幼一对一拥抱互动的场所。

图 3-16　乳儿班的婴儿坐在铺了软质面层的地面游戏③

乳儿班的活动区并不大,不需要儿童柜作为隔断,在空地上摆放的儿童柜不仅阻碍婴儿的爬行活动,还有可能造成安全隐患:学习站立、行走的婴儿若将儿童柜作为倚靠,有可能因为重心不稳而倾倒。将柜子靠墙固定为上选,下半部分开放式设计,可收纳婴儿游戏的玩具材料绘本,上半部分可收纳婴儿家长带来的换衣包,或教师的物品。

"三台"是乳儿班非常重要的室内陈设,是指辅食料理台、尿布台、沐浴台。有条件的机构可以将备餐台和尿布台、洗浴台拉开距离,分置于配餐区与清洁区,各设洗手池。空间有限的机构必须在二者之间进行有效隔断,避免排泄物中可能存在的细菌传播、附着在食物中,造成二次污染。"三台"的主要陈设如下:

（1）备餐台

需要用到大量的电器和水,因此在早期装修时就应该规划好该区域的管道、线路,如图 3-17 所示。

① 母乳冰箱:用于储存母乳,延长母乳的保存时间,并保持母乳的营养成分,方便母乳喂养的宝宝。

② 紫外线消毒柜:婴儿的抵抗力较弱,容易受到细菌和病毒的侵害,紫外线消毒柜可以对奶瓶、餐具进行消毒,还可以消毒安抚奶嘴、辅食碗、硅胶玩具等,能预防婴儿的肠胃疾病,皮肤感染

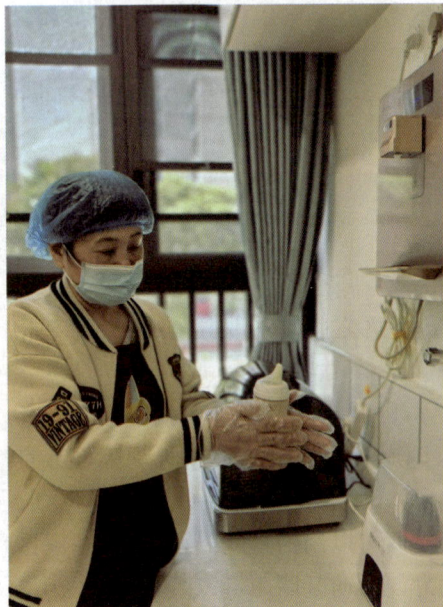

视频
备餐台

图 3-17　备餐台③

---

① 中华人民共和国住房和城乡建设部. 托儿所、幼儿园建筑设计规范[M].北京:中国建筑工业出版社,2019:7.
② 中华人民共和国住房和城乡建设部. 托儿所、幼儿园建筑设计规范[M].北京:中国建筑工业出版社,2019:6.
③ 图片来自泉州博博宝贝托育服务有限公司。

等问题。

③ 辅食小工具：制作辅食的工具种类繁多，建议将较为复杂的辅食制作安排在公共厨房，班级内备餐台主要提供辅食的简单加工。辅食工具也尽量选择简单、实用且便于清洁、收纳的，如小型辅食机，辅食刀具套装等。

④ 恒温饮水机：冲泡奶粉时的水温一般需要控制在 40～50℃ 之间，恒温饮水机为婴儿喝水或冲泡奶粉提供方便，避免婴儿长时间等待，或浪费照护者大量时间。

⑤ 清洁工具：奶瓶的构造较为特殊，瓶口缝隙或奶嘴都较难清洗，因此，除了保洁布、湿巾、洗手液、消毒水等常规清洁工具以外，奶瓶清洁剂、奶瓶刷也是必须配备的。

⑥ 收纳柜：备餐台的上方设置收纳柜，用于收纳婴儿的奶粉、奶瓶、辅食碗、勺等，建议贴上姓名标签，专人专用。

（2）尿布台

尿布台在乳儿班使用频率很高，操作便捷就成为尿布台设计中的关键因素，如图 3-18 所示。0.85 m 左右的台面高度，使照护者不用弯腰也能轻松换尿布。尿布台上应有可拆卸的软垫，让婴儿使用舒适的同时又便于清洁。在成人手臂活动的范围内设置收纳尿不湿、隔尿垫、垃圾桶的空间，垃圾桶应选择防臭带盖的，避免二次污染。

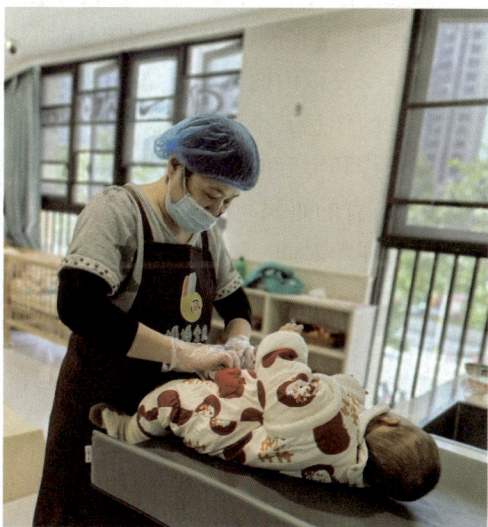

图 3-18　尿布台①

若低月龄婴儿较多，可添置移动式尿布台，在离园高峰期时避免家长长时间等待，也可以移动到门厅等场所使用。移动式尿布台的款式很多，无论是站立式还是折叠式，都一定要选择带有收纳空间，方便放置尿不湿、纸巾、湿巾、垃圾桶等物的尿布台。

（3）洗浴台

洗浴台主要用于婴儿排泄后的身体清洁，如图 3-19 所示。因此浴盆并不需要很大，长度在 0.8 m 左右即可满足日常使用需求，高度一般在 0.85 m 左右，方便照护者站立操作。建议使用恒温花洒控制水温，保护婴儿娇嫩的皮肤。南方地区可在洗浴台附近安装独立供暖设备，在寒冷的天气里为婴儿提供温暖的沐浴环境。洗浴台通常与尿布台相邻，也可以在浴盆旁边放置软垫，铺上隔尿垫，方便为婴儿擦拭身体或更换衣物。这一区域的收纳空间主要放置婴幼儿的爽身粉、毛巾、衣物等，还可以准备一些洗浴玩具，用于安抚婴儿的情绪。洗浴台附近的台面和地面需要做排水、防滑处理。

图 3-19　婴儿洗浴台

---

① 图片来自泉州博博宝贝托育服务有限公司。

（二）精神环境创设

1. 固定的照护者

乳儿班婴儿有与照护者建立稳固的依恋关系的强烈需求,固定的照护者能为婴儿提供持续、稳定的照顾环境,使婴儿在成长过程中感受到连续的关爱和支持,有助于婴儿建立安全感,形成对周围环境的信任,从而为进一步的社交、情感和认知发展奠定基础。

固定的照护者通过长期持续地观察婴儿,了解其生活习惯和性格特质,不仅能在生活中及时回应婴儿的需求,还能在情感上有针对性地提供支持,建立亲密依恋关系,帮助婴儿建立稳定的生活节奏,培养其健康的生活方式。

2. 弹性的作息安排

婴儿月龄越小,行为的多样性越丰富[1],哪怕同为 6～12 个月大的婴儿,他们睡眠、用餐、游戏的时间都不尽相同,因此很难有统一的作息时间。弹性的作息安排可以兼顾每一位婴儿的休息、游戏和个性化需求。而 6 个月以内的婴儿更是需要顺应喂养,满足婴儿的需求。

弹性的作息安排还为家长提供了便利。哺乳期的妈妈在安排每天 1 小时的哺乳假时,可以根据自己的工作安排和宝宝的习惯选择不同的时间休假。例如:有的妈妈选择早晨喂完奶后再上班,该婴儿就可能推迟入园;有的妈妈利用午休等时间来提供母乳喂养,机构的照护人员就可以协助调整该婴儿的作息,配合母亲的喂养时间。

二、托小班(1～2 岁)幼儿班级环境创设

托小班招收 12～24 个月的幼儿,每班人数在 15 人以下,所配备保育人员与婴幼儿的比例应当不低于 1∶5[2]。

（一）物质环境创设

托小班的幼儿也称为学步儿,较乳儿班有了更强的活动能力,更旺盛的探索欲望,但行动能力依然有限。因此,安全仍然是托小班环境创设的重点,并在此基础上拓展更多的游戏空间。

1. 空间布局

托小班的空间布局较乳儿班多了幼儿卫生间,可以让年龄较大、能力较强的幼儿学习自主如厕,如图 3-20 所示。幼儿卫生间内设适合幼儿使用的卫生器具,坐便器高度宜为 0.25 m 以下。每班至少设 2 个大便器、2 个小便器,便器之间应设隔断;每班至少设 3 个适合幼儿使用的洗手台,高度宜为 0.4～0.45 m,宽度宜为 60.35～0.4 m[3],如图 3-21 所示。幼儿卫生间须与成人厕卫间隔。

托小班幼儿年龄略长,教室内可不设喂奶室,需要时带到母婴室喂养。其余诸项空间布局与乳儿班相似,唯所需活动区面积大大增加。活动区仍需铺设软质面层,但为了方便幼儿学步行走,可选用材质略为硬挺的地垫,如图 3-22 所示。

托小班的活动区面积增加后应增设开放式游戏区域,并与日常保育区域分开,建议常设生活操作区、益智区与阅读区,如若机构内没有专门的功能室,也可以增添运动区、美工区、音乐区。托小班的游戏区域采用开放式设计,并不需要明显的间隔,为了保障幼儿学步安全,柜子尽量靠墙摆放,开放式收纳,方便幼儿取放。若机构建筑面积有限,需要将睡眠区与活动区合用,其使用面积不应小于 50 m²。

2. 室内陈设

托小班与乳儿班相同或相似的陈设不再赘述。扩大的活动区里需要放置儿童桌椅,除了高度与幼儿身高相匹配外,尽量选用自重略大,重心要稳,不会轻易移动的桌椅,可以作为托小班幼儿学步时的支撑。

① [美]珍妮特·冈萨雷斯-米纳,黛安娜·温德尔·埃尔著. 婴幼儿及其照料者——尊重及回应式的保育和教育课程[M]. 张和颐,张萌译. 北京:商务印书馆,2016:72,42,309.
② 国家卫生健康委. 托育机构设置标准(试行)[EB/OL]. (2019-10-08)[2024-09-27]. https://www.gov.cn/gongbao/content/2020/content_5477327.htm.
③ 中华人民共和国住房和城乡建设部. 托儿所、幼儿园建筑设计规范[M]. 北京:中国建筑工业出版社,2019:7.

图 3-20 幼儿卫生间

图 3-21 分别为成人与幼儿设计的不同高度洗手台①

(a)

(b)

图 3-22 乳儿班舒适的软垫和托小班略为硬挺的地垫①

椅子应该选椅腿支撑面较宽且稳的,幼儿可以扶着椅背,推着椅子学步,如图 3-23 所示。

在阅读区等空间,可以换乳儿班的成人沙发为儿童沙发和儿童桌椅,为幼儿创造独立阅读的舒适空间,如图 3-24 所示。

图 3-23 推着椅子学步①

图 3-24 阅读区的儿童沙发②

(二) 精神环境创设

1. 升班的过渡与交接

婴幼儿教养机构是按月龄分班,可能每个月都会有婴幼儿升班。有时候照护者并不能跟随婴幼儿升

---

① 图片来自福州鼓楼国投润楼教育小茉莉托育园。

② 图片来自泉州博博宝贝托育服务有限公司。

班,除了需要重新建立依恋关系外,托小班的师生比降低等因素都需要婴幼儿重新适应环境。因此务必重视婴幼儿升班阶段的精神环境创设。

这一时期的婴幼儿可能会表现出焦躁不安、排斥等,需要教师给予更多的关爱与理解,用身体接触、表情、语言等多种方式来表达对婴幼儿的关心、接纳。从婴幼儿的身心特点出发,理解他们的情绪,并及时给予安抚和引导,多鼓励婴幼儿,开展活动促使他们多和同伴、新班级的教师、照护者互动,引导他们逐步树立信心面对新的社交环境。

两个班的老师需要做好交接工作,新班级的教师应多了解婴幼儿的生活习惯,性格特质,共同陪伴婴幼儿完成升班过渡;在其慢慢适应新班级以后,乳儿班的教师再逐步退出;共同为婴幼儿营造宽松、和谐的升班环境。

2. 作息时间的调整

乳儿班的婴儿按需喂养,作息弹性、灵活。随着年龄的增长,托小班的幼儿睡眠时间逐步减少,开始将早、午各一次的睡眠并为一觉。此阶段可以逐步调整幼儿的作息时间,规律进食,适度活动,建立睡前仪式和相对固定的起床时间,建立良好的作息规律,提升睡眠质量,促进幼儿的生长发育。

需要注意的是,作息时间的调整应该是循序渐进的,照护者应耐心地观察和引导幼儿,充分尊重幼儿的个体差异,确保其有足够的休息和睡眠时间。因此作息时间表的安排也是以 1～2 个小时为一个时段,或游戏,或进食,或睡眠,不宜过于细化。

三、托大班(2～3 岁)幼儿班级环境创设

托大班招收 24～36 个月的幼儿,每班人数在 20 人以下,所配备保育人员与婴幼儿的比例应当不低于 1∶7[①]。

(一) 物质环境创设

托大班的幼儿生活、学习、作息将逐渐向幼儿园靠拢,生活用房的使用面积及要求宜与幼儿园生活用房相同[②],地面也不再需要铺设软质面层,但应满足易清洗、防渗水、防滑的要求。"三台"则按需设置。

拓展阅读

《托儿所、幼儿园建筑设计规范》[③]

4.3 幼儿园生活用房

4.3.1 幼儿园的生活用房应由幼儿生活单元、公共活动空间和多功能活动室组成。公共活动空间可根据需要设置。

4.3.3 幼儿园生活单元房间的最小使用面积不应小于表 4.3.3 的规定,当活动室与寝室合用时,其房间最小使用面积不应少于 105 m²。

表 4.3.3 幼儿生活单元房间的最小使用面积(m²)

房间名称	房间最小使用面积
活动室	70
寝室	60

---

① 国家卫生健康委. 托育机构设置标准(试行)[EB/OL]. (2019 - 10 - 08)[2024 - 09 - 27]. https://www.gov.cn/gongbao/content/2020/content_5477327.htm.

② 中华人民共和国住房和城乡建设部. 托儿所、幼儿园建筑设计规范[M]. 北京:中国建筑工业出版社,2019:5.

③ 中华人民共和国住房和城乡建设部. 托儿所、幼儿园建筑设计规范[M]. 北京:中国建筑工业出版社,2019:7.

（续表）

房间名称		房间最小使用面积
卫生间	厕所	12
	盥洗室	8
衣帽储藏间		9

4.3.5　设置的阳台或室外活动平台不应影响生活用房的日照。

4.3.13　卫生间所有设施的配置、形式、尺寸均应符合幼儿人体尺度和卫生防疫的要求。卫生洁具布置应符合下列规定：大便器宜采用蹲式便器，大便器或小便器之间应设隔板，隔板处应加设幼儿扶手。厕位的平面尺寸不应小于 0.70 m×0.80 m（宽×深），坐式便器的高度宜为 0.25～0.30 m。

1. 空间布局

托大班活动室的空间布局更接近幼儿园的班级，需要由教师设计实施，能够配合班级活动并符合本班的使用需求和习惯。活动室空间大多是方形结构，空间格局可以分为开放式的空间和相对固定的空间，如图 3-25 和图 3-26 所示。

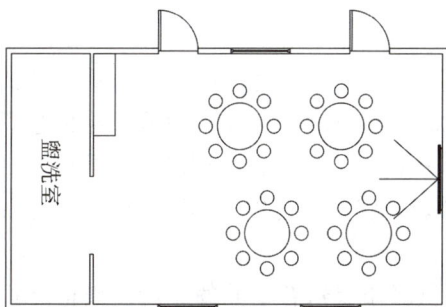

图 3-25　开放式的空间布局图

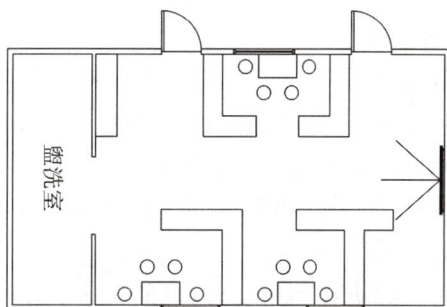

图 3-26　相对固定的空间布局

开放式的空间内以可移动的桌椅为主，可以根据活动的需要来摆放。比如：美术活动中桌椅配套使用，方便幼儿的艺术实践操作；语言活动时弃用桌子，方便沟通交流；需要科学演示的活动可以 U 型排列，便于幼儿观察；也可以为表演活动提供更大的活动空间。开放的空间布局是弹性的、灵活的，可以由班级教师根据活动的设计安排不同的空间结构，满足相应的活动目标与需求。这个空间中的活动是相当丰富的，包容性更强。在开放的空间环境中，教师可以将整个活动室的情况尽收眼底，关注到每一位幼儿的活动，进行个性化引导，也更能保障婴幼儿的安全。

相对固定的空间布局是用桌子、柜子、工作台分隔出不同的工作区，这些工作区的位置是相对固定的，且界限明确。每个区域的柜子和工作台都会摆放相应的教具，各个工作区的功能也是比较稳定的，幼儿想要做什么都可以很方便地找到相应的空间。而这样界限明确且稳定的工作区，对幼儿来说是一个相对隐蔽的环境，能够较大程度地排除外界干扰，让幼儿能更专注于自己的工作或游戏。这样的专属空间也能让幼儿心里更有安全感。需要注意的是，教师在规划空间时应该设计合理的动线，这不仅能营造出空间的层次感，提升空间使用效率，还能在紧急情况（如火灾）下确保人员快速疏散，减少安全隐患。

在活动室空间充足的情况下，日常的空间规划可以将开放式的与相对固定的两种空间布局结合起来使用，比如在靠墙的位置设置一些相对固定的区域，如阅读区、科学区、美工区等。活动室中间就可以设计成开放式的空间，便于不同形式活动的开展。

不同区域在空间中的布局主要遵循"动静分开、干湿分离"的原则。假设有这样的一个活动室空间，如

图 3 - 27 所示,两扇门连接走廊,还有门洞连接盥洗室。外侧墙面的位置相对于靠近走廊的一侧更显安静,水源一般都在盥洗室内。可以据此将活动室空间划分为动静干湿四个相互交叉的区域。在规划活动区空间时就需要考虑各个区域在活动中对空间的需求,比如阅读区、益智区、美工区、科学区、建构区,在游戏时都需要更专注,尽量避免过多的干扰。可以将它们安排在相对安静的空间中。其中,美工活动可能用到水;科学活动中沉浮游戏、光的折射、水下声音传播等活动也需要用到水。因此,可以将这两个区域安排在靠近水源的位置,使操作便捷的同时保持教室整洁。而角色扮演、表演活动、音乐游戏更多的是外在的表现和表达,造成的动静会比较大,是必然要安排在动的区域的,最主要的是要将它们和安静的区域分开。

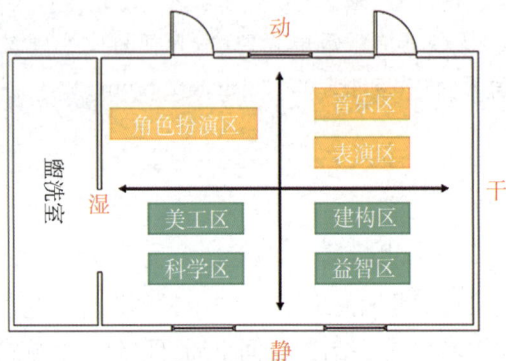

图 3 - 27　区域空间布局

2. 室内陈设

托大班桌椅、柜子的高度都应与 2～3 岁幼儿的身高相匹配。柜子的高度在 1m 左右,开放式设计,使婴幼儿能自行选择、取放各类玩具、材料。由于幼儿玩具色彩丰富,收纳柜不宜再使用纷杂的色彩,过多的颜色反而会分散幼儿的注意力,影响视力,以低饱和度的单一色彩为佳。柜内用品分类摆放,套件或组合件可以再用托盘收纳,方便幼儿拿取。托盘的颜色也以低饱和度为宜,可以不同颜色的托盘为玩具分类,或在其上另行标记。

这一阶段的幼儿开始具备一定的生活自理能力,可在班级添置适合幼儿使用的衣帽柜,用以收纳书包、外套等物品。高度一般在 1.2 m 左右,宽度和进深则根据实际需要来确定,不宜占用过多的空间。木质的衣帽柜质量重、稳固性好,是较为理想的选择,需要确保所选用的板材甲醛释放量达到安全标准,设计简洁大方,边角圆润无锐角,保障幼儿的健康。

托大班幼儿使用的椅子又与托小班有所不同,环保 PP 材质的塑料椅款式多,颜色丰富,自重轻,方便幼儿搬动。需要注意材质安全环保,椅子的承重以及重心是否稳定,边角设计为弧形,椅腿做防滑保护。儿童沙发、小帐篷等仍然可以在游戏区域中使用。

当机构的面积不足时,可以合用活动室、寝室,以节省空间。在活动时可以将床具堆叠收纳起来,休息时则将堆叠收纳的床具从收纳空间取出,实现空间转换,一室两用,如图 3 - 28 所示。但收纳床具更需要做好通风透气及床上用品消杀等卫生保障工作。

(二) 精神环境创设

1. 爱与尊重

这个时期的幼儿更加独立,有自主意识,教师及照护者应尊重他们的意愿和选择,避免对幼儿进行不必要的约束和限制,给予他们更多自主活动的空间。用身体接触、表情、动作等多种方式表达对幼儿的关心与爱意,并对他们的行为给予积极的回应和鼓励,增强他们的自信心,让婴幼儿感受到教师和照护者的关爱与支持。

这个年龄段的幼儿之间也有了更多的互动,鼓励他们的交流与合作,培养他们的社交能力和团队协作精神。教师应时刻关注幼儿,及时介入并引导幼儿解决同伴间的冲突,营造和谐的班级氛围。加强与家长的沟通与合作,共同关注幼儿的成长与发展。

| （a） | （b） |

图 3-28 收纳床具实现空间转换①

2. 作息向幼儿园过渡

托大班的幼儿有一部分在来年 9 月进入幼儿园，进入新的生活与学习阶段，作息时间向幼儿园过渡是一个重要且需细致规划的过程。托小班的作息以 1~2 个小时为一个时间段，而幼儿园的作息安排更加细致，通常以半个小时为一个时间段来安排各项活动。因此，托大班幼儿应当逐步调整作息，以适应即将到来的幼儿园生活。

例如，幼儿园的入园时间是固定的，因此托大班的教师可以和家长相互配合，逐步将幼儿的起床时间调整到相应的时段，为幼儿园的入园做准备。早教和托育机构还应当帮助幼儿养成午睡的好习惯，同时培养婴幼儿的自理能力，丰富活动内容。

一些和幼儿园共建的早教班级还可以参观幼儿园生活，熟悉环境和教师，为幼儿顺利入园打下坚实基础。

育儿宝典

如图 3-29 所示，是一个托小班的教室，室内陈设十分简洁。所有的陈设都是符合幼儿身高的，连白板都用置于地面的三角架。桌椅和收纳柜靠边摆放，主通道宽敞，在教室中间留出大量的空间供幼儿活动。室内有大面积的窗户，便于通风采光，安装了空调以适应冷/热天气。

图 3-29 托小班教室①

---

① 图片来自泉州博博宝贝托育服务有限公司。

任务思考

1. 为什么乳儿班室内的活动区所需面积偏小？

2. 婴幼儿的成长具有个体差异性，部分婴幼儿已满 1 周岁，但还不会走路。如何创设更友好的班级环境，帮助这部分婴幼儿学习走路？

3. 为什么《托儿所、幼儿园建筑设计规范》中标注的托大班生活用房的使用面积及要求宜与幼儿园生活用房相同？

实训 实践

实训实践任务书

任务名称 设计班级空间布局

任务内容 根据你所带的年龄班绘制一份班级空间布局设计图。

任务要求

(1) 设计的班级空间布局应符合婴幼儿的年龄特点与日常需求，确保充足的自然光和良好的通风条件，打造安全、舒适的班级环境。

(2) 根据班级人数和日常活动习惯，合理划分不同的活动区域。

(3) 选择适合婴幼儿身高和尺寸的家具。

任务目标 掌握婴幼儿教养机构不同班级环境设计的方法。

任务实施

(1) 规划功能分区，选择相应的家具。

(2) 绘制平面设计图，填表 3-3。

表 3-3 班级空间布局设计图

年龄班：	家具清单
睡眠区	
活动区	
卫生间、清洁区	
配餐区	
储藏区	
班级平面设计图：	

任务四 创设舒适的生活区环境

案例导入

日本设计师日比野拓设计的 TY 幼儿园(涵盖 0～5 岁 6 个年龄组)餐厅中设有大扇玻璃窗,孩子们可以从窗户看到田野和池塘,使孩子们在享用美食的同时感受一年中自然景色的变化。餐厅前侧设有露台,孩子们可以在这里吃午餐,感受阳光和微风拂过皮肤的触感,那感觉就好像是他们在一个阳光明媚的日子里野餐①。婴幼儿在教养机构的生活环境应该怎样创设? 除了必须关注的安全问题以外,如何打造更加舒适温馨,能让婴幼儿感到愉悦的生活环境?

一、睡眠区环境创设

午睡是托育教养机构一日生活的重要环节,应当在婴幼儿感觉困倦时进行,合理健康的午睡安排可保障婴幼儿充分的休息,有利于其身体健康、生长发育,也为下午的活动积蓄能量。睡眠区是指专门为婴幼儿提供的用于睡眠的区域,睡眠区的环境创设应该包含环境的安全卫生、寝具的合理使用、睡眠氛围的营造、工作人员照护的便利等方面。

视频

睡眠区环境创设

(一) 睡眠区环境的安全卫生

1. 温度与通风

睡眠区的室内温度通常建议在 20～22℃之间,湿度建议为 40%～60%,可以使用温湿度计监测,开启空调、取暖器,配合加湿器或除湿器等调节。注意出风口不能对着婴幼儿。出风口直接对着婴幼儿,会使得婴幼儿身体周围的温度快速变化,空气湿度减少,容易引发呼吸困难、感冒、皮肤干燥、湿疹等疾病。不把出风口对着婴幼儿就寝区,不直接对着婴幼儿所在的位置,也可以使用窗帘、挡板或其他遮挡物来分散气流,减少直接吹向婴幼儿的可能性。空调使用时间一般是夏冬两季,长时间未使用空调,开启空调前就要深度清洗。使用期间,最好每隔 1～3 个月清洗一次,保证滤网干净,具体次数根据当下的空气质量调整。

确保睡眠区空气流通,有助于保持室内空气新鲜,减少病菌传播的风险。优先考虑自然通风,每天定时开窗,建议每天通风 2～3 次,每次不少于 30 分钟,根据天气情况可以适当延长通风时间②。如果可能的话,尽量让空气从相对的窗户流入和流出,形成良好的空气流通。在没有自然风的情况下,可通过空气净化器、新风系统或空调保证室内新鲜空气。房间的换气次数不应低于每小时 3 次,人员所需新风量应不小于每人每小时 20 m³。

2. 清洁与卫生

寝室应保持干净整洁,及时更换床单、被褥,并对寝室进行彻底的清洁和消毒。每个婴幼儿应有自己的床上用品,避免交叉感染;定期对个人用品进行清洗和消毒。婴幼儿的床单被褥清洗频率通常取决于多个因素,包括婴幼儿的活动水平、季节变化以及是否有特别的情况(如尿床或呕吐)等。正常情况下,婴幼儿的床单被褥最好每周清洗一次。夏季出汗较多,如果有异味,需要增加清洗频率;冬季虽然出汗较少,但被褥也会积累尘螨和其他微生物,仍需保持大约两周清洗一次的频率。如果婴幼儿发生尿床、呕吐或其他污染情况,应当立即更换并清洗被褥。对于有过敏史的婴幼儿,特别是对螨虫敏感的婴幼儿,需要更频繁地清洗床单被褥。

---

① 朱·科特尼克(Jure Kotnik). 儿童学习空间设计[M]. 潘潇潇,译. 桂林:广西师范大学出版社,1991:50—57.
② 中华人民共和国住房和城乡建设部. 托儿所、幼儿园建筑设计规范[M]. 北京:中国建筑工业出版社,2019:9.

清洁寝室时,应使用无刺激性的清洁剂和消毒液,确保床上用品彻底清洗干净,避免残留化学物质,减少婴幼儿对化学物质的敏感反应。定期对睡眠区消毒,特别是床铺和地面,可以使用专业的消毒剂进行喷洒或擦拭。紫外线消毒灯也是托育教养机构常用的消毒工具。需从正规渠道购买合格的紫外线灯,阅读使用说明书。根据寝室大小计算所需的紫外线灯数量,一般 $40 \ m^2$ 的教室,使用 $30 \ W$ 紫外线灯 2 盏,悬挂高度距离被照射物体在 $2 \ m$ 以内,照射时间 30 分钟,须定期检测灯管效用。每次消毒前都要确认寝室内部没有人、动物或植物,关闭寝室的门窗。在寝室门口放置明显的警示标志,提醒他人不要进入正在消毒的寝室。确定消毒时间:一般消毒时间为 60 分钟,具体时间可以根据实际情况调整。

3. 布局设计

将寝室分为不同的区域,如睡眠区、换尿布区等,以方便管理。为每个婴幼儿提供足够的个人空间,避免床铺之间的距离过近,便于婴幼儿上下床,减少交叉感染的风险,利于教师、保育员巡视,也有助于在紧急情况下迅速疏散婴幼儿。建议床铺之间留出通道,距离为 $50 \sim 90 \ cm$,以确保足够的空间用于通行。床头与墙壁之间的距离至少 $50 \ cm$,以防婴幼儿卡在墙缝。床与窗户之间的距离至少 $1 \ m$,防止儿童攀爬发生意外。

确保寝室中有明显的紧急出口标识,房间应设双扇平开门,并且容易打开,门净宽不应小于 $1.2 \ m$。开启的门扇不应阻碍走道疏散、通行,门下不应设门槛[①],门上应设视察窗,视察窗应安装平安玻璃,让教师、保育员可以观察婴幼儿的睡眠情况,确保睡眠区每个角落都能被清晰地看到。

(二) 寝具的合理使用

1. 婴儿床

图 3 - 30 可移动婴儿床[②]

婴幼儿可以选择在婴儿床或者地铺上睡觉,婴儿床和床垫的选择参考项目二任务三中"婴儿床"的内容。乳儿班和托小班应为每个婴幼儿提供床位,不应布置双层床[①],如图 3 - 30 所示。托育教养机构的婴儿床长期重复使用,尽量选择材质坚固的木床或者金属床,定期检修。婴儿床的栏杆上不能悬挂毛巾、衣物或装饰品,以免遮挡教师或保育员的视线,不能及时发现婴幼儿的需求。床上避免堆叠枕头、尿布、杂物等松软物件,降低婴幼儿窒息风险。婴儿床是婴幼儿睡觉的地方,不得长时间将婴幼儿安置在内。

2. 睡垫选择

睡垫应是无毒、无害、透气性好的材料,避免使用含有有害化学物质的涂料和填充物。睡垫的材质应该容易清洗和保养,以保持卫生。托育教养机构采用大量的睡垫,要选择具有防火性能的睡垫,以减少火灾风险。睡垫应该能够提供均衡的支撑,帮助维持婴幼儿脊柱的自然曲线,有利于骨骼的健康发育。既不过硬也不过软,太软可能导致婴幼儿翻身不便,太硬则可能影响婴幼儿的骨骼发育。婴幼儿教养机构应多考虑使用耐用的材料,以减少采购的次数。

3. 床上用品

婴幼儿的床上用品可以让家长自行提供,以适应婴幼儿的各种需求。但相对来说,平时的清洁和消毒比较麻烦,因为不同材质的床上用品可能需要不同的清洗方式。婴幼儿教养机构提供的床上用品最好是天然材料,如纯棉、亚麻等,这些材料透气性好、吸湿性强,适合婴幼儿使用。被子的尺寸应该与寝室内的床铺相匹配。通常建议被子的尺寸为 $150 \ cm \times 70 \ cm$ 左右,这样既不会太大挤占婴幼儿睡眠空间,也不会太小而不够盖。被子不宜过厚,以避免婴幼儿因过热而蹬被子,导致着凉,一般每条被子重量在一斤左右

---

① 中华人民共和国住房和城乡建设部.托儿所、幼儿园建筑设计规范[EB/OL].(2019 - 08 - 29)[2024 - 09 - 27].https://www.gov.cn/zhengce/zhengceku/2019-09/03/content_5454356.htm.

② 图片来自泉州博博宝贝托育服务有限公司.

即可。根据季节的变化选择不同厚度的被子,春秋季节可使用较薄的被子,冬季则可以适当增加被子的厚度。选择可以机洗的和容易干燥的材质,便于日常清洁。

1岁以下的婴儿不可以使用枕头,他们的颈椎尚未完全发育成熟,使用枕头可能会导致头部位置不当,影响颈椎的正常发育。枕头可能会阻碍婴儿的呼吸,尤其是在婴儿翻身脸朝下时,可能导致窒息风险增加。

（三）睡眠氛围的营造

1. 光线

睡眠区的光线需求是多变的,既要不刺激婴幼儿睡觉,又要让教师、保育员有足够的亮度观察婴幼儿,同时还要保证婴幼儿入睡前和起床后的活动。白天尽可能利用自然光线,配合使用遮光帘。还需安装可调节亮度的灯具,辅助照明,以便根据需要调整光照强度。选择柔和的光源,如LED灯,以减少对婴幼儿眼睛的刺激。用暖色调的灯光(色温为2 700~3 000 K),模拟日落后的自然光,营造温馨舒适的氛围。在需要特别关注的区域,如更换尿布的区域,安装柔和的局部照明。

2. 声音

婴幼儿睡觉需要相对安静氛围,尽量减少睡眠区内的一切噪声来源。使用专门的隔音墙板或隔音石膏板做墙面,在墙体内部加入隔音材料,进行墙面隔音;铺设橡胶地板或加装隔音垫层进行地面隔音;采用双层或多层隔音玻璃窗,使用隔音条或密封胶条,安装厚重的隔音窗帘,进行门窗隔音。在婴幼儿休息时间,不进行有噪声的工作。如有需要,也可以播放轻柔的背景音乐或白噪声机,帮助婴幼儿进入深度睡眠状态。

（四）工作人员照护的便利

婴幼儿在睡觉时也容易发生意外,工作人员必须在婴幼儿睡觉时保持警惕。睡眠区的布局要让教师或保育员巡视时,道路通畅,不会撞到婴儿床或者其他物品。婴儿仰睡是最安全的姿势,可以降低突发性婴儿死亡综合征(SIDS)的风险。工作人员要关注婴儿睡姿,以避免婴儿意外翻转后导致呼吸不畅。准备记录本,记录婴幼儿的睡眠时间和睡眠质量,以便跟踪和评估婴幼儿的睡眠状况。对于有特殊需求的婴幼儿,如需要额外的医疗照顾或有特殊睡眠习惯的婴幼儿,应记录在案,提供个性化的照顾方案。

拓展阅读

北京市卫健委组织制定的《婴幼儿托育机构服务规范》于2024年1月1日起实施。其中规定:

① 托育机构应建立覆盖所有室内外活动场地的安防监控系统,视频监控资料保存不少于90日,不应无故中断监控,不应随意更改、删除监控资料。

② 保育人员应在婴幼儿午睡期间全程照看,每隔10~15分钟巡视检查。

③ 遇到意外伤害、突发疾病等紧急情况时,应第一时间联系家长如实告知情况[1]。

二、进餐区环境创设

托育教养机构的进餐环境对婴幼儿有着重要的影响。良好的进餐环境不仅有助于婴幼儿的身体健康,还能促进其情感和社会技能的发展;不仅包括物理环境的布置,也涵盖了心理和社交环境的营造。

（一）物理环境

进餐区的光线布置应该考虑到实用性和舒适度两个方面。对于婴幼儿来说,良好的光线可以促进食

---

① 北京市市场监督管理局.婴幼儿托育机构服务规范[EB/OL].(2023 - 09 - 25)[2024 - 09 - 27]. https://wjw. beijing. gov. cn/zwgk_20040/zcwj2022/dfbz/202311/t20231102_3293570. html.

欲,同时也有助于培养健康的饮食习惯。选择亮度适中的吊灯或者吸顶灯作为主要光源,确保整个进餐区有足够的光照。灯具应有防眩光设计,以防抱着婴儿喂奶时,晃到婴儿的眼睛;光线过强也会通过餐具反射到婴幼儿的眼睛,不利于健康。明亮的环境有利于婴幼儿和教师发现掉落的食物,及时清理。

进餐前后需要清洁环境,进餐前 20～30 分钟进行桌面清洁消毒;进餐后先将餐桌上的食物残渣清理干净,并处理掉废弃物。将使用过的餐具、杯子等分类收集,送到洗碗区清洗消毒。接着使用温和的清洁剂和湿抹布擦拭桌面,去除食物残留物和油渍。可使用专门的食品级表面清洁剂。同样,使用清洁剂和湿抹布擦拭椅子的表面,特别是婴幼儿容易接触到的部分。扫除地面上的食物碎屑和其他杂物后,再使用拖把和适当的清洁剂彻底清洁地面。清洁后使用含氯消毒剂、酒精等再次擦拭所有表面,确保彻底消毒。按照产品说明,让消毒剂在表面上停留足够的时间,然后用干净的湿布擦干或自然晾干。

1. 桌椅

图 3-31　婴幼儿餐椅①

婴儿大约在 6 个月以前还需要家长抱着喂奶,当婴儿可以靠坐后,就为他们准备婴幼儿餐椅,方便老师或保育员喂婴儿辅食,1～3 岁幼儿就可以不用餐椅,坐在椅子上进餐了。在托育教养机构中,空间有限,而婴幼儿餐椅占地空间大,不方便婴幼儿集体进餐,可以选择早点让婴幼儿适应在机构中的桌椅进餐。

婴幼儿餐椅的选择可以参考项目二任务三中“婴幼儿餐椅”的内容。对于托育教养机构来说,婴幼儿餐椅不需要复杂的功能,也不需要覆盖孩子几年成长周期的调节椅,着重关注婴幼儿餐椅的质量安全、结构稳定、大小适中、照护便利、价格合适等方面,如图 3-31 所示。

1 岁后可以为幼儿提供低矮的儿童餐桌和椅子,让幼儿能够更容易地坐下来和站起来。椅子的高度约为 420 mm,以确保孩子的脚可以平放在地面上。椅子要有坚固的靠背。桌椅的材质要安全无毒并且能经受长期的消毒,材料耐用,减少磨损和损坏带来的安全隐患。确保桌椅结构稳定,能够承受幼儿日常使用的负荷。虽然幼儿重量轻,但他们不会一直规矩地坐在椅子上,所以桌椅要能承受幼儿扭动或者拖拽的力量。桌椅的底部要有防滑垫,防止桌椅在幼儿活动中滑动。桌椅的边角经过圆润处理。应检查桌椅表面是否光滑,无毛刺或粗糙的接缝,避免划伤孩子。

2. 餐具

餐具应该选择安全无毒、耐热性好的材料,如聚丙烯(PP)、304 或 316 不锈钢等,表面光滑,便于清洁和消毒。颜色鲜艳的餐具要重点检查,避免重金属或有害颜料。

为不同年龄段的婴幼儿准备不同类型的餐具,不仅可以满足婴幼儿在不同成长阶段的需求,还可以帮助他们逐步学习使用不同的餐具,培养良好的用餐习惯。以下是婴幼儿成长过程中需要准备的几种不同类型的餐具。

(1) 婴儿初期(0～6 个月)

奶瓶:用于喂养母乳或配方奶。

(2) 开始尝试辅食(约 6 个月起)

① 辅食碗:大小适中,适合成人单手抓握,便于喂食。

② 硅胶勺子:柔软的硅胶材质,适合刚开始尝试固体食物的婴幼儿使用。

③ 训练杯:用于训练婴儿使用杯子喝水,有把手和防漏设计。

(3) 学习自主进食(约 9 个月起)

① 训练勺子/叉子:易于抓握的手柄设计,适合婴儿自己尝试使用。

---

① 图片来自泉州博博宝贝托育服务有限公司。

② 吸盘碗/盘:带有吸盘底座的小碗盘,防止婴儿打翻碗盘。

(4) 继续发展自理能力(约 12 个月起)

① 儿童餐具套装:包含适合幼儿使用的勺子、叉子和碗等。

② 杯子:先使用有把手的杯子,逐渐过渡到没有把手的杯子。

(5) 进一步提高自理能力(约 1.5 岁起)

① 普通餐具:接近成人尺寸的勺子、叉子等,帮助幼儿向成人餐具过渡。

② 分格餐盘:可以使用更大、更复杂的分格餐盘,以适应更多样化的食物。

③ 普通杯子:逐渐使用成人杯子。

餐具的消毒是非常重要的,可以有效杀灭可能存在的病原体、微生物,从而保护婴幼儿的健康。将餐具彻底清洗干净,去除表面的油脂和污垢,用煮沸、流通蒸汽、消毒柜等方式消毒。

3. 样品

婴幼儿教养机构通常需要保留一定量的食品样品,在婴幼儿发生食物中毒或其他食品安全问题时,能够追踪食物来源和接受调查。从婴幼儿教养机构的角度来说,保留食品样品,也可以保障自身的权益,证明机构食品的安全性。

机构应在食品制作过程中取样,确保样品代表了实际供应给儿童的食物。每餐按规定留足 100 g,每种食品都应该单独取样,避免交叉污染。使用干净、无菌的密封容器来储存样品,容器大小应根据样品量调整,确保食物不会挤压变形。装完样品后密封好,贴上标签,标签应清晰标注留样日期、时间、品名、餐次、留样人等信息。留样食品冷却后,将贴好标签的留样食品按顺序存放在恒温冰箱内保存。食品留样冰箱为专用设备,严禁存放与留样食品无关的食品。做好每餐每样留样食品的记录,包括食品样源、食品名称、留样时间、留样人员等,以备检查。留样食品一般保存 48 小时,进餐者如无异常,即可处理;如有异常立即封存,送食品卫生安全部门查验。

(二) 精神环境

物理环境是进餐得以顺利开展的基础,精神环境的创设则更能让婴幼儿养成良好的进餐和健康饮食习惯。

1. 建立积极的用餐氛围

食物装盘时可以摆成可爱的形状或图案,如笑脸、动物等,吸引婴幼儿的注意力。提供小份量的食物,避免一次性盛太多,让婴幼儿有尝试的机会而不至于产生压力。婴幼儿的饭量存在个体差异,在营养足够的情况下,给予婴幼儿灵活的空间。

当婴幼儿进餐时,工作人员应该多使用正面和鼓励性的语言,避免负面评价或压力。比如,婴幼儿对辅食感到陌生不愿意尝试,工作人员可以说说这个食物的颜色、香味、味道、口感是怎么样的,多用正面的词汇,搭配积极的表情和语调诱惑婴幼儿尝试,而不是硬塞进婴幼儿的嘴里或者恐吓。当婴幼儿受到惊吓,对这种食物的厌恶感很可能会伴随终身。

在婴幼儿遇到进餐困难时,工作人员要提供及时的帮助和支持。比如,婴幼儿拿不稳勺子,舀不起食物,工作人员可以给婴幼儿示范如何拿勺子,或者手把手带婴幼儿练习。

工作人员自身也应该展示良好的餐桌礼仪和健康饮食习惯,作孩子们模仿的对象。

2. 创设愉悦的进餐环境

进餐区可以根据季节或节日变换进餐区的装饰,创造不同的主题氛围,比如围绕着应季的水果蔬菜谷物等创设。在餐桌上放置一些新的食物样品,让婴幼儿触摸、闻闻,并尝试描述它们的特点。熟悉这些食物,看到食物新鲜漂亮的样子,能激发他们对食物的兴趣。有条件的话,可以让婴幼儿参与到食物的准备过程中,比如洗菜、搅拌等。不仅能增加他们对食物的兴趣,也能教会他们食物来源的知识。

进餐区可以播放轻柔的纯音乐,让婴幼儿保持愉悦的心情,并且通过音乐知道现在是进餐时间。婴幼儿进餐时,不能播放电视、读故事,以免分散婴幼儿进餐的注意力。

3. 培养健康的饮食习惯

婴幼儿教养机构提供丰富多样的食物,确保婴幼儿营养均衡。婴儿在刚开始吃辅食时,可以隔 3～5

天尝试引入新食材。在确认婴儿对前一种食物没有不良反应后,逐步引入更多的食物类型,如肉类、豆类、全谷物等。逐渐增加食物的质地和复杂性,从泥状到细碎,再到小块,以适应婴儿的咀嚼能力发展。当婴幼儿1岁以后,逐渐以向成人饮食过渡,一周每日的餐食尽量不重复,为婴幼儿提供均衡营养。

托育教养机构要制定固定的进餐时间表,帮助婴幼儿形成规律的生活节奏。育婴师要控制婴幼儿每顿饭的食物量,避免过度喂食。婴幼儿并不是吃越多越好。

4. 培养自我服务能力

让婴幼儿参与到食物的选择中,比如让他们从图片中选出自己喜欢的食材;鼓励大一点的婴幼儿自己盛饭或倒饮料。传授婴幼儿基本的自理技能,如使用餐具、擦嘴等。鼓励婴幼儿在进餐后自行清理餐具,培养责任感,比如将碗和勺子放进相应的篮子里。

三、清洁卫生区环境创设

婴幼儿教养机构的清洁卫生区是指专门为实现清洁和卫生目的而设计和布置的特定区域。这些区域通常包括但不限于厨房、餐具清洗区、盥洗室、活动室、寝室,以及婴幼儿的换尿布区域等。它们的设计和管理是为了确保婴幼儿教养机构内婴幼儿的健康和安全,防止疾病的传播。

(一) 厨房

厨房是指专门为婴幼儿教养机构内婴幼儿制作餐饮服务的专用区域,需要按照一定的标准和规范设计、建设和管理,以确保食品安全和卫生。厨房并不是每个婴幼儿教养机构都必备的区域,婴幼儿教养机构可以从具备食品生产经营许可的企业订购餐食,或者让家长为孩子自行准备午餐、餐点。2020年颁布的《福建省托育机构设置标准(试行)》要求“自行加工膳食的托育机构应设置不低于25 m² 的厨房,并办理《食品经营许可证》。非自行加工膳食的托育机构可不设厨房,但应设置与供餐规模相适应的备餐间。”[1]

厨房应合理布局,确保工作流程顺畅,减少交叉污染风险,应明确划分食品处理区(生食和熟食加工区域应分开)、烹饪区、洗涤区和备餐区等功能区域。厨房需配备膳食烹饪设施,冷藏设施,消毒设备,必要的通风、排烟设备,烟雾报警装置和灭火器材等。婴幼儿教养机构的食堂和备餐间一般较小,应开窗使空气流通,并配有排风扇;无窗的条件下,须每日用消毒灯消毒。设置灭蝇灯、粘鼠板、纱窗、纱门等防虫防鼠措施。

厨房所有工作人员必须持有健康证明,并接受定期的健康检查。婴幼儿教养机构需为工作人员提供整洁的工作服、个人防护装备,如手套、工作帽、口罩、围裙等。打扫卫生时,使用湿抹布或海绵和适量的多功能清洁剂擦拭厨房台面、水槽、橱柜门等表面,不同区的抹布等要区分。对于油渍较重的区域,可以使用专门的去油清洁剂。使用含氯消毒剂或其他有效的消毒剂对所有表面进行消毒,重点关注食物接触面、水龙头把手、冰箱门把手等频繁接触的表面。先用扫帚清扫地面,清除大的碎屑和灰尘。使用拖把和清洁剂清洗地面,可以使用蒸汽清洁机提高清洁效果。清空垃圾桶,并使用消毒剂对垃圾桶内外进行清洁。留存清洁和消毒的工作记录,包括工作情况、频率和日期等。

(二) 餐具清洗区

餐具一律在食堂清洗消毒,餐具从班上收回至食堂,要摆放在专用的桌上或货架上,不允许堆放在地上。餐具收回时,清理剩余饭菜,残留物倒入收残桶。餐具清洗消毒须做到一刮、二洗、三冲、四消毒、五保洁。先用肥皂水或专用洗碗剂清除油垢,然后用清水冲洗干净,一般清洗三遍。采用高温消毒,消毒时间为每日上午蒸饭前,消毒后将碗筷放入保洁柜。要求分班消毒,消毒后按班保洁存放,不得将餐具消毒后再分班,容易造成二次污染。患病儿童或检疫班级使用的餐饮具要独立清洗、消毒、摆放。

每日消毒两次奶瓶、水杯,第一次是上午喝豆浆或奶后清洗消毒,第二次在下午婴幼儿离园后清洗,第二天早上来园后消毒。如上午只喝开水,水杯可不用二次消毒。清洗水杯,第一遍用肥皂水或专用洗涤

① 福建省卫生健康委员会. 福建省托育机构设置标准(试行)[EB/OL]. (2021 - 01 - 04)[2024 - 09 - 27]. https://wjw.fujian.gov.cn/xxgk/fgwj/zxwj/202101/t20210104_5506739.htm.

剂,然后用清水冲洗两遍。

(三) 盥洗室

每日洗刷洗手池 2 次,第一次在婴幼儿离园后,第二次在婴幼儿午餐后。用肥皂水、钢丝刷刷洗,清水冲干净。在洗手池附近为婴幼儿准备肥皂或洗手液,肥皂可采用肥皂盒装,不宜过大,可切成 1/2 或 1/4 大小;不用布套套装,因为容易滋生霉菌。让婴幼儿自己拿取肥皂。

每日清洗消毒擦手毛巾,用肥皂搓洗后用清水洗干净,放在阳光下照射 4～6 小时,不相互叠夹。擦手毛巾用消毒液浸泡消毒,按包装说明配比,浸泡 20 分钟,消毒后用清水将残留氯冲洗干净。

盛装吐泻物的容器、痰盂(杯)等,每次使用后及时清洗消毒。厕所便池每次使用后冲干净,每日用去污粉或洁厕灵刷洗一遍,做到厕所无异味、无黄斑。尽量使用蹲便器,以防止传播皮肤病。如使用坐便器的班级,每用过一次,坐便器坐板须更换隔离膜;或在坐便器上放置可消毒的活动坐板,每用一次,取下坐板放消毒液中浸泡消毒 15 分钟。

每日刷洗污水池一次。每个班级两个拖把,一个控干,一个晾干。拖把每日下班后用清水洗干净,再用含氯消毒液浸泡 20 分钟备用。盥洗室、厕所地面每日上下午各拖一次。保持地面干燥。婴幼儿洗手后,要随时拖干地面上的水渍,或用隔水地垫,以防婴幼儿滑倒。每月使用"清消清"的方法擦拭盥洗室、厕所的扶手和墙面瓷砖。

(四) 活动室

每日晨间由保育员提前半小时入园,给活动室开窗通风。气温适宜的天气全日开窗通风;雨雪天及气温低于 10℃ 或高于 30℃ 的天气,每日也须定时开窗通风 2～3 次,每次 15 分钟以上。受建筑影响或无窗,无法晒到太阳的教室,每日要使用紫外线消毒灯消毒。日常每周使用消毒灯消毒一次;传染病流行期间,预防性消毒时每日使用消毒灯消毒空气,连续两周。

湿式清扫地面,每日下班前扫干净,拖一遍。拖把要拧干不滴水,可前一天晚将拖把洗干净,控干不滴水,第二天早上再拖一遍。传染病流行期间,可拖一遍清水,一遍消毒液。活动室、卧室的物体表面,每日用清水擦拭 2 遍,如窗台、桌椅、门把手、玩具柜、书架、电视机、电风扇等。要把玩具柜、教具柜东西取出后,把里面搁架上的浮灰擦干净。日常清洁卫生,物体表面用清水擦拭;传染病流行季节的预防性消毒,第一遍用清水,第二遍用消毒液,第三遍用清水,流行季节过后恢复日常清洁卫生。每日用清水擦拭开放式柜子、书架,每周用消毒液擦拭一次。颜料盘、画笔等用一次,清洗一次。

(五) 寝室

寝室的清洁卫生要求同活动室一致。被褥每两周曝晒一次,每次晒 4～6 小时,晾晒时不相互叠加。每月清洗一次被套、床单、枕套。可由家长带回家清洗。夏季如使用凉席,每日用热水抹一遍,每周用消毒液抹一遍。每学期清洗一次窗帘。

(六) 更换尿布区

婴幼儿教养机构中的更换尿布区是专门为婴幼儿提供更换纸尿裤服务的区域,保持更换尿布区的卫生对于预防疾病传播至关重要。为婴幼儿更换尿布需要一个平坦且稳固的尿布台。使用温和的消毒剂或湿巾清洁更换台表面,确保更换台干燥、无尘。在尿布台表面铺上一次性防水垫,以防尿液或粪便渗漏,每次更换尿布后更换新的防水垫。安装水龙头、水槽和湿巾,以便清洁保育员的双手和婴幼儿的臀部。更换完尿布后,再次清洁、消毒更换台表面。更换尿布区需配备封闭式垃圾桶,用过的尿布和湿巾应立即放入带盖的垃圾桶中。垃圾桶应定期清空,并消毒。可以准备尿布专用的密封袋,以避免异味扩散。还需配备储物柜或架子,用于存放备用尿布、湿巾、面巾纸等必需品。

育儿宝典

家长如何帮助婴幼儿建立安全感

安全感是个体在其环境中感到安全、稳定和受保护的程度。当一个人拥有安全感时,他们会体验到一种内心的平静与自信,在面对不确定性或新环境时不会感到过度的恐惧或焦虑。婴幼儿安全感的建立能让他们更好地适应教养机构的生活。

1. 营造安全的家庭氛围

家长间保持良好的沟通和相互尊重,避免在婴幼儿面前发生激烈争执,创造一个温馨和睦的家庭环境。父母积极参与婴幼儿的日常生活和游戏,尽量保证主要照顾者的稳定性。经常给予婴幼儿温暖的拥抱、温柔的抚摸或轻拍背部,适当的肌肤接触,可以传递爱意和安全感。

2. 给予积极的关注和支持

当婴幼儿哭泣或表现出其他需求信号时,家长及时做出回应,让孩子知道有人关心并愿意帮助自己。即使是婴儿,也要尝试通过言语或其他方式表达对他们感受的理解,这能让孩子感觉到被重视。随着孩子逐渐长大,家长要鼓励孩子分享自己的想法和感觉,建立信任的关系。在孩子尝试新事物或完成任务时,要提供正面反馈,增强他们的自信心。

3. 提供稳定的日常生活规律

为婴幼儿创造稳定的日常生活规律,保持固定的睡觉、吃饭和玩耍时间,有助于他们形成预期感,感到生活是有秩序的。家长与婴幼儿共同制定简单可行的家庭规则,并始终如一地执行,让孩子明白什么是可以接受的行为,以及被接受的原因。

任务思考

1. 简述睡眠区环境创设的要求。
2. 简述进餐区环境创设的要求。
3. 简述清洁卫生区环境创设的要求。

任务五　规划活动区环境与材料投放

案例导入

　　某教师刚刚接触早教,发现早教玩具的种类繁多。什么玩具是孩子喜欢的,是能促进婴幼儿发展的? 这么多的玩具究竟应该怎么选、怎么用? 如何能使手上的经费价值最大化? 自制玩具究竟有没有必要? 生活用品是否可以成为婴幼儿的玩具?

　　在日常养育过程中,婴幼儿通过模仿、重复、尝试等,发展运动、认知、语言、情感和社会适应等各方面能力。养育人要将早期学习融入婴幼儿养育照护的每个环节,为婴幼儿提供丰富的早期学习机会①。

一、动作发展区环境规划与材料投放

　　0~3 岁婴幼儿动作发展是一个从简单到复杂、从分化到逐渐协调的过程,涵盖了粗大动作和精细动作两个方面。为婴幼儿营造良好的环境氛围,提供恰当的玩具材料,可以激发婴幼儿的探索欲望和学习动机,提供更多练习和巩固新动作的机会,刺激其感官和运动系统的发展。

(一) 婴幼儿粗大动作发展

　　婴幼儿粗大动作发育是指婴幼儿在生长过程中逐渐掌握和控制大肌肉群及四肢的活动,完成抬头、翻身、坐、爬、站、走、跑、跳等一系列基础姿势和移动能力的发育过程。

　　越来越多的早教和托育机构接收了 6 个月以内的婴儿,因此将乳儿班的环境与材料投放分为两个部分介绍。

1. 0~6 个月婴儿粗大动作发展环境与玩具材料

　　0~6 个月的婴儿粗大动作主要包括抬头、翻身、坐。

　　(1) 环境创设

　　这一时期的婴儿身体十分脆弱,移动能力不强,因此需要的空间并不大。一系列粗大动作的活动都可以安排在地面铺设的温暖舒适的软垫上,如图 3-32 所示。若是在床铺或是其他距离地面有一定高度的平台上活动,应有护栏。教师或照护者应时刻关注婴儿的动态,用表情、语言、动作及时给予婴儿正面回应。需要注意的是,若这一时期的婴儿与其他 6~12 个月的婴儿同处一室,应分开活动,避免意外的发生。

　　(2) 材料投放

图 3-32　婴儿在软垫上练习坐②

　　辅助练习抬头、翻身和坐的玩具材料的共同点是能够吸引婴儿的兴趣与关注,促使其完成或保持粗大动作的练习。色彩鲜艳、会动、会发出声音的玩具,俗称声光电玩具,是比较适合这一时期婴儿的。在选购时需要注意以下几个方面:

　　① 不过多选择会发光的玩具,特别是刺眼的、闪烁的灯光会对婴儿的视力造成损害。

　　② 玩具内置的音乐最好是丰富且可选择的,避免过于单调。玩具的声音应当是轻柔悦耳的,过于嘈

————————
① 国家卫生健康委. 国家卫生健康委办公厅关于印发 3 岁以下婴幼儿健康养育照护指南(试行)的通知[EB/OL]. (2022-11-19)[2024-09-27]. https://www.gov.cn/zhengce/zhengceku/2022-11/29/content_5729421.htm.

② 图片来自泉州博博宝贝托育服务有限公司。

杂或者音量过大,都会对婴儿的听力造成损伤。在玩具扬声器的位置贴上贴纸,可以在一定程度上控制音量,如图 3-33 所示。

图 3-33 在扬声器上贴贴纸以降低音量

③ 这一时期的婴儿几乎不具备独立移动的能力,因此玩具的移动距离不宜过大,避免离开婴儿的追视范围。

④ 玩具形象鲜明,色彩鲜艳,能更好地吸引婴儿的关注。由于 6 个月以内的婴儿视力尚未发育完全,无法注意到并追视体积太小的玩具。

建议选择音量适中,体积大于成人手掌,动作夸张,移动速度慢,能在固定视域内转圈移动的追视玩具。

2. 6~12 个月的婴儿粗大动作发展环境与玩具材料

6~12 个月的婴儿粗大动作主要包括爬行、站立、行走。

(1) 环境创设

这个时期的婴儿开始学习爬行、站立、行走,初步具备了独立移动的能力,有旺盛的探索欲,需要提供一个安全的环境。插座、电线、药品、小颗粒物品等都应远离婴儿能接触到的范围与高度。清洁区、配餐区等场所的门要随时关闭,避免婴幼儿进入。这一时期婴儿活动常常是在软质地面上进行,过多的儿童桌椅反而会阻碍婴儿的爬行与探索,室内的家具、陈设尽量选择柔软且舒适的,便于婴儿的探索活动。

(2) 材料投放

0~6 个月时使用的声光电玩具依然可以继续使用,可移动玩具的移动范围可以更大一些,吸引婴儿移动追逐。初步具备独立移动能力的婴儿对环境充满好奇,其实并不需要太多的"引诱",玩具堆满地的行为是不可取的,不仅会让婴儿无所适从,还会成为其爬行与行走的障碍。除此之外,再介绍几种适合乳儿班 6~12 个月婴儿粗大动作发展的玩具材料:

① 爬行隧道:如图 3-34 所示,材质选择柔软亲肤无异味的面料,呵护婴儿的健康。纱窗设计更加通风透气,便于教师和照护者观察,也可折叠方便收纳。

图 3-34 爬行隧道

② 软体攀爬梯：如图 3 - 35 所示，全软包设计，柔软舒适有弹性，保护婴儿安全的同时，增加婴儿粗大动作练习的趣味性。可以根据需要设置不同的组合锻炼婴儿的爬行能力。

③ 学步镜：如图 3 - 36 所示，安装在地面高度的镜子能够让婴儿看到自己的全身映像。镜面上的扶手可辅助婴幼儿学习站立、行走，通过观察镜子中的影像，观看镜中动作，能更好地掌握平衡，调整姿势，从而促进身体协调与运动技能的发展。在设计上注重安全性和舒适性，通常采用防碎材质制作镜面，边缘需要精细处理，无锐角，表面光滑，确保婴儿在使用过程中的安全。

图 3 - 35　软体攀爬梯①

图 3 - 36　婴儿学步镜①

视频

软体攀爬梯

3. 托小班粗大动作发展环境与玩具材料

这一阶段的幼儿粗大动作发育得更加完善：行走更稳，开始尝试攀登、跑步、踢球、跳跃、抛物接物等动作。

（1）环境创设

随着幼儿年龄与能力的增加，练习粗大动作的场地也有所拓展，可以在班级教室，也可以去专门打造的运动感统室或户外锻炼。本节主要介绍室内的环境创设，户外环境创设的部分将在任务六中详细介绍。

安全性依然是室内运动环境创设的重中之重，因此地面的软质面层必不可少；所有的器械材料都应该符合环保要求，无锐角且表面光滑。安装完成后，应进行严格的检查和调试，并定期检查、保养与维护。可以选择较明亮的色彩，比如淡橙色、黄色、绿色等，能够调动婴幼儿的情绪，激发活力。

（2）材料投放

适合托小班幼儿粗大动作的玩具应该色彩丰富、材料安全，能促进幼儿走、跑、跳、投掷、攀登能力发展。

① 室内滑梯、攀爬架：如图 3 - 37 所示，可以是高密度聚乙烯（HDPE）或者木质的，重心要稳，面积不需要很大，可根据室内空间的大小来选择。在功能上可以多样化的。在选购时需考虑教养机构中的滑梯和攀爬架是供多人使用的，建议采用横向结构的设计，避免碰撞，避免幼儿长时间的等待。

② 球类玩具：静音弹力球有各种不同的大小、颜色、图案，能够吸引幼儿的兴趣。实心发泡成型，无须打气使用起来更方便。所使用的材料不仅柔软，还可以直接用水清洗晾晒，能有效保护幼儿的安全；噪声小能减少对其他幼儿的影响。此外，各种不同大小的海洋球、感统瑜伽球、篮球、足球甚至气球也都适合这个年龄的婴幼儿，如图 3 - 38 所示。

③ 彩虹伞：如图 3 - 39 所示，鲜艳的色彩对幼儿的视觉系统有强烈的刺激作用，能够吸引他们的注意力。彩虹伞游戏大多是集体活动，需要幼儿综合运用身体的各个部位，进行多种动作的配合。幼儿游戏的

---

① 图片来自泉州博博宝贝托育服务有限公司。

图 3-37　横向结构的滑梯攀爬架①

图 3-38　不同的球类玩具

图 3-39　彩虹伞游戏

过程中学习与他人相处,通过挥动、抖动彩虹伞,或在伞下跳跃、躲闪等,使幼儿身体协调性和灵活性得到显著提升,促进粗大动作发展。

④ 生活材料:日常生活中使用的各种材料是幼儿所熟悉的,且来源丰富,安全卫生,不仅可以促进幼儿大动作的发展也可以帮助幼儿认识生活,了解世界,激发想象力和创造力。例如,将一些绘本摆在地上,让幼儿踩着"石头"过河,如图 3-40 所示;或是用沙发坐垫、抱枕等搭成小山、小桥,都可以锻炼婴幼儿走、跑、跳、攀爬的能力。

4. 托大班粗大动作发展环境与玩具材料

托大班幼儿粗大动作能力主要包括培养幼儿的平衡感、会双脚跳、会玩运动器械。

(1) 环境创设

随着幼儿年龄的增长,托大班粗大动作的室内锻炼环境可以更加丰富,建议创设一个专门的感统运动空间,如图 3-41 所示。充分考虑幼儿的年龄特点,配备各种感觉统合训练设备;可通过各种设备器械的灵活组合创造出多样化的训练场景和活动方式,以安全、多样的感官刺激促进幼儿感觉统合能力的发展。

除了安全、多样、功能完善以外,感统运动空间的创设还应考虑室内的光线、通风、温度等物理环境因素,使之更加舒适。

(2) 材料投放

这一时期,依然可以使用各种滑梯、秋千、攀爬架和球类玩具,并购置更多的运动器械,如平衡板(图 3-42)、平衡木(图 3-43)、陀螺椅、多轮车等。为幼儿提供种类丰富的、不同难度等级的材料,通过科学投放并结合有效引导促进幼儿粗大动作能力发展。

视频
感统运动空间

---

① 图片来自泉州博博宝贝托育服务有限公司。

图 3-40　利用生活材料促进幼儿粗大动作发展

图 3-41　感统运动空间①

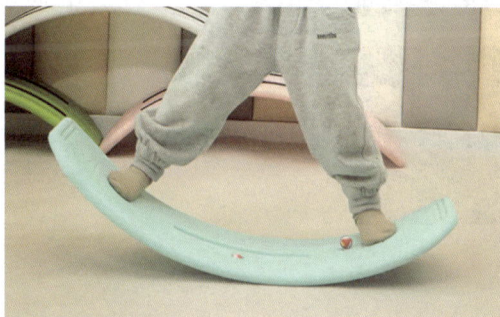

图 3-42　平衡板

图 3-43　平衡木①

（二）婴幼儿精细动作发展

婴幼儿精细动作是指婴幼儿手以及手指等部位的小肌肉或小肌肉群的运动,代表手、眼、脑的协调能力,也是婴幼儿进行各种日常活动的重要基础,对个体适应生存及自身发展具有重要意义。

1. 乳儿班精细动作环境与玩具材料

乳儿班的婴幼儿精细动作是从反射性抓握、手掌抓握慢慢发展到拇指和食指捏取、敲击和摇晃、传递物体、投掷物体、模仿动作等。

（1）环境创设

乳儿班的婴儿正处于口欲期,有可能将抓到的玩具、物品都放入口中吸或咬,用嘴巴来感知和认识周围的事物。因此,婴儿需要一个健康安全的环境,不要将危险物品放置在婴儿可以触及的范围内,各种玩具材料需要定期清洁消毒。

软垫、座椅、桌面等宜选用低饱和度且明快的单一色彩,如淡黄色、浅蓝色等,可以更好的衬托玩具。0～3 岁婴幼儿的偏好比较一致,都喜欢看红色、橙色、黄色、绿色等非常突出的颜色②。玩具就应该选择这一类高饱和度且层次丰富、突出的色彩,和背景形成反差,从而吸引婴幼儿的注意,促使婴幼儿主动参与游戏,见表 3-4。

---

① 图片来自泉州博博宝贝托育服务有限公司。
② 熊倪.0～3 岁婴幼儿物质环境视觉偏好的特点与启示[J].新班主任,2023(17):62—64.

表 3-4 环境色与玩具色的搭配效果

环境色	玩具色	搭 配 效 果	
浅色	色彩丰富 高饱和度		对比鲜明 吸引注意
浅色	色调和谐 低饱和度		色彩协调 吸引力弱
深色 高饱和度	色彩丰富 高饱和度		过度刺激 易产生视觉疲劳

（2）材料投放

乳儿班的婴儿精细动作练习是从躺着玩慢慢到坐着玩，其接触范围内的所有物品都能成为游戏的对象。

① 婴儿健身架：适合躺着玩的低月龄婴儿，健身架上色彩鲜艳形状各异的玩具可以吸引婴儿的注意力，伸手可及，如图 3-44 所示。从摆手臂时无意地触碰、晃动玩具，到主动地抓握，就是婴儿精细动作发展的过程。需要注意的是，健身架玩具悬挂的高度应随着婴幼儿臂展的长度调节，适应不同阶段的婴儿使用，同时避免长时间近距离用眼，消耗远视储备。

图 3-44 婴儿健身架

② 抓握玩具：抓握玩具种类繁多，教养机构可以根据玩具不同的抓握方式、材质、声响特点选择购买，见表 3-5。尽量使玩具类型更加丰富，满足不同个性特质的婴儿的需求。

表 3-5 乳儿班抓握玩具介绍

抓握玩具	抓握方式	材质	声响	清洁方式	特点
拨浪鼓	柄状抓握	牛皮纸，塑胶柄	力大响亮,厚重；力小低浅,清脆	（1）不宜用水浸泡清洗。（2）毛巾擦拭后置于阳光下晾晒	传统玩具,图案丰富,声响部位可视,可根据摇晃力度控制音量大小
沙锤	柄状抓握	木质，内有细砂粒	柔和,略带沙沙声,音量小		声音轻柔,更适合听觉敏感的婴儿
沙蛋	球形抓握	木质或塑料，内有细砂粒			形体小,可使婴儿完全抓握
七彩手摇铃	柄状抓握	木质柄，金属铃	清脆悦耳	（1）不宜用水浸泡清洗。（2）毛巾擦拭后置于阳光下晾晒。（3）铃铛部分尽量不要沾水,避免生锈	色彩丰富,声音悦耳,能极大吸引婴儿的关注
半圆手摇铃	半圆形抓握	塑胶柄，金属铃			练习不同的抓握方式
红球	球形抓握	毛绒布，棉花	无		质地柔软,可用于追视练习
软胶哑铃球	柄状抓握	两头软胶，中间塑胶	清脆音量不大	（1）可浸泡于水中,清洗消毒后,置于阳光下晾晒。（2）不宜高温消毒	软胶柔韧不变形,可咬可捏
软胶健身球	球形抓握				

抓握玩具	抓握方式	材质	声响	清洁方式	特点
曼哈顿球	线形抓握	硅胶		支持多种消毒方式： (1) 高温水煮消毒。 (2) 蒸汽消毒。 (3) 消毒柜消毒	色彩鲜艳，触点多样，材质安全且便于清洁
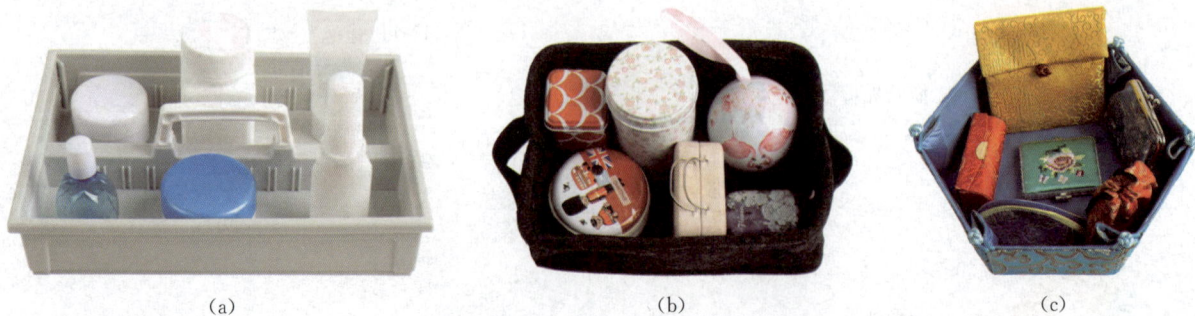	柄状抓握	硅胶	无		除练习抓握外还可缓解出牙不适，锻炼咀嚼能力，促进口腔发育

③ 生活材料：生活中一些轻软、适合抓握的、不同质感的材料也可以为婴儿提供精细动作的练习。例如手绢、围巾，因其质地柔软、大小不同、图案丰富、清洁方便，可以作为婴儿抓握练习的材料。还有较为轻便且耐摔的碗和杯子等，可以让婴儿感知不同形体的不同抓握方式，通过敲击聆听不同材质发出的声响。利用生活材料，结合生活场景，锻炼婴儿的精细动作，不仅有益于婴儿早期大脑发育，更能帮助其习得生活技能，有助于未来认知系统的全面发展。

2. 托小班精细动作环境与玩具材料

托小班幼儿精细动作有所发展，会使用工具、打开盖子、堆积积木、画直线、堆叠套叠物品等。

(1) 环境创设

这一时期的幼儿有很强的探索欲望，教养机构需要主动为婴幼儿创设一个安全且宽松的环境，激发幼儿的探索欲望和好奇心，促进其动作发展。

一方面，移除锐利、易碎的物品，妥善保管药品、清洁剂等危险物品，将桌角进行软包，插座加上安全套，保证婴幼儿无法接触，为其提供一个安全的探索环境；另一方面，为幼儿提供丰富多样的探索材料，鼓励幼儿自由探索，尝试新的事物，耐心倾听并尊重幼儿的想法，给予积极的反馈，营造温馨和谐的班级氛围。

(2) 材料投放

如忙碌板（制作方法详见本项目中任务二）、乐高积木墙、白板墙等都是托小班幼儿锻炼精细动作的好帮手。在投放材料的时候，建议根据幼儿发展目标来匹配相应的玩具材料。

① 开盖玩具：开关盖子需要幼儿运用手指做抓握、旋转等动作，随着动作的重复和熟悉，锻炼他们手指的灵活性和协调性。可以搜集不同材质、不同开合方式的瓶子和盖子，如图 3-45 所示。在使用前清洁消毒，再分类摆放以供幼儿游戏。

(a)　　　　　　　　　　(b)　　　　　　　　　　(c)

图 3-45　塑料盒、铁盒、布包等开盖玩具

② 忙碌屋：相较于忙碌板，忙碌屋更立体、小巧、轻便，可用于桌面游戏，幼儿可以在不同的立面同时

操作游戏。如图 3-46 所示,忙碌屋同样设计了多种多样的互动零件,幼儿可以自由地探索、游戏。这些设计不仅提供了丰富的感官刺激,还促使婴幼儿在抓握、旋转、按压、拉拽等摆弄零件的过程中锻炼手部肌肉群,逐渐能更精确地控制手指的力度和方向,从而提升精细动作的能力。

③ 叠叠乐、套娃:需要婴幼儿将小套娃(套杯)套入大套娃(套杯)中,或者将它们依次排列、堆叠,从而锻炼手指的灵活性和精细动作技能,如图 3-47 所示。也可以为幼儿提供生活中不同大小的杯、碗作为玩具材料。

图 3-46 忙碌屋

图 3-47 叠叠乐玩具

④ 积木玩具:幼儿在玩积木时需要抓握、拼搭、叠放,要求他们能够精确地控制手指的力度和方向,从而锻炼手部精细动作。积木玩具种类繁多,对托小班幼儿,应选择色彩丰富、颗粒较大、易于操作的积木玩具。常见的积木玩具见表 3-6。

表 3-6 各式积木玩具

名称	图示	特点
传统木质积木		形状多样,色彩丰富,可使用摆放、堆叠等方式锻炼精细动作,适合托小班幼儿使用
磁力片或彩窗		磁力连接的方式更加简便易操作,适合托小班幼儿

(续表)

名称	图示	特点
磁力棒		磁力连接的方式更加简便易操作,适合托小班幼儿。切忌选择带有磁力珠的玩具,防止幼儿吞咽珠子等意外的发生
大颗粒乐高积木		积木图案更加丰富具体,吸引幼儿的兴趣。采用拼插的方式连接积木,使搭建的物体更稳固,提升幼儿的成就感

⑤ 儿童画笔:使用画笔在纸张或者白板上随意涂涂画画,也对精细动作的发展有促进作用。

⑥ 生活材料:这一时期的幼儿开始学习使用工具,通过操作工具锻炼手眼协调能力,如图3-48所示。可以用生活物品,让幼儿在"家务"工作中获得锻炼。

3. 托大班精细动作环境与玩具材料

托大班幼儿精细动作的提高使得他们具备了自主进食的能力,还可以学习扣扣子、穿珠子、画简单的图形、使用剪刀等。

(1) 环境创设

托大班的环境应该更加有序,将不同的材料分类摆放在托盘中,放置于与幼儿身高相适应的柜子中,便于幼儿取用,如图3-49所示。在游戏结束后又能将玩具归位收纳。提供与幼儿身高相匹配的桌椅,摆放于收纳柜附近,鼓励他们拿了玩具以后更多地在桌面而不是地面游戏。

图3-48 在工具的使用中锻炼手眼协调能力

图3-49 材料在环境中的有序摆放①

---

① 图片来自泉州博博宝贝托育服务有限公司。

（2）材料投放

这一时期幼儿的精细动作水平有了较大提升，应尊重幼儿的个体差异性，提供丰富多样的、不同难度层次的材料，以促进幼儿的个体发展。以穿绳游戏为例：

① 超大颗粒穿绳玩具：每件积木直径大于 3 cm，厚度约为 1.5 cm，便于抓握，还能避免幼儿吞咽。平头木针牵引绳使得穿绳操作更简单，降低游戏难度，如图 3-50 所示。

② 大颗粒串珠玩具：拥有不同的形状、大小的珠子，直径从 1.5～2.5 cm 不等，如图 3-51 所示。软胶材质的绳子末端使得幼儿完成穿孔动作的难度大于木针穿孔，但孔洞直径远大于绳子直径，是大部分托大班幼儿可以完成的。

图 3-50　超大颗粒穿绳玩具

图 3-51　大颗粒串珠玩具

③ 大纽扣穿绳玩具：扣眼直径与绳子的粗细相差无几，对幼儿手眼协调能力要求更高。一个扣子上有多个扣眼，甚至可以通过不同的穿绳方式形成不同的图案，如图 3-52 所示，是一个难度较高的穿绳玩具。

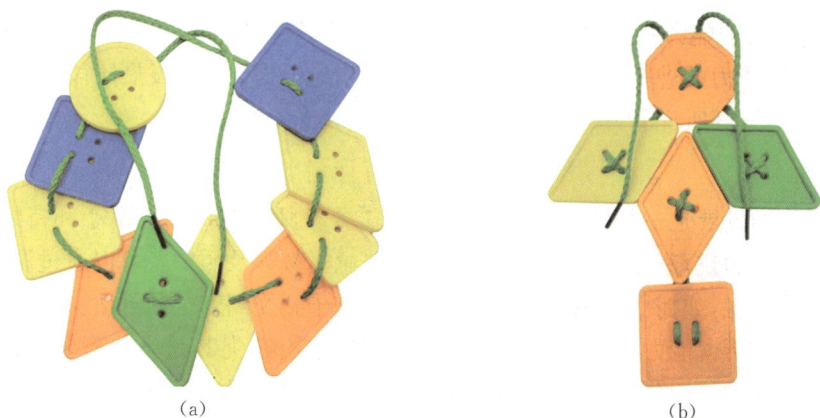

(a)　　　　　　　　　　　　　(b)

图 3-52　大纽扣穿绳玩具

除了为幼儿提供不同难度层次的玩具外，生活中还有许多可利用的材料。比如，锻炼幼儿穿插能力时，可以用家家户户都有的牙签盒来练习，如图 3-53 所示。也可以用带孔的菜盆，让幼儿将棉签插到孔洞中，锻炼手部精细动作。

做"家务"依然是训练精细动作的好方法，如撕包菜、摘豆角等，都可以使幼儿小手肌肉群得到锻炼，如图 3-54 所示。

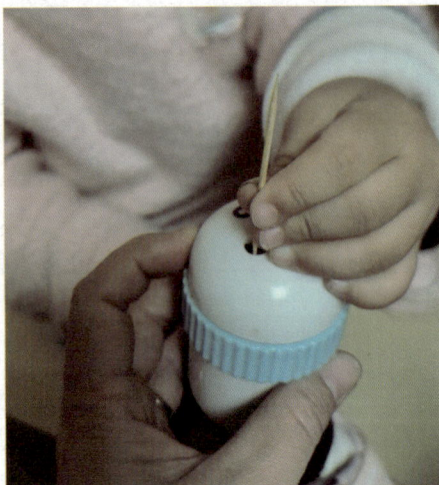

图 3-53　利用生活材料设计不同难度的精细动作

（a）

（b）

图 3-54　"做家务"促进幼儿精细动作发展①

二、言语发展区环境规划与材料投放

0～3 岁是婴幼儿听说能力发展的关键时期,从听觉与语音感知的初步建立,到语言理解与表达能力的快速发展,再到听说能力的进一步成熟与完善。教养机构应根据婴幼儿发展阶段创设适宜的环境,给予适当的刺激和引导,促进其听说能力的发展。

（一）精神环境创设

婴幼儿听说能力的发展是一个长期而渐进的过程,需要教师及照护者的耐心和持续性投入。精神环境创设应首先注重宽松愉悦,避免给孩子带来压力和紧张感。教师及照护者可以通过温柔的话语、亲切的笑容以及适当的肢体接触,如拥抱等,来传递爱和温暖,让孩子感受到安全和舒适。

语言刺激是婴幼儿听说能力发展的基础。应多与婴幼儿交流,尤其是乳儿班婴幼儿听说能力发展的主要方式就是与他人互动。因此,教师应及时回应婴幼儿的咿呀学语和简单表达,用鼓励和肯定的语言增强他们表达的欲望,用清晰、准确、生动的语言描述周围的事物和场景;还可以给他们读绘本、讲故事,用富有情感和语调变化的声音来吸引婴幼儿的注意;或通过游戏、玩具等方式与婴幼儿互动,让他们在游戏中锻炼听力和理解能力。鼓励婴幼儿之间的相互交流,在倾听和表达,沟通和交流中促进听说能力的发展。

需要注意的是:每个孩子都是独一无二的个体,有着不同的性格、兴趣和学习节奏。因此,在创设精神环境时应尊重婴幼儿的个性和需求,避免一味强求和比较。要给予婴幼儿足够的时间和空间去探索、发现

---

① 图片来自泉州博博宝贝托育服务有限公司。

和表达自我,从而在轻松愉快的氛围中自然发展听说能力。

(二)区域环境创设

婴幼儿言语发展区的创设并不局限于绘本阅读区,还可以创设环境,丰富婴幼儿的词汇量,或用表演的方式鼓励婴幼儿去表达、讲述。

1. 创设舒适的阅读环境

温馨舒适的阅读环境是培养婴幼儿阅读兴趣与阅读习惯的重要因素之一,主要从光线、家居陈设、绘本选择等方面考虑。

① 光线:在条件允许的情况下,阅读区应当有充足的自然光。可以将这一区域设置在靠窗的位置。与此同时,人造光也是必不可少的,明亮的顶灯、柔和的台灯或装饰灯,不同层次的光源既保证了婴幼儿在阅读时有充足的光线,又能在视觉上提高阅读区氛围感。每次阅读前打开桌上的小台灯或装饰灯,更为阅读增添了仪式感。

② 家居陈设:这里说的家居陈设而不是家具陈设,是希望能在这一区域营造出家一般温馨舒适的氛围。在阅读区铺设地毯或者地垫,既显温馨又能起到消音的作用,还可以将阅读空间与其他区域分隔。可爱的儿童沙发、抱枕以及高度适合的桌子能够让婴幼儿更乐于参与到阅读活动中来,有助于提升阅读兴趣。书架是必不可少的。为了方便取放,书架高度在 80 cm 以内即可,一定要将书籍封面展示出来,吸引婴幼儿的兴趣,让婴幼儿能够通过封面来选择绘本,如图 3-55 所示。教师可以筛选或定期更换绘本,换下来的书籍可暂时收纳于柜子中。

图 3-55 儿童书架

③ 绘本选择:0~3 岁婴幼儿主要通过感官来探索世界,因此应该选择纸张结实、不易损坏的精装硬壳绘本。而对乳儿班的婴幼儿来说,布书也是一个很好的选择。绘本的内容多选择婴幼儿熟悉的、生活化的,也可以适当引入一些认知概念或低幼科普类的绘本。画风应该明快、积极向上,画面清晰,主体突出,情节简单,适于婴幼儿阅读。一些互动性强的绘本,如洞洞书、翻翻书、触摸书、发声书等可以增加婴幼儿的体验感,提高阅读兴趣。但这一类书籍往往较贵,可根据机构的经济状况综合考量。

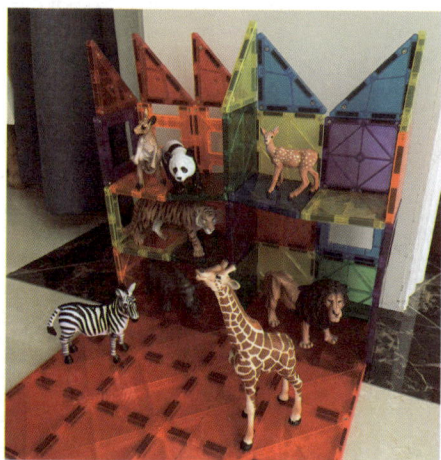

图 3-56 创设增加动物词汇量的环境

2. 在环境中增加词汇量

婴幼儿词汇量的增加和他们认知能力的提升是密切相关的。早教认知卡是婴幼儿丰富词汇量的好帮手。除了提供卡片以外,在环境中摆放实物能够帮助婴幼儿更快地掌握生活用语,增加词汇量。例如生活中常见的水果、日用品等,可以根据物品的种类轮流带入环境中,让婴幼儿通过指认、描述等方式丰富词汇量。而一些不常见的,如动物,可以用模型匹配卡片的方式,丰富婴幼儿的认知,从而提升词汇量,进而用更多的动物模型搭建一个"动物大世界",拓展词汇环境,如图 3-56 所示。

随着科技的进步和发展,除了传统的卡片、绘本外,电子挂图、早教机、学习机等人工智能产品能为婴幼儿提供图、文、声、乐并茂的"视、听、做"一体化环境[①],通过仿真互动帮助婴幼儿习得词汇、语言。但此类产品的运用目前还有较大的局限性,需在教

---

① 徐冬雪.“视、听、做”一体化的婴幼儿语言习得环境研究[D].广州:华南师范大学,2003:30—33.

师的监护下合理使用。

3.创设适合表演讲述的环境

婴幼儿具有丰富的想象力,尤其是托大班的婴幼儿开始模仿大人的语言;会用言语来表达自己的想法和需求,也喜欢创造自己的故事和角色。会通过自言自语来调节自己的情绪,或者与自己想象中的朋友或角色进行对话。实际上是在这一过程中梳理自己的思绪,练习语言表达。可以有意识地为婴幼儿提供手偶玩具、娃娃、毛绒玩具等作为讲述的对象,也可以提供"娃娃家"道具等作为婴幼儿想象的载体,提升语言表达与讲述的能力,如图 3-57 所示。

需要注意的是这一阶段婴幼儿的表演讲述并不需要很多听众,可能只是内心情感的抒发,更喜欢"自言自语"或者讲给他的玩偶听。因此可以在语言区用小帐篷设置一个私密空间,让婴幼儿能放心大胆地表达或讲述,如图 3-58 所示。

图 3-57 婴幼儿边演边讲①

图 3-58 小帐篷:语言区的私密空间①

三、认知发展区环境规划与材料投放

0～3 岁婴幼儿认知能力的发展涵盖了感知觉、思维认知、社会认知等多方面,是一个全面而复杂的过程。根据婴幼儿的发展特点,提供适宜的刺激和环境,能够大大促进婴幼儿认知能力的发展。

(一)感知觉

0～3 岁感知觉包括视觉、听觉、触觉、嗅觉、味觉。

1.感知觉环境创设

① 视觉刺激:新生儿的视力有限,只能感知到光和影,此时的视觉是黑白的、模糊的,准备的视觉练习材料可以是黑白球、黑白卡。但教养机构中的婴幼儿大多是 3 个月龄以上的,视力进一步增强,开始对颜色敏感,能看清鲜艳物体,逐渐能分辨颜色。因此,可以为不同年龄段婴幼儿提供各种色彩鲜艳的玩具、卡片、书籍,促进婴幼儿视力发展。

② 听觉刺激:婴幼儿能够注意、辨别、定位声音。在发展婴幼儿听觉能力时,更注重精神环境的创设,用轻柔的声音与婴幼儿互动。避免环境中存在大量的噪音、高分贝的持续音等。当发生类似打雷这样突如其来的巨响时,及时抚慰。使用声光电玩具时尽量选择声音优美、音量可控的玩具。还可以提供摇铃等声响玩具让婴幼儿感受声音。随着年龄的增长,儿歌及旋律优美的歌曲都可以促进婴幼儿听觉发展。

③ 触觉刺激:可以通过手部触摸、抓握等主动感知,提升触觉。在本节"动作发展区环境规划与材料投放"中关于"婴幼儿精细动作发展"的玩具不仅能促进婴幼儿精细动作发展,其不同的抓握质感、丰富的色彩及摇铃设计还能够促进婴幼儿触觉、视觉、听觉的发展。让婴幼儿玩沙、玩水,触摸不同面料的衣物、

---

① 图片来自泉州博博宝贝托育服务有限公司。

生活中不同材质的用具等也可以提升婴幼儿触觉感知水平。还可以由教师或照护者使用手或抚触按摩球等在婴幼儿身体上轻柔地按摩,帮助婴幼儿在被动感知中提升触觉感知能力。

④ 嗅觉与味觉刺激:婴幼儿能够辨别不同的气味,可以用气味营造安心的环境氛围。例如,使用带着妈妈味道的衣物,帮助婴幼儿度过初入教养机构时的恐惧与不安。在婴幼儿添加辅食之后,种类丰富的食物能大大促进婴幼儿味觉的发展。

2. 感知觉玩具

① 触摸墙:是一种常见的促进婴幼儿感知觉全面发展的墙面游戏,制作方法简单,详见本项目中任务二中"走廊游戏环境创设"的内容。

② 感官瓶:主要促进婴幼儿视觉和听觉发展。使用若干个干净的矿泉水瓶,在瓶内装入五谷杂粮或彩色的铃铛、扣子等物,只需要装至瓶子1/3高度即可。婴幼儿晃动瓶身聆听不同物体在瓶中碰撞发出的声响,即成听力感官瓶,如图3-59所示。在瓶中装满水,滴入食用色素,即成色彩感官瓶,如图3-60所示。还可在水中加入彩色吸管、小石子、纽扣、皮筋等物,即成沉浮感官瓶。根据瓶内容纳物品的不同,还可以有更多的变化,可以多加尝试制作更丰富有趣的感官瓶。需要注意的是,提供给2周岁以内婴幼儿的感官瓶,瓶口最好用胶封堵固定,杜绝安全隐患。早教亲子班或者托大班教师可以根据婴幼儿的能力水平,为他们提供材料,让婴幼儿一起来制作感官瓶,获得更丰富的感官经验。

(a)　　　　　　　　(b)

图 3-59　感官瓶

图 3-60　婴幼儿自制色彩感官瓶[1]

③ 嗅觉袋:是感官瓶的一种延伸形式,在透明网纱袋或透气棉布袋中装上茶叶,或茉莉、玫瑰、薰衣草等干花,艾叶、薄荷、甘草等中草药,刺激婴幼儿的嗅觉感知,如图3-61所示。

(二) 思维认知

婴幼儿的思维认知包括注意力、记忆力、思维能力和问题解决能力。

---

① 图片来自泉州博博宝贝托育服务有限公司。

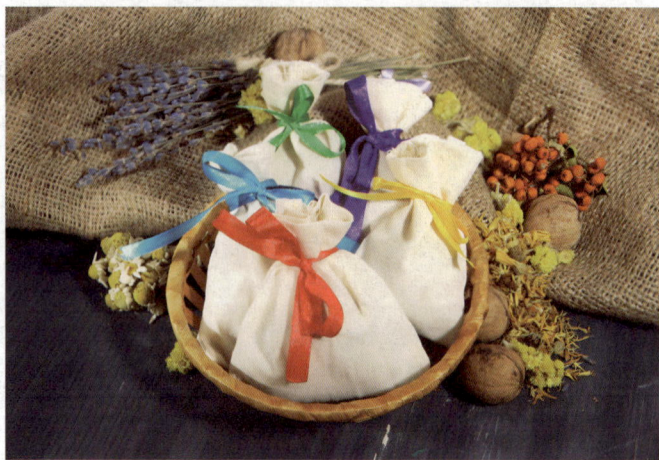

图 3-61 嗅觉袋

1. 思维认知环境创设

① 注意力:婴幼儿注意力的发展是从短暂的无意注意逐渐发展为较持久的有意注意的过程。在婴幼儿以无意注意为主的阶段,需要创设丰富、有趣的环境,吸引婴幼儿的注意。例如忙碌板,虽然婴幼儿在使用时,集中于单个项目上的时间较为短暂,但由于忙碌板上的内容十分丰富,当他对某个模块的内容失去兴趣时又会马上被另一个模块的内容吸引,使婴幼儿能在完整的忙碌板玩具面前较长时间地游戏。随着婴幼儿年龄的增长,需要培养他们较为持久的有意注意时,就需要为婴幼儿提供一个整洁有序的环境,减少外界干扰,避免过多刺激,同时设定具体而清晰的目标任务,用他们感兴趣的内容或环境引起他们的注意。通过合理的感官刺激,使他们能专注于感兴趣的事物,锻炼注意力。

② 记忆力:婴幼儿的记忆力是从短暂记忆逐渐发展为较长时间的记忆。他们最先记住的是熟悉的人和事物。需要为婴幼儿营造一个熟悉的环境,给予熟悉的物品来锻炼其记忆力。除了物质环境的创设以外,精神环境的创设尤为重要。因为记忆力需要主动地、有目的地锻炼。而每一个婴幼儿有自身发展的特点,教师和照护者应尊重个体差异性,给予婴幼儿更多的耐心和爱心,以正面反馈的方式促进婴幼儿记忆力的发展。

③ 思维能力:婴幼儿的思维能力是从直观动作思维向具体形象思维过渡,并开始理解简单的逻辑关系。生动形象的玩具材料是锻炼婴幼儿思维能力的好帮手,玩具材料过难或过于简单都不利于婴幼儿的思维发展。因此,教师需要了解本班婴幼儿的发展水平,尊重个体差异,准备各种不同难度层次的玩具,循序渐进地引导婴幼儿完成任务,促进思维能力的发展。

④ 解决问题的能力:随着婴幼儿认知能力的不断发展,他们开始尝试运用各种策略和方法来解决问题。教师要善于发现问题,如果没有问题可以在环境中创设一些小问题,引导婴幼儿思考并尝试运用不同的策略、方法来解决。

2. 思维认知玩具

① 拼图玩具:拼图是非常好的锻炼婴幼儿思维能力的游戏。其难易程度是由拼图碎片的数量决定的,数量越多,难度越高。刚开始接触拼图的低月龄的婴幼儿可以使用木质拼图,如图 3-62(a)所示。拼图碎片像积木一般厚实,容易抓握,大颗粒防吞咽,即便啃咬也很安全;还有与图案相匹配的凹槽设计,让婴幼儿更易上手,增强自信心。熟悉了拼图的玩法以后可以使用硬纸板或者是薄木片拼图,如图 3-62(b)所示,拼图碎片的数量也可以慢慢增加。

② 迷宫玩具:迷宫游戏能锻炼婴幼儿的空间思维、逻辑思维,提高观察力和专注力。其难度是根据迷宫路线的复杂程度决定的,为0~3 岁婴幼儿选择的迷宫路线应该尽量简单。因婴幼儿具体形象思维的特点,可以将迷宫路径设计成凹槽或用不同的材质,供婴幼儿直接感知,如图 3-63 所示。推动积木块在轨道上移动,或者用磁性笔吸引珠子移动,能给予婴幼儿更强感官刺激,从而提升专注力。

(a)　　　　　　　　　　　　　(b)

图 3-62　拼图玩具

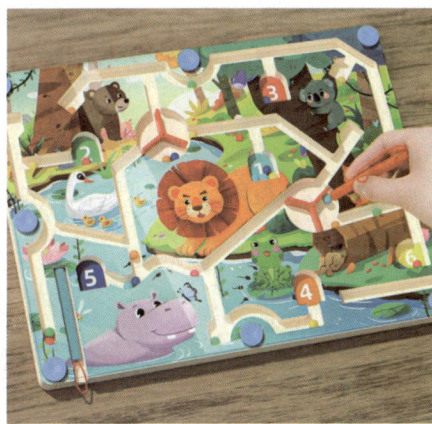

(a)　　　　　　　　　　　　　(b)

图 3-63　迷宫玩具

绕珠玩具也可以算作一种立体迷宫,婴幼儿循线拨动珠子,可以锻炼其空间感知能力,提高观察力,如图 3-64 所示。

③ 配对、分类玩具:配对分类玩具主要是形状、色彩、数量、大小的配对与分类。图 3-65 所示是三种从易到难(从左到右)的配对玩具,(a)玩具颗粒体积大,玩法相对单一(根据形状配对),而后体积逐渐减小,玩法也更加丰富。(b)的玩具锻炼形状和颜色的双重配对,(c)的玩具则再添加了数量和位置的配对。(b)和(c)两个玩具玩法都是通过任务卡实现的。因此,教师也可以利用积木等道具,自制任务卡,设计更符合本班婴幼儿思维认知水平的配对、分类玩具。生活材料也是配对分类的好帮手,例如,给袜子配对,吃饭时分出大碗和小碗,用颜色标记婴幼儿在机构中使用的物品等。

图 3-64　绕珠玩具

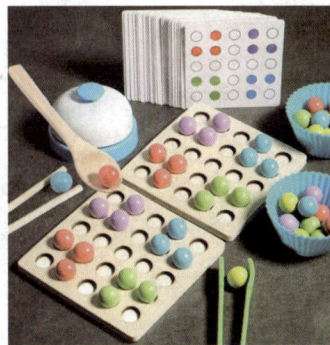

(a)　　　　　　　　　　(b)　　　　　　　　　　(c)

图 3-65　配对分类玩具

（三）社会认知

婴幼儿的社会认知主要包括自我认知、人际认知以及社会角色与规则认知。

1. 社会认知环境创设

① 自我认知：自我是婴幼儿社会认知的基础，涉及对自己身体、情感、能力等多方面的认识。需要一个综合的环境，为婴幼儿提供动作、语言、感知觉等方面的刺激，让婴幼儿在探索和认知世界的过程中认识自我。镜子等自我认知材料也能帮助婴幼儿建立身体、情感与自我的联结。

② 人际认知：是婴幼儿社会认知的核心，涉及对周围人的情感与认知。良好的精神环境创设是建立婴幼儿人际认知的关键。从最初的家庭来到教养机构中，教师或照护者可通过肌肤接触、语言交流和情感互动，与婴幼儿的建立亲密关系，增强他们的安全感和信任感。同时，鼓励婴幼儿与同龄人的交往，在分享、等待和解决冲突中丰富其人际认知，巩固其自我认知。

③ 社会角色：婴幼儿开始了解不同的社会角色，及这些角色所承担的责任和义务。可以创设模拟社会生活的场景，如娃娃家、小超市、医院等，使婴幼儿在角色扮演中观察、体验、模仿成人社会的不同角色，增强对社会角色的认知和理解。

④ 规则认知：婴幼儿逐渐认识到社会是一个有序的整体，存在着各种规则和约定。在环境中可以设计可视化的规则。如图 3-66 所示，用明显的标记和照片规划了建构玩具收纳的位置，帮助婴幼儿直观理解并记忆规则。还有分区标识、进区规则等都可以起到同样的作用。

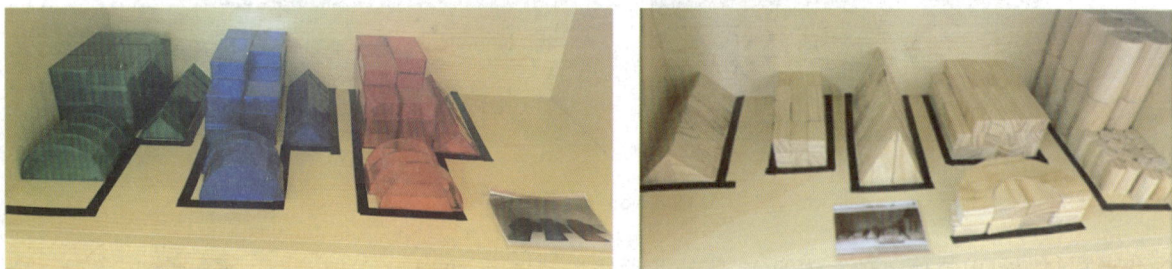

图 3-66　建构玩具收纳标识

2. 社会认知玩具

① 认知镜：婴幼儿在与认知镜中的镜像互动的过程中，会拍打镜面，尝试模仿镜子中的动作表情，逐渐意识到镜子中的形象是自己，开始形成自我认知，如图 3-67 所示。

② 角色认知卡片或绘本：通过角色卡片或者绘本引导婴幼儿观察各种职业角色的工作内容，加深对不同角色的理解和认知。角色卡片和绘本的种类繁多，除了注重材质与安全以外，建议优先选择可操作、可互动的卡片或绘本，充分调动婴幼儿多种感官，体验更深刻全面，如图 3-68 所示。

图 3-67　认知镜①

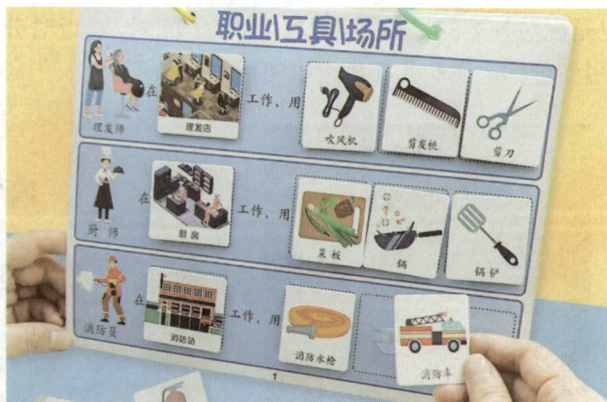

图 3-68　职业认知配对互动卡

① 图片来自泉州博博宝贝托育服务有限公司。

③ 角色扮演游戏：角色扮演游戏能够提高婴幼儿对生活常识的认识，对人际关系的理解，积累社会生活的经验。区域环境创设与材料投放都可以通过模拟成人社会中的现实环境来实现，比如，小吃店里需要点餐台、桌椅、菜单、小厨房、各色菜肴、收银台等。需要注意的是，我们对社会环境的模拟并不是完全复刻，而应该聚焦于婴幼儿生活经验。比如，医院的角色区域环境有门诊大厅、诊室、药房、注射室等，但通常不需要创设住院部的环境，因为这是超出婴幼儿生活经验的。

④ 可视化规则标识：可视化规则标识是用图案明确地展示班级中的规则，引导他们根据环境提示，进行有序的活动，从而逐渐内化规则意识。可视化规则标识有很多种，教师可以根据本班情况有选择地创设。此处以划分功能区的区域标识为例：在设计区域标志的时候，选用的字体应该是工整大方的，不要使用连体字或异形字，可以加一些简单的装饰和变化，显得更可爱一些。考虑到区域标志的使用对象是具体形象思维的婴幼儿，除了文字以外，更需要不同区域的图案标记，比如，角色扮演区的标志上可以有可爱的娃娃和家居装饰，美工区有画笔和颜料，建构区有积木或者小房子，如图 3-69 所示。同一个班级中的区域标志色调和设计风格应该是一致的。还可以通过各种材料的简单拼贴，将区域标志变得更加立体、生动，吸引婴幼儿的注意，从而实现在环境中提示规则的目的。

图 3-69　区域标识牌

育儿宝典

绚丽的光彩

图 3-70 所示是某园托小班环境中的自制小彩窗。在窗玻璃上贴透明度较高、色彩鲜艳的玻璃纸，让阳光透过彩窗洒满整个空间，营造出明亮而温馨的氛围。相较于昂贵的彩窗磁力片玩具来说，这种自制玩具材料易得且价格低廉，还可以根据班级的具体环境和婴幼儿的实际需求，灵活调整彩窗的设计、制作和安装方式。甚至还可以设计一些孩子们喜爱的图案，如动物、花朵等，吸引他们的注意力和兴趣。对于托大班的婴幼儿，则可以鼓励他们参与彩窗的设计制作，共同创设出美观、实用的班级环境。

图 3-70　自制彩窗①

---

① 图片来自福州鼓楼国投润楼教育小茉莉托育园。

任务思考

1. 想一想,生活中还有哪些用品用具可以作为婴幼儿玩具?

2. 积木是最常见的玩具,除了可以作为建构游戏中的基础材料以外,还有没有其他玩法呢? 请你设计两种利用积木作为材料的,适合 0~3 岁中任意年龄段婴幼儿的游戏玩法。

任务六　创设户外活动区环境

案例导入

　　某托育园的大门口,一棵枝繁叶茂的大槐树蔚然成荫。正对大门的影壁前,摆放着一块贴着在托幼儿头像的黑板。一名保育老师正拉着刚入园的小女孩的手,往她的头像下贴上一片大槐树的树叶。原来,这是一个"签到表"。大槐树伸进来的枝桠,在庭院一角笼罩出一块光影斑驳的树荫。两名幼童正蹲在树荫里聚精会神地观察一队蚂蚁搬家。"蚂蚁搬家,有可能是它们感知到要下雨了哦。"一旁陪伴的保育老师耐心为幼儿讲解自然界的小常识。"小院子是一个微型的'大自然',鸟叫虫鸣、花开花落、四季变换本身就是一堂无言的'自然课'。"保育人员介绍,托育园每天上下午各安排一小时的户外活动,蓝天白云的环境更适合孩子们健康成长[①]。

　　当前城市人口密集,入托需求也较高,但是城市的托育园往往面临空间有限的问题,一些办园者认为,没有独立的场地和户外活动空间,就让婴幼儿待在室内活动就好,不租赁有户外活动空间的场地,可以节约办园成本。这样的做法是否合适?

　　《托育机构设置标准(试行)》明确要求,托育机构应当保证婴幼儿每日户外活动不少于 2 小时,在寒冷、炎热季节或者特殊的天气情况下可以酌情调整。托儿所、幼儿园应设室外活动场地,其中,托儿所室外活动场地人均面积不应小于 $3\ m^2$。城市人口密集地区改、扩建的托儿所,设置室外活动场地确有困难时,室外活动场地人均面积不应小于 $2\ m^2$。

一、户外环境创设的要点

(一)托育园户外环境规划的重要性

1. 促进婴幼儿身体发展

　　户外环境为婴幼儿提供了充足的运动空间,有利于他们粗大动作和精细动作的发展。在户外奔跑、跳跃、攀爬等活动,可以锻炼婴幼儿的腿部、手臂肌肉力量,提高身体的协调性和平衡能力。同时,接触自然环境,呼吸新鲜空气,接受阳光照射,有助于增强婴幼儿的体质,提高免疫力,促进身体健康发育。

2. 支持认知与探索能力发展

　　户外丰富多样的自然元素,如花草树木、昆虫鸟类、沙石泥土等,为婴幼儿提供了无尽的探索对象。婴幼儿通过观察、触摸、嗅闻、倾听等方式,了解自然规律,探索世界奥秘,激发好奇心和求知欲。这种在真实情景中的探索学习,能够有效促进婴幼儿认知能力的发展,培养他们的观察力、思考力和解决问题的能力。

3. 增强社会交往与情感体验

　　在户外环境中,婴幼儿有更多机会与同伴互动交流。共同参与游戏和活动,让他们学会分享、合作、互助和解决冲突,逐渐建立起良好的人际关系,培养社会交往能力。此外,户外环境的开放性和自由性,能够让婴幼儿充分表达自己的情感和想法,释放天性,获得积极的情感体验,促进情感的健康发展。

(二)当前托育园户外环境规划存在的问题

1. 空间布局不合理

　　部分托育园户外空间划分混乱,功能区域设置不明确,如运动区、游戏区、种植区等相互干扰,影响婴幼儿的活动开展。有些托育园过于注重美观,忽视了空间的实用性和婴幼儿的活动需求,导致空间利用率

---

① 北京.北京第一家四合院里的普惠托育点! 鸟叫虫鸣,小院真舒服[EB/OL].(2024-05-24)[2024-09-28].https://xinwen.bjd.com.cn/content/s66503d3d4b00e934b5f7c25.html?innerId=1.

低。创设托育户外环境的价值不在于观看,而是通过环境潜移默化地影响婴幼儿,承载课程和游戏,融入教育价值,服务于婴幼儿的健康成长。

2. 设施设备单一且缺乏安全性

一些托育园户外设施设备种类有限,主要以滑梯、秋千等常规游乐设施为主,无法满足婴幼儿多样化的发展需求。同时,部分设施设备在质量和安装方面存在安全隐患,如螺丝松动、边角尖锐、防护措施不到位等,容易对婴幼儿造成意外伤害。

3. 自然元素融入不足

许多托育园户外环境缺乏自然元素,过于人工化。地面多为硬质铺装,缺乏草地、沙地、泥地等自然地面;植物种类单一,缺乏季节变化和多样性;水体设置较少,没有充分利用自然水景的教育价值。这种缺乏自然元素的户外环境,不利于婴幼儿亲近自然,感受自然之美和自然规律。

4. 忽视婴幼儿的个体差异

在户外环境规划中,部分托育园没有充分考虑不同年龄段婴幼儿的发展特点和需求。例如,为不同年龄段婴幼儿提供相同类型的游戏设施和活动区域,没有针对低龄婴幼儿设置更为简单、安全、易于操作的设施,也没有为高龄婴幼儿提供具有挑战性和探索性的活动空间。

(三)托育园户外环境合理规划的策略

1. 科学规划空间布局

根据婴幼儿的活动需求和发展特点,将户外空间划分为明确的功能区域,如运动区、游戏区、自然探索区、休息区等。运动区设置攀爬架、跑道、平衡木等设施,用于锻炼婴幼儿的运动能力;游戏区提供角色扮演、建构游戏等设施和材料,促进其想象力和创造力的发展;自然探索区种植各类植物,设置沙池、水池、观察角等,满足婴幼儿对自然的探索欲望;休息区摆放舒适的座椅和遮阳设施,为婴幼儿提供休息和交流的空间。各功能区域之间应保持合理的距离和顺畅的通道,避免相互干扰,确保婴幼儿能够自由、安全地在不同区域活动。

2. 丰富设施设备种类并保障安全性

根据婴幼儿的年龄特点和发展需求,选择丰富多样的设施设备。除常见的游乐设施外,还应增加一些具有教育性和挑战性的设施,如感官体验墙、音乐装置、科学实验台等,激发婴幼儿的学习兴趣和探索精神。在设施设备的选择和安装过程中,要严格把关质量,确保其安全性。设施的边角应采用圆润设计,避免尖锐边角;所有连接部位要牢固可靠,定期进行检查和维护;为游乐设施配备必要的防护设备,如地垫、安全带等,最大限度地降低婴幼儿受伤的风险。

3. 充分融入自然元素

增加自然地面的比例,如铺设草地、沙地、泥地等,让婴幼儿能够直接接触自然,感受不同地面的质感。丰富植物种类,选择适合当地气候和生长条件的植物,包括乔木、灌木、花卉、草本植物等,营造四季有景、富有变化的自然景观。设置自然水景,如小池塘、溪流、喷泉等,让婴幼儿在观察和体验水的流动、变化中,感受自然的魅力。此外,还可以引入一些小动物,如小兔子、小金鱼等,让婴幼儿有机会参与饲养和照顾,培养他们的爱心和责任感。

拓展阅读

北欧自然教育理念及对托育机构户外环境创设的启示[①]

幼儿在很小的时候就表现出想与大自然亲密接触的渴望。他们总是喜欢闻闻花香、摸一摸绿叶、踩一踩泥坑里的雨水……这些感觉和体验是人造材料与人为环境所无法给予的。在北欧自然教育理念的启发下,创设适宜托班幼儿户外活动的自然环境(见下表)。根据托班幼儿身心

---

① 方芳.北欧自然教育理念及对托育机构户外环境创设的启示[J].东方娃娃·保育与教育,2023(Z1):43—46.

发展特点及需要,幼儿园对托班户外环境进行了整体统筹与合理规划,打造出兼具趣味性与发展性的室外活动空间。

1. 创设具有趣味性的环境

越是低幼的孩子就越喜欢围绕有趣的、特别的场所或物品进行活动,趣味性的环境更有利于吸引他们主动、投入地游戏、探索与发现。在整体空间营造方面,我们根据托班幼儿日常生活和游戏需要加入了一些区别于生活中常见的"非寻常空间"。通常来说,幼儿比较喜欢洞穴类的小空间和可攀爬的落差空间。考虑到托班幼儿月龄较小,我们在室外放置了可以钻进钻出的游戏屋、小型滑滑梯等,增加自然环境中的游戏空间。在游戏屋附近,还配有桌子和长凳,方便托班幼儿在户外活动时也能开展娃娃家等角色游戏。同时,利用园内自然地形与绿植,我们在花园小路的尽头用绿色纱布围成了一条隧道,让幼儿有机会在半封闭的秘密空间中体验、游戏。因为在室外,光线较好,孩子不会产生幽闭、害怕等负面感受。

2. 构建富有自然感的环境

区别于"塑料感"的环境,富有自然感的环境能激发幼儿内心深处的自然情感,同时在与自然相处中建立更深的联结。具有自然感的环境包含的多是丰富的自然元素,如泥土、沙地、青草、树木等。在创设户外环境时,该园保留了小土丘原有的地势,让托班幼儿既能看到平地,也能感受到土丘的自然起伏。起伏的地形不仅为幼儿日常的身体运动提供了多样化的方式,同时也给予幼儿更多的感官刺激,进而产生切身感受。水能激发幼儿的游戏天性并满足他们亲近自然的需要和本能,对他们具有天然的吸引力。因此,园内进行了水环境的整体设计。园所分为前后两院,前院设计了一方小池塘,养有不同品种的水生动物及植物。后院设置了适合托班幼儿身高的洗手池,并接有水管,直通附近的沙池。靠近洗手池设有玩水的游戏桌,并配有各种戏水工具。秉持着可用、可取、可玩的理念,我们希望幼儿能自由安全地玩水戏水,增强他们对水的情感、感知与认识。多样的植物为幼儿提供了更多认识、观察、发现的机会和体验。幼儿园按照乔木、灌木、草地等多种植被相结合。

托班户外环境分类	托班户外环境资源种类	可支持的户外活动	可能的关键经验
场地、空间	开阔地(如草地)、有坡度的山丘、沙池、种植园地、水池	体育游戏、户外探索	散步、奔跑、躺着、翻滚、骑车、滚动物体、挖沟渠等
设施	跷跷板、小房子、滑滑梯、小车	娃娃家	攀爬、向下跑或滑或跳、平衡、悬挂、摇晃
	遮阳天幕、遮挡物(游戏屋、灌木角落、纱布绿色隧道等)	捉迷藏、娃娃家	钻爬、感知藏起和消失、体验空间位置变化
绿化	乔木、灌木、草地结合;品种多样的四季观赏植物等	自然观察活动	观察、触摸、闻味、辨别细节
可操作的材料	自然材料,如干花、树枝、树叶、松果、贝壳等	自由探索	感知、摆弄、组合、想象
	工具材料,如铲子、杯子、运沙车等	沙土活动	塑形、搬运、挖掘、倾倒、搅拌
	绘画材料,如墙面大画板、颜料、画笔、板刷、水桶等	涂鸦活动	观察、表达、想象、创作、动作协调

4. 关注婴幼儿个体差异

根据不同年龄段婴幼儿的发展特点,设置差异化的活动区域和设施。对于低龄婴幼儿,应设置简单、安全、色彩鲜艳的设施,如矮滑梯、小摇马、柔软的爬行垫等,活动区域相对较小且封闭,便于教师照顾和管理。对于托大班的幼儿,可以提供更具挑战性的设施,如较高的攀爬架、自行车道、大型建构材料等,活动区域可适当扩大,增加开放性和互动性。同时,考虑到婴幼儿的兴趣爱好和发展水平的差异,提供多样化的活动材料和选择机会,让每个婴幼儿都能在户外环境中找到适合自己的活动方式和发展空间。

婴幼儿教养机构户外环境的合理规划对于婴幼儿的全面发展具有不可替代的重要作用。基于儿童发展理论和环境创设原则,科学规划空间布局,丰富设施设备种类,充分融入自然元素并关注婴幼儿个体差异等,可以打造出安全、丰富、适宜婴幼儿发展的户外环境。在实践过程中,托育机构应结合自身实际情况,借鉴成功案例经验,不断探索和创新,为婴幼儿提供一个充满乐趣、富有教育意义的户外成长空间,促进他们在身体、认知、社交和情感等方面的健康发展。未来,随着对婴幼儿早期教育研究的不断深入,婴幼儿教养机构户外环境规划也将不断完善和发展,更好地满足婴幼儿的发展需求。

(四) 户外空间的创设的要求

1. 户外面积的要求

《托儿所、幼儿园建筑设计规范》规定,托儿所室外活动场地人均面积不应小于 $3\,m^2$,城市人口密集地区改、扩建的托儿所,设置室外活动场地确有困难的,室外活动场地人均面积不应小于 $2\,m^2$。但这远远低于全美幼儿教育协会(NAEYC)要求的每个儿童拥有约 $7\,m^2$ 的标准。尽管我国人口众多、土地紧缺,但还是希望在托儿所、幼儿园设计过程中能够从婴幼儿健康成长的角度出发,尽可能给予托育园比较充足的户外活动面积,以满足全园幼儿每天不少于 2 小时的户外活动的需要。

2. 光照与绿化的要求

(1) 光照

婴幼儿在户外活动时可以充分进行阳光浴,这是户外活动对于婴幼儿健康成长的意义之一。早教托育园应建设在日照充足、交通方便、场地平整、干燥、排水通畅、环境优美、基础设施完善的地段,室外活动场地应有 1/2 以上的面积在标准建筑日照阴影线之外。

(2) 绿化

户外环境的自然性很大程度上取决于绿化。绿化也是园所和机构美化的基础和前提,绿化的花草树木也为婴幼儿的科学探究提供了物质基础。《托儿所、幼儿园建筑设计规范》规定,"托儿所、幼儿园场地内绿地率不应小于 30%,宜设置集中绿化用地"。"集中绿地是早教、托育园美化净化环境、隔声减噪、改善小气候、认识植物及婴幼儿室外游玩的场所,对婴幼儿有着陶冶情操、引发联想、拓展思维的功能,在园所、机构建设中要统筹考虑。"

具体来说,户外绿化应注意以下几点:

① 既有高大的乔木,又有低矮的灌木。高大的乔木可以在夏季提供阴凉,低矮的灌木可以用于隔断场地,有助于婴幼儿近距离触摸和观察。即使是乔木,也应该既有果木,又有花木,多样的树木有助于开拓婴幼儿的视野,感知植物的多样性。

② 既有树木,又有藤蔓、花坛和草坪。草坪的创设有助于婴幼儿开展各类跑、跳、翻、滚、爬的游戏。托育园的户外的草坪不仅仅是观赏草坪,因此草坪选择的种类非常重要,应该是耐踩踏、可自我修复的品种。

③ 避免在绿地内种植有毒的、有刺的、有飞絮的、病虫害多的、有刺激性的植物。

3. 与课程目标相适宜的要求

环境既是婴幼儿教养机构教育理念与课程目标的体现,又是课程实施的载体。所以,在创设与调整户外环境时,应该结合自己的课程思想,思考环境应该承载的意义,把课程意识带入环境创设之中。比如,强调自然主义课程特色的早教、托育园,会减少环境中人工的场地和设备玩具等,尽可能保留户外环境的自然属性;强调户外体育课程特色的早教、托育园,会利用大量的空间为婴幼儿增加户外体育设施设备,为婴幼儿提供各类体育锻炼的器材和玩具;强调开放的户外自主游戏特色的早教、托育园,会为婴幼儿提供多样的游戏场地,提供多元化的玩具和多样化的低结构材料,有助于婴幼儿自由选择和自主游戏。

4. 季节与地区的要求

户外环境与室内环境最大的不同是,户外环境受季节与地区的影响比较大,我国东部和西部、南方和北方之间气候差异巨大。北方大多数地方四季分明,而南方则四季常青,雨水偏多。所在地域不同,气候条件不同,植被状况就不同,这些必然会影响早教和托育机构户外环境的创设。

比如,南方雨水比较多,早教和托育机构创设户外环境时必须考虑雨水、疏通和地面的吸水性问题;夏季炎热,必须考虑遮阴的问题。北方的早教和托育机构则需要考虑严寒季节遮风和地面防滑的问题。无论是哪里的早教和托育机构,都应该合理利用当地资源,为婴幼儿的户外活动尽可能地创设有利的条件,以保障婴幼儿一年四季都可以享受户外活动的乐趣。

5. 室内与室外的过渡

由于婴幼儿年龄较小,教师会在规定的户外活动时间把全体婴幼儿带到户外,婴幼儿不能自由出入室内外。因此,影响户外活动的关键因素是该机构班级管理和课程的观念。另一个影响因素是室内外之间的连接通道不通畅,无法保障婴幼儿在自由出入时的便捷和安全。户外环境创设应考虑全园各班级的婴幼儿从室内转入户外活动时的便捷性和安全性。从这个意义上讲,班级门的设计、走廊的设计、楼梯的设计、连接室内外长廊的设计等都很重要。

6. 特殊需要儿童的活动保障

一个设计良好的户外环境不仅会为健康的婴幼儿提供各种活动的机会,也会考虑包括残障儿童在内的特殊儿童户外活动的需要。为残障儿童创设适宜的户外活动场所是一个很大的挑战,但这是世界范围内全部教育所倡导的理念和人文精神。残障儿童不应该被束缚,不应该仅仅停留在室内活动,他们需要更多到户外进行锻炼的机会,以促进身体康复。他们也需要更多与同龄人交往的机会,在户外游戏中促进自我认识能力、社会交往能力、认知能力、情绪情感等的全面发展。户外环境创设首先应考虑室内通向户外、一个游戏场通往另一个游戏场的道路是否畅达,应便于下肢残障的婴幼儿拄拐杖或坐轮椅通行;其次,应该考虑攀登架、滑梯、秋千等游戏器材和玩具是否有合适的平台、扶栏等设计,以保障残障幼儿玩耍时的安全;最后,应考虑沙箱、水池的设计高度,各种玩具和工具的配置是否方便坐轮椅等特殊的婴幼儿使用。

7. 地下设施与地面上的活动场地

在创设户外地面表层的游戏场地、运动设施、自然景观等时,应该注意避开不可变更的排污、供气、供电、电力、通信等公共地下管线和基础设施。戏水池、游泳池、喷泉、鱼池、沙池也要方便接入水龙头。室内游戏场地与户外游戏场地可以用长廊连接,户外每一个游戏区域之间要有多个通道;避免游戏区域之间的干扰或者留存安全隐患,比如,车道应该是一个半封闭的区域,不能与秋千、滑梯等玩具区混在一起。

二、户外活动空间的场地规划

户外活动区域是托育机构进行各类户外教学、游戏活动和户外大型集体活动的主要场所。因此,在创设早教和托育机构户外活动区域环境时,要充分考虑婴幼儿的年龄特点,遵循婴幼儿身心发展的规律,满足婴幼儿的个性需求,使其为他们健康快乐地成长提供更加有利的条件和保障。

按照功能和作用,我们一般将户外活动区域分为游乐器械区、体育活动区、戏水玩沙区、种植饲养区。

(一) 游乐器械区

游乐器械区又分为大型组合游乐器械区和小型游乐设施区,大型组合游乐器械区也称为大肌肉活动区,是婴幼儿教养机构户外活动区域中最常见的区域之一。婴幼儿通过攀爬、跳跃等大肌肉运动来发展动作、姿态及身体各项机能的协调、平衡能力。

1. 大型组合游乐器械区

包含的器械和设施有:

① 促进抓、蹬、跳等大肌肉运动能力发展的滑梯、弯道、单杠、楼梯、木桩等。

② 为大年龄段婴幼儿提供的进行挑战性运动的大型攀爬架、攀爬墙、绳索桥等。

视频

大型组合
游乐器械

③ 有利于刺激婴幼儿前庭器官,促进感觉统合,增强运动技能和平衡能力发展的秋千、跷跷板、平衡木桩等。

④ 避免使用金属等坚硬材质的器械,可以选择带有木质或者塑料材质的大型组合游乐器械等。

⑤ 选择可以移动变换的组合器械,定期改变或更换组合形式,如图3-71和图3-72所示。

⑥ 活动区域地面放置缓冲软垫,保持地面平整,不能有尖锐突出物。

图 3-71　组合式游乐器械①

图 3-72　环山坡而设的组合式游乐器械②

2. 小型游乐设施区

可以作为婴幼儿表演游戏或自主游戏的小型区域,一般包含下列设施:

① 自行车、小手推车、大型积木推箱或轮胎、小摇马等,如图3-73所示。

图 3-73　户外小型游乐器械

---

① 图片来自泉州博博宝贝托育服务有限公司。
② 图片来自泉州市信和托育园。

② 适合婴幼儿开展角色游戏活动的小屋及相关配套设施（如小医院、娃娃家等），如图 3-74 所示。

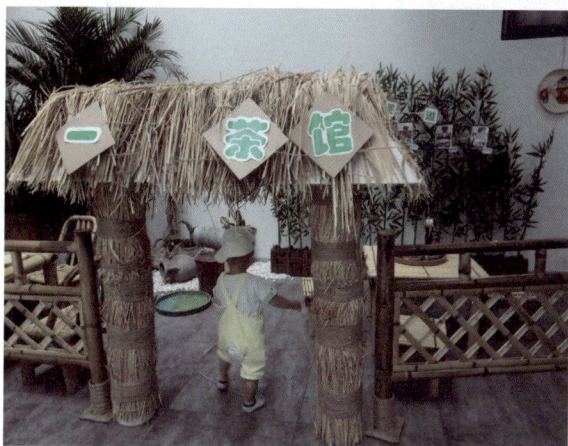

图 3-74 户外角色游戏小屋

③ 适合婴幼儿戏剧表演的小型露天舞台等。

（二）体育活动区

体育活动区是婴幼儿进行各类体育活动的主要区域，可供婴幼儿做操、举行竞技比赛、开展健康领域教育等活动。该场所主要包括各种不同形式的软垫区。软垫区是地面铺设塑胶等材料以便安全地进行体育活动的区域。可采取下列方法布置软垫区，以利于开展多种教学活动：

① 采用不同材质的软垫，如颗粒凸出型、凹槽型，有利于婴幼儿探索体验。

② 开展亲子游戏使用的草地。

③ 将大块的软垫区域通过各种图形划分为不同的小区域，如按班级划分、按活动类型划分。

④ 布置具有规律性的小范围图形软垫区域，利于开展户外教学活动。

（三）戏水玩沙区

玩沙玩水游戏是婴幼儿进行触觉刺激、感统训练的一种重要方式。水、沙子的质地、重量、黏度和流动性，使其成为一种变化多端的操作材料。可以在沙水池附近设置收纳架，为婴幼儿提供多种多样的玩沙玩水的工具。婴幼儿在游戏中练习拿铲子、挖沙子、舀水、筛、漏、堆积、装容器等基本技能，并学会用模具做各种造型，如图 3-75 所示。在练习这些精细动作技能时，也促进了婴幼儿对沙子和水特性的基本认识，同时也能为婴幼儿提供创造性表达的机会。

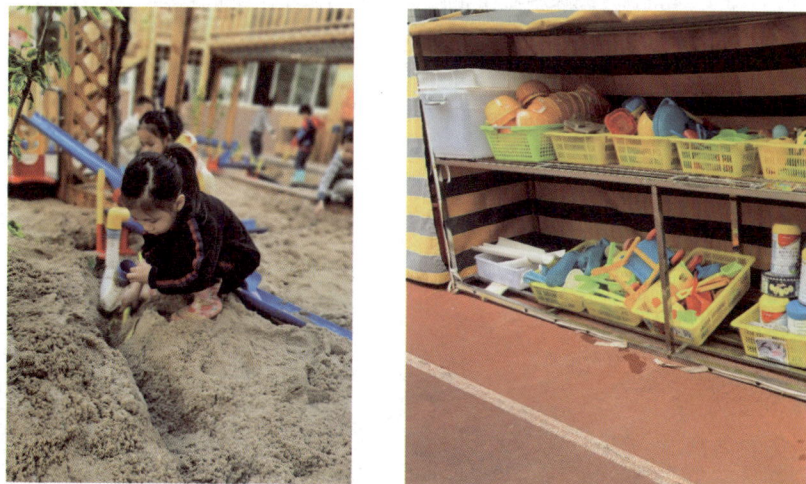

图 3-75 沙坑和玩具①

———————————

① 图片来自晋江启智幼儿园。

1. 沙坑

沙坑的设计应注意以下几点：

① 提供质地细腻、干净无污染的细沙。

② 提供玩沙的多样化工具和器皿，如塑料铲子、小桶、筛漏、盆、运沙车等，定期清洗晾晒。

③ 玩沙区应与玩水区域接近，或接近水源，方便婴幼儿取水、冲洗。

④ 在沙坑旁，放置一些能承装大量沙子的木箱和桶，用于储存沙。

⑤ 定期过滤沙坑中的沙子，去除其中的杂物，排除安全隐患。

2. 戏水池

设置戏水池时需要考虑以下几点：

① 水池深度不得超过 30 cm。

② 及时更换池中水，保持水池干净。

③ 配置各种戏水设备。

④ 可设置集体玩水的大型水池和个别探索的小型水池。

（四）种植饲养区

1. 种植园

在种植园，婴幼儿通过播种、栽培、施肥、浇水等实践活动，以及观察植物生长的情况，接受大量的感官刺激，开始接触植物生命的循环过程，如图 3-76 所示。婴幼儿可以通过将植物重新装盆并承担施肥、浇水、养护的任务，来分担爱护花草的责任；通过采摘、冲洗、分类、闻和品尝自己种的水果和蔬菜，来分享劳作所带来的喜悦；还可以通过观察植物生长的情况，如因水太少、日照太多、土太多和水太多等而出现的不同结果，学习基本的因果关系。

图 3-76　种植区

2. 饲养区

如图 3-77 所示，饲养区是婴幼儿喂养小动物的自然区域。通过亲自喂养、观察小动物，培养他们爱护、保护小动物的情感，以及对动物科学的兴趣和爱好。饲养区的常见设施包括：

① 禽类如小鸡、小鸭的孵化室。

② 小动物的笼舍，如鸡舍、小兔笼。

③ 喂养鱼、乌龟等的小池。

④ 喂养各种鸟类的鸟窝、鸟笼。

在创设户外环境时，需要考虑到我国国土面积大，东部与西部之间、南方与北方之间、农村与城市之间的实际状况差异巨大。应根据实际情况，考虑婴幼儿兴趣、课程需要、面积、绿化、气候等一系列具体情况，因地制宜地进行合理的规划与设计。

图3-77　饲养区①

拓展阅读

新西兰怀卡托大学校园托育中心②

新西兰怀卡托大学校园托儿所建立于1973年,是针对0~6岁孩子的托育机构。该机构倡导生态、自然的理念和宽敞的环境,坚持可持续发展的做法。这里的环境体现了户外自然生态的丰富性、可变性以及便利性。托育园呈现"接近自然,接近孩子"的真实生活体验,坚持"方便孩子自由活动和获取资源"的环境设计原则。在托育园的户外环境里,教师鼓励孩子们探索、调查、观察、实验、评估并承担风险、关心、合作、质疑,在空间中获得快乐。户外游戏场地的设施不是固定的,而是可移动的组件集合,这为儿童提供了一系列可能性。设施可以移动组合,便能根据孩子们的需要调整难度,让他们学习更多、更广泛的技能。

托育园户外提供了许多让孩子们冒险的方式,教师确保户外风险可控,使他们既可以安全地进行身体探索,又没有严重的受伤风险。通过冒险,孩子们能学习到风险分析这一宝贵技能。

有一个功能齐全的菜园,孩子们种植属于自己的食物。一起用收获的食物为孩子们和他们的家人做饭。菜园是孩子们了解动物(如昆虫)和植物之间相互关系的好地方。在这里向孩子们讲解季节(如什么时间收获)和文化(种植不同类型的食物),还能鼓励孩子尝试新食物。

三、户外活动区设施及材料投放

(一)户外活动区设施及材料投放的原则

1. 安全性原则

户外活动区使用的材质要环保、无毒、无味,结构要稳固,避免出现尖锐边角、缝隙等。定期对设施设备进行检查和维护,确保其安全性。材料投放时也要考虑安全因素,如自然材料要确保没有毒、没有刺,小零件材料要防止婴幼儿误食。在沙水区域,要严格控制水深,配备救生设备,并有成人随时监护。

2. 适宜性原则

根据婴幼儿的年龄特点和发展水平投放设施设备与材料。对于较小的婴幼儿,应选择简单、易操作、趣味性强的设施和材料,如矮一点的滑梯、大颗粒的积木等;对于较大的幼儿,可以增加设施和材料的难度

---

① 图片来自泉州市信和托育园。

② Tim Bennett,刘小红. 新西兰怀卡托大学校园托育中心学前园区(Campus Creche Kauri)环境设计[J]. 早期教育(教育教学版),2018(Z1):30—35.

和挑战性,如更高的攀爬架、更复杂的建构材料等。同时,投放的数量也要适宜,既不能过多让人眼花缭乱,也不能过少导致婴幼儿争抢。

3. 多样性原则

设施设备和材料的种类要丰富多样,满足婴幼儿不同的兴趣和需求。除了常见的游乐设施,还可以设置种植区、养殖区、艺术创作区等不同功能区域,投放相应的材料,如种子、工具、画笔、颜料等。多样性的设施和材料能激发婴幼儿的探索欲望,促进他们全面发展。

4. 开放性原则

投放的设施设备和材料应具有开放性,没有固定的玩法,能让婴幼儿根据自己的想法和创意自由探索和创造。低结构材料就是很好的开放性材料,婴幼儿可以通过不同的组合方式创造出各种玩法。开放性的设施设备和材料能培养婴幼儿的创新思维和自主游戏能力。

(二) 不同年龄段婴幼儿户外活动区设施设备及材料投放的要求

户外活动对婴幼儿的身体发育至关重要,能锻炼肌肉力量,提升身体协调性和平衡能力。在户外,婴幼儿尽情奔跑、跳跃、攀爬,骨骼和肌肉得到充分锻炼,为健康成长打下坚实基础。比如,在户外玩滑梯、荡秋千,能增强婴幼儿的前庭平衡觉,促进大脑发育。同时,户外新鲜的空气和充足的阳光,有助于婴幼儿呼吸系统和免疫系统的发展,减少疾病发生。从心理发展角度看,户外活动为婴幼儿提供了广阔的探索空间,激发他们的好奇心和求知欲。面对自然中的花草树木、虫鱼鸟兽,婴幼儿通过观察、触摸、聆听等方式感知世界,丰富认知经验,培养观察力和想象力。0～3岁的婴幼儿成长变化十分明显,早教和托育园的户外活动区域设备材料也需要考虑年龄阶段的适宜性。

1. 乳儿班户外活动区域设施设备及材料的投放

根据乳儿班粗大动作发展核心经验(表3-7),乳儿班粗大动作活动区首先要保障安全,在安全的前提下创设界限分明且足够大的动作空间,保证婴儿能够安全移动、探索周围环境。乳儿班户外活动区域设施设备及材料投放需考虑以下4个方面。

表3-7 乳儿班粗大动作发展核心经验

核心经验	参考月龄		代表行为
翻身	6～7月龄	6～7月龄	自由翻身360°,连续翻身
坐	5～10月龄	5～6月龄	靠坐
		6～7月龄	身体前倾独坐,手部支撑
		7～8月龄	独坐,坐位转身
		8～10月龄	坐位转为爬位,爬位转为坐位,卧位转为坐位
爬	6～11月龄	6～7月龄	匍匐爬行,抵足爬行
		7～9月龄	手膝爬行
		9～11月龄	手足爬行,爬行越过障碍,爬斜坡
站	8～12月龄	8～10月龄	扶手拉站,扶物站立,单手扶站
		11～12月龄	独立站立,独站片刻
走	9～12月龄	9～10月龄	扶腋下迈步,扶双手走,扶物行走
		11～12月龄	扶单手走,独走几步

（1）固定的平台

为那些尚未开始爬行的婴儿准备固定的、安全柔软的、低矮的平台,如铺软垫的平台,或铺床单的床垫,周围用墙壁、低矮的窗户、靠垫或有机玻璃挡住,设置缓冲区域。婴儿可在受保护的平台空间内放松或自由地躺、弯曲伸展、翻身和坐立等,有助于他们调动自身的肌肉系统,以便将来用杆、固定在墙上的扶手等设施帮助婴儿起身站立和行走。同时,提供宽大的地垫以做好物理安全防护。

（2）多样化的爬行空间

开始爬行的婴儿需要更大的活动空间，如果空间中有多个物理层次，就能为婴儿提供更多的机会去体验，学着平衡，协调身体，感受身体与空间之间关系的变化。因此，户外活动区应根据婴儿的爬行发展水平，设置多样化的爬行空间，提供多种高度供婴儿爬进爬出，例如宽大的地垫、可爬行通过的隧道、稍微倾斜的坡道或楼梯等。智能区可提供丰富的球类、材料和景观，吸引婴儿注意，提高其爬行的兴趣。

（3）助扶站和扶走的设施

婴儿会利用栏杆等物品支撑自己站立。户外活动区可通过提供带有侧面的低矮坡道、低矮的护栏等，为处于行走敏感期的婴儿设置户外爬行和扶着走路的区域，多练习扶站和扶走，锻炼身体的同时，也有利于身心的健康发展。

（4）禁止座椅、学步车

避免在粗大动作智能区投放会将婴儿困在固定位置上、限制其活动的设备，如座椅、学步车、婴儿吊椅和秋千等。婴儿的粗大动作发展需要时间和空间练习，因此他们需要宽松的运动区域以保证动作自由。虽然座椅能够帮助婴儿坐立，学步车能帮助婴儿靠自己的脚四处滑行，但实际上它们都妨碍了婴儿的锻炼，阻碍了婴儿肌肉的发展，限制了婴儿的探索，同时还存在一定的安全隐患。

2. 托小班户外活动区域设施设备及材料的投放

根据托小班粗大动作发展核心经验（表3-8），托小班户外活动区域设施设备及材料投放需考虑：托小班（12～24月龄）幼儿粗大动作能力发展迅速，从蹒跚学步到尽情奔跑，从尝试跳跃到勇于攀爬，直至24月龄，幼儿基本的粗大动作技能已具备，为未来的动作发展做准备。根据托小班幼儿粗大动作的发展特点，粗大动作户外环境创设的目标可归纳为以下两点：注意防止安全隐患；促进托小班幼儿粗大动作发展，主要包括走、蹲、跑、跳跃、攀爬的发展。

表3-8　托小班粗大动作发展核心经验

核心经验	参考月龄		代表行为
站	12～15月龄	12～15月龄	弯腰后站起，平稳独站
蹲	12～18月龄	10～12月龄	尝试蹲
		12～14月龄	扶物蹲
		14～18月龄	独自蹲，蹲坐站交替
走	12～18月龄	12～18月龄	独走几步，推物走，平稳独走，倒退走
		17～18月龄	快步走
	19～24月龄	19～24月龄	跨简单障碍走，走直线，走斜坡
跑	18～24月龄	18～24月龄	牵着跑，向前跑，协调跑，往返跑
跳	21～24月龄	21～24月龄	扶腋下跳，扶物跳，双脚跳，向前跳，向下跳
攀爬	13～24月龄	13～16月龄	手膝足爬上楼梯，手膝足爬下楼梯
		15～18月龄	扶腋上楼梯，牵引上楼梯，扶腋下楼梯，牵引下楼梯，爬高障碍物
		18～24月龄	双手扶栏上楼梯，双手扶栏下楼梯，单手扶栏上楼梯，单手扶栏下楼梯，爬高障碍物
		23～24月龄	不扶栏上楼梯，爬70 cm攀爬架
实物操作	13～24月龄	13～15月龄	接滚动球，推球滚动
		15～24月龄	手肘扔球，踢球，过肩扔球，向前踢球

托小班粗大动作空间设置一般需要较大的活动空间，最为理想的是所有幼儿都能共享空间。托小班户外活动区空间的布置需根据粗大动作技能的种类而设计，可以在活动空间内开设多个活动站点，每个站点重点关注一到两个技巧，着重于幼儿某一动作的发展，避免不必要的等待时间。倡导根据幼儿发展水平

和粗大动作技能种类的不同,提供充足的材料,促进婴幼儿运动能力的发展。

(1)步行和跑步材料

① 供婴幼儿紧握和依靠的结实物体,如栏杆、扶手、家具等。

② 供婴幼儿推动的结实玩具,用来推、依靠和帮助平衡,如手推车。

③ 供婴幼儿上下走的带扶手的斜坡。

④ 供婴幼儿跨越走的玩具或物品。

⑤ 供婴幼儿练习行走的步行路径,路径由地面上连在一起的脚步组成,可设置不同大小长短的移动步伐。

⑥ 供婴幼儿练习跑步的锥形标志,提醒他们按要求路线奔跑,提高身体协调程度和控制力。

(2)跳跃材料

① 供婴幼儿在上面跳跃的地垫、跳毯。

② 高处悬挂的物品,供婴幼儿跳跃触摸。

③ 色彩多样的空心几何体,婴幼儿可从一个几何体跳到另一个几何体。

④ 低矮、安全的平台和安全垫,让婴幼儿练习从高处跳下。

(3)上下楼梯和攀爬材料

供婴幼儿攀爬的带扶手的楼梯、攀爬架。攀爬架不宜太高,难度不宜太大,可以是多功能的,如滑梯、爬梯和绳梯相结合。攀爬设施可以固定在墙面上,也可以平放在地面上供婴幼儿使用。攀爬设施下面要有足够大的缓冲垫,且其他物品不能放在防跌落区域。

托小班幼儿神经系统发育不完善,其独立运动能力及运动中的自我控制能力发展得还不够。同时,他们对世界充满好奇和探索欲,安全意识尚未形成,所以往往会为了探究某一目标爬高上梯、急促地跑、使劲开关门,出现跌落、摔倒、夹手、划伤等意外伤害。因此,这一时期粗大动作户外环境创设要尤其注意空间和材料的安全性,防止意外伤害的发生。

3. 托大班户外活动区域设施设备及材料的投放

托大班(24～36 月龄)幼儿进入了一个全新阶段。24 个月大的幼儿已经具备基本的粗大动作能力(表 3-9)。根据托大班幼儿粗大动作的发展特点,粗大动作户外环境的创设目标可归纳为以下两点:创设环境时要兼顾安全性、丰富性和系统性;使环境能促进托大班幼儿粗大动作发展,主要包括走、跑、跳跃、攀爬、投掷等基本动作发展,以及平衡、协调能力发展。

表 3-9　托大班粗大动作发展核心经验

核心经验	参考月龄	代表行为
走		走直线,走平衡木,侧走,走圆圈,踮脚走,按节奏走,走大小步,摆臂走
跑		自由奔跑,跑跑停停,追逐跑,竞技跑,躲闪跑
跳		直立跳,向前跳,向下跳,连续跳,往远跳,跳过低矮障碍,单脚跳,交替跳
攀爬	24～36 月龄	独立上楼梯,扶栏双脚交替上下楼梯,独立双脚交替上下楼梯,爬高障碍物,爬攀爬架,翻越攀爬架
实物操作		接球,双手、单手过肩扔球,双手、单手低手扔球,定向扔球,定向踢球
平衡		走平衡木,单脚站,旋转

托大班幼儿户外活动区应确保有足够的活动空间和收纳空间,供幼儿进行充分的粗大动作技能综合训练,能够及时收回、摆放和添置新设施。建议设有各种训练器材,供幼儿进行综合性活动。需要充分利用户外场地摆放各种设施,考虑空间利用的合理性以及幼儿行动的动线,容易发生撞击、干扰、拥堵的设施最好布置在不同区域。还可以提供遮阳雨棚,保证充足的户外活动时间。

托大班粗大动作发展材料选择遵循适用、丰富、安全的原则,提供多种材料和玩法促进幼儿多种粗大动作的发展,使幼儿保持兴趣,乐意迎接新的挑战。

（1）步行和跑步材料

① 供幼儿练习跨走的平衡板、体能棒、河石。

② 让幼儿根据规则行走的脚印板、体能环、体能条。

③ 供幼儿练习跑步的障碍物和目标物。

（2）爬行材料

① 供幼儿练习钻爬的隧道、滚筒、钻圈,或者用绳子或毯子制作的钻毯和钻网。

② 供幼儿练习匍匐爬的低矮栏杆。

③ 供幼儿练习攀爬的弧形架、攀爬架和攀爬墙。

（3）跳跃材料

① 蹦床,跳跳袋。

② 多个气泡垫或花台,供幼儿练习连续跳跃。

③ 色彩多样的空心几何体,要求幼儿根据规则从一个几何体跳到另一个几何体。

④ 高度不同的栏架,供幼儿跳跃跨越。

⑤ 高度不同的平台,让幼儿练习从高处跳下。

（4）投掷材料

① 不同类型、大小和重量的球。

② 不同重量的沙包。

③ 供投掷的盒子或篮子。

④ 悬挂在墙上的投掷目标物。

⑤ 篮球与篮筐套圈。

（5）平衡材料

① 各种用于行走的、多种高度的平衡木,包括地面平衡步道、宽面平衡板、阶梯平衡板、曲线平衡圆、障碍平衡木、云梯等。

② 用于坐立、仰卧和俯卧的大龙球。

③ 能够坐于其中的锥形摇晃陀螺。

④ 固定在天花板用于俯卧、坐立和站立的抱筒秋千。

⑤ 用于坐立和俯卧的平衡滑车。

⑥ 用于坐立的独脚椅。

⑦ 用于站立的平衡球和平衡板。

由于空间以及时间上的限制,材料的选择和布置需要制定完备、适宜的方案,并根据幼儿实际的操作情况做出判断,思考哪些东西是有效的,哪些是需要调整的。同时,布置的空间和设备需要时常更换,以更好地提升幼儿粗大动作能力,使其保持对活动的兴趣。

（三）设施设备与材料的管理与维护

1. 建立管理制度

制定详细的设施设备与材料管理制度,包括采购、验收、入库、领用、归还、保管等环节。明确各岗位人员的职责,如管理员负责设施设备的日常管理和维护,教师负责指导婴幼儿正确使用户外的设施设备和材料。建立设施设备和材料的档案,记录其购买时间、使用情况、维修记录等信息,便于管理和维护。早教和托育机构必须坚持每天24小时值班制,可以在门卫室安装全机构,包括户外无死角的全天候电子监控系统。

2. 定期检查与维护

定期对设施设备进行检查,每周至少进行一次全面检查,包括结构是否稳固、零部件是否松动、表面是否光滑等。发现问题及时维修,维修后要进行安全测试,确保设施设备能正常安全使用。要定期检查材料完整性和可用性,如有损坏或缺失及时补充和更换。对自然材料要注意防潮、防虫,保证其质量。值班人员应检查室外的水电、燃气线路等,保证安全。托育机构室外的大型玩具、滑滑梯、蹦蹦床、攀爬网、平衡木、沙坑、沙池及戏水池等相关场地,都应有相关人员负责并随时检查,一旦发现破损及时维修。

3. 清洁与消毒

每天对设施设备和材料进行清洁,去除表面的灰尘、污渍等。定期消毒,尤其是在传染病高发期,要增加消毒次数。不同类型的设施设备和材料消毒方法不同,如塑料玩具可以用消毒水浸泡,木质设施可以用消毒湿布擦拭,沙水区域的水要定期更换并消毒。婴幼儿教养机构室外场地铺装材料应定期清洁和消毒,确保婴幼儿使用的设施设备和材料干净卫生,保障婴幼儿的健康成长。

拓展阅读

《托儿所、幼儿园建筑设计规范》

3.2.3 托儿所、幼儿园应设室外活动场地,并应符合下列规定:

1. 幼儿园每班应设专用室外活动场地,人均面积不应小于 $2\,m^2$,各班活动场地之间宜采取分隔措施。

2. 幼儿园应设全园共用活动场地,人均面积不应小于 $2\,m^2$。

2A. 托儿所室外活动场地人均面积不应小于 $3\,m^2$。

2B. 城市人口密集地区改、扩建的托儿所,设置室外活动场地确有困难时,室外活动场地人均面积不应小于 $2\,m^2$。

3. 地面应平整、防滑、无障碍、无尖锐突出物,并宜采用软质地坪。

4. 共用活动场地应设置游戏器具、沙坑、30 m 跑道等,宜设戏水池,储水深度不应超过 0.30 m。游戏器具下地面及周围应设软质铺装。宜设洗手池、洗脚池。

5. 室外活动场地应有 1/2 以上的面积在标准建筑日照阴影线之外。

3.2.4 托儿所、幼儿园场地内绿地率不应小于30%,宜设置集中绿化用地。绿地内不应种植有毒、带刺、有飞絮、病虫害多、有刺激性的植物。

3.2.5 托儿所、幼儿园在供应区内宜设杂物院,并应与其他部分相隔离。杂物院应有单独的对外出入口。

3.2.6 托儿所、幼儿园基地周围应设围护设施,围护设施应安全、美观,并应防止幼儿穿过和攀爬。在出入口处应设大门和警卫室,警卫室对外应有良好的视野。

3.2.7 托儿所、幼儿园出入口不应直接设置在城市干道一侧;其出入口应设置供车辆和人员停留的场地,且不应影响城市道路交通。

3.2.8 托儿所、幼儿园的活动室、寝室及具有相同功能的区域,应布置在当地最好朝向,冬至日底层满窗日照不应小于 3 小时。

3.2.8A 需要获得冬季日照的婴幼儿生活用房窗洞开口面积不应小于该房间面积的20%。

3.2.9 夏热冬冷、夏热冬暖地区的幼儿生活用房不宜朝西向;当不可避免时,应采取遮阳措施。

育儿宝典

发展适应性的环境指南

(1) 设备和材料的大小和高度必须适合儿童。

(2) 在户外提供大型运动设备,把容易制造噪音的区域放在一起,远离安静区域。

(3) 室内和户外区域必须干净和整洁,令人感到舒心,物理环境必须保持清洁。

(4) 要考虑设施设备的维护和存放。

（5）每个区域的每种设备和材料都是有目的和有意义的。

（6）选择多样的材料和设备可以促进儿童多样化的用法和活动，材料应该是开放的。

任务思考

1.（单选题）在托育户外环境创设中，以下哪种材料最适合婴幼儿的建构游戏？（　　）

A. 木质的积木　　　B. 大型毛绒玩具　　　C. 玻璃珠子　　　D. 易破损的纸质模型

2.（多选题）托育户外环境创设时，投放材料应遵循的原则有（　　）。

A. 安全性原则　　　B. 高成本原则　　　C. 适宜性原则　　　D. 单一性原则

3.（简答题）简述托育户外投放自然材料（如树枝、树叶、石头等）的好处。

4.（论述题）某托育机构计划重新规划户外环境并投放材料，目前户外场地有一片草地、一个小型沙池和一块水泥地。请你为其设计材料投放方案，并说明理由。

任务七　规划配套功能区环境

案例导入

　　小彤妈妈打算把小彤送去托育教养机构，但担心小彤年龄太小，吃不好睡不好，一直很犹豫。托育教养机构的老师听说后，邀请小彤爸妈带领小彤来到机构实地考查。看过机构的环境和教师后，小彤爸妈安心地把小彤送到了机构。

　　家长如何选择托育教养机构？托育机构的收费标准、托育教师的专业度、托育机构的环境、托育机构的安全是家长考虑的主要因素。家长无法陪伴婴幼儿的托育生活，因此可供参观的配套功能区是重要的宣传窗口。

一、母婴室环境创设

视频

母婴室环境创设

　　婴幼儿教养机构内的母婴室为哺乳期的母亲和婴幼儿提供安全、舒适、私密的环境，保持室内干净整洁、空气流通、地面防滑，以便进行清洁、哺乳、更换尿布等护理活动。机构的母婴室不仅是母亲哺乳和护理婴儿的地方，更是体现人文关怀和服务品质的一个重要方面。一个设计合理、设施齐全、温馨舒适的母婴室，能够提升家长对托幼机构的信任和满意度。母婴室应设在母亲和婴儿便于到达的地方，在入口处有明显标识，通常应靠近早教和托育机构的入口或婴儿活动区，以减少母婴在园区内的移动。同时，母婴室应尽量远离嘈杂的环境，如公共活动区或室外游乐区，以确保一个安静的环境，利于哺乳和换尿布。母婴室的门应该易于开关，确保推婴儿车或者手抱婴幼儿的母亲们也能方便出入。母婴室的空间应足够宽敞，能够容纳母亲、婴儿和必要的家具设备，保证母亲和婴儿活动的自由。

　　母婴室应避免使用尖锐的家具和装饰物，防止对母婴造成意外伤害。地面应选择防滑材质，防止母亲在抱婴儿时滑倒。此外，应设置紧急呼叫装置，母亲在遇到突发状况时能及时联系工作人员求助。

　　母婴室的照明应柔和，避免强光直射婴儿眼睛。可以采用可调节的灯光，以便母亲根据需要调节亮度。此外，室内温度应保持适中，避免过冷或过热，最好配备空调或电暖器，以应对不同季节的气温变化。

　　母婴室的卫生状况直接关系到母婴的健康，因此必须严格维护。早教和托育机构应制定定期清洁消毒的制度，确保母婴室内设施的洁净无菌。特别是哺乳区和换尿布区，应每日清洁消毒，防止细菌滋生。

　　母婴室可以粘贴温馨提示，介绍母婴室所提供的设施和使用方法，以及使用公约。也可以考虑在母婴室内提供一些母婴读物或育儿手册，包括哺乳、换尿布等活动的操作流程，供母亲在哺乳或休息时阅读，增加母亲的育儿知识。

　　哺乳区需要配置舒适的椅子或沙发，最好有可调节扶手，方便不同体型的母亲使用，方便母亲以舒适的姿势喂哺婴儿。椅子旁边可以配备小桌板或边桌，用于放置水杯、手机等物品。椅子周围应有足够的空间放置婴儿车或婴儿床，方便母亲腾出双手进行哺乳前后的准备。母婴室的私密性非常重要，尤其是哺乳区。可以采用隔断、帘子或单独的小隔间，保证母亲哺乳时都有独立的私密空间。同时，母婴室的门窗应设计合理，防止外界干扰，窗户最好使用磨砂玻璃或配备窗帘，以保护室内隐私。另外，还可以准备温奶器、储奶袋、冰箱、饮水机等，方便母乳或配方奶的保存和加热。墙面安装全身镜，方便母亲检查自己的仪容仪表。

　　护理区应安装婴儿护理台，结构稳固，高度适宜，台面舒适，有安全带或护栏，便于母亲为婴幼儿更换尿布。护理台旁边应配备封闭式垃圾桶、洗手池和消毒液等，保证哺乳和更换尿布时的卫生。提供足够的储物空间，比如抽屉或壁橱，方便存放尿布、湿巾、面巾纸、更换衣物等必需品。

二、医务室环境创设

婴幼儿教养机构的医务室是保障婴幼儿身心健康和安全的重要场所,承担着紧急医疗处理、常规健康检查、预防接种和健康教育等多项任务。2024 年起执行的《托育机构质量评估标准》规定:"托育机构应配备卫生保健人员,卫生保健人员应具有高中以上学历,经过妇幼保健机构组织的卫生保健专业知识培训合格。收托 50 名及以下婴幼儿的,至少配备 1 名兼职卫生保健人员;收托 50 名以上、100 名及以下婴幼儿的,至少配备 1 名专职卫生保健人员;收托 100 名以上婴幼儿的,至少配备 1 名专职和 1 名兼职卫生保健人员。卫生保健人员包括医师、护士和保健员。卫生保健人员工作期间应接受继续教育培训,且考核合格。"医务室的创设不仅要符合卫生部门的规定和标准,还要充分考虑婴幼儿的实际需求和使用安全。

医务室应设在早教和托育机构内安静、通风良好的地方,远离教室、厨房和游乐场等噪声较大的区域,以确保病患幼儿在安静、舒适的环境中得到护理。医务室的位置应便于教师、家长和医务人员快速到达,以应对突发的健康问题。为了紧急救护方便,医务室应靠近托幼机构的出入口或紧急通道。

医务室的空间布局应合理分区,通常包括接待区、诊疗区、观察区、药品存放区、洗手区与消毒区,总面积不小于 6 m²。

接待区设置在医务室入口处,用于家长、教师和婴幼儿登记和等待。该区域应设有座椅和资料架,提供相关健康教育材料和阅读物。诊疗区是医务室的核心区域,用于日常健康检查和应急处理。因此,诊疗区应配备诊疗床、药品柜、医疗器械柜和必要的医疗设备。诊疗床应选用易清洁消毒的材料,且有一定的隐私保护措施,如屏风或帘子。观察区应设置 1~2 张病床,用于需要短暂观察或等待家长接回的患病婴幼儿。观察区应与诊疗区隔离,保证患病婴幼儿的休息环境安静、卫生。药品存放区是专门用于存放药品和医疗器械,应配置符合安全标准的药品柜,并配有防潮、防虫、防火等设施。柜子应上锁,以防止婴幼儿误取药物。医务室内必须配置独立的洗手区和消毒区,供医务人员和婴幼儿使用。洗手区应设有温水、洗手液、消毒液,消毒区应配备紫外线消毒灯、医用消毒液等设备,以保证医疗操作的无菌性。

医务室需要配置齐全的医疗设施和设备,以应对各种常见病症和突发情况。婴幼儿定期健康检查项目包括:测量身长(身高)、体重,检查口腔、皮肤、心肺、肝脾、脊柱、四肢等,测查视力、听力,检测血红蛋白或血常规(抽取)。因此,常见的诊疗设备包括体温计、儿童专用血压计、听诊器、身高体重测量仪、标准视力表灯箱。为了处理婴幼儿突发意外,医务室还应配备氧气瓶、吸痰器、急救箱、退热药、止痛药、抗过敏药、外用消毒药水、绷带、创可贴等,以及其他医疗耗材如棉签、纱布、胶布等。所有药品应严格管理,定期检查有效期,过期药品应及时处理。

婴幼儿教养机构在收托时,应查验全体入托婴幼儿的预防接种证和入托体检表。并为每名婴幼儿建立完整的健康档案。所以,应为医务室配置电脑或平板电脑,用于管理婴幼儿的健康档案,记录每日的健康检查和突发情况,便于随时查阅和统计。信息化管理有助于提高医务室的工作效率和数据管理的准确性。

医务室的卫生管理至关重要,直接关系到婴幼儿的健康和安全。婴幼儿教养机构应制定严格的卫生管理制度,定期对医务室进行清洁和消毒。特别是诊疗床、器械柜和观察区的病床,应每日清洁消毒,避免病菌滋生。医务室内的垃圾应分类处理,特别是医疗废物,必须按照医疗废物处理标准妥善处置,防止污染环境或造成交叉感染。

尽管医务室主要是处理医疗事务的场所,但其环境氛围也应尽量温馨舒适,以减轻婴幼儿的紧张和不安。墙面可以使用柔和的色调,并装饰一些卡通图案或温暖的图画,营造一种友好的氛围。

三、公共厨房环境创设

婴幼儿教养机构的公共厨房是婴幼儿饮食卫生和营养的重要保障,厨房的设计和设施配置直接关系到婴幼儿的健康与成长。因此,婴幼儿教养机构的厨房在创设时必须严格按照卫生和安全标准,同时考虑婴幼儿的饮食需求,确保提供高质量的餐饮服务。

早教和托育机构的公共厨房应设在相对独立、通风良好的区域,远离厕所、垃圾站等污染源,同时避免直接与婴幼儿活动区、教室相连,以降低食物受到外界污染的风险。厨房应有独立的进出通道,便于食材的运输和餐食的分发,遵守"生进熟出"的原则。厨房内部空间通常划分为更衣清洁区、食材储存区、食材处理区、烹饪区、配餐区、清洗消毒区、垃圾处理区。

(一) 更衣清洁区

每个工作人员进入厨房都要更衣,换上清洁的工作服、帽子和口罩。可以隔离外部衣物上的灰尘、细菌和其他污染物,避免头发、唾液落入食品,降低食品污染的风险。根据员工人数配置足够数量的更衣柜,通常每个员工需要一个更衣柜。更衣柜的尺寸通常建议为 $0.5\,m \times 0.5\,m \times 0.5\,m$。更衣柜应配备锁具,以保护个人财物的安全。如果空间有限,也应该配备足够数量的挂钩、衣架等设施。制定定期清洁计划,确保更衣区始终保持清洁状态。在更衣室内或门口设置必要的清洁和消毒设施,如洗手池、消毒液等,可以确保员工在开始工作之前完成必要的个人卫生准备,从而提高工作效率。

(二) 食材储存区

食材储存区包括干货储存区、冷藏区和冷冻区。干货储存区应保持干燥通风,并有防潮、防虫措施,用密封的容器来储存食物,避免吸引害虫。需要将干货储存容器放置在离地面有一定距离的地方,以防止地面的湿气上升影响食品,使用防潮垫或者储物架来抬高储存容器。考虑称重、防潮和清洁需要,大部分机构厨房的储物架都是不锈钢材质的。

冷藏区和冷冻区应配置容量适宜的冰箱和冷冻柜,温度需符合食品安全要求,一般推荐的冷藏温度为 $4℃$,冷冻温度是 $-18℃$,避免食材变质。所有食材应分类存放,易腐食材应置于冷藏或冷冻区域,防止污染。遵循"先进先出"原则管理食品,确保较早购买的食品先被使用。保持食品包装完整,尤其是打开后的包装,应该重新密封或转移到密封容器中。至少每月清洁冷藏室一次,去除残留物和污垢。清洁时,应断电后取出所有物品,使用温和的清洁剂擦拭内部表面。

(三) 食材处理区

食品处理区应设置在室内,包括洗菜区、切菜区和肉类处理区。洗菜区配备流动水洗手池和双槽洗菜池,避免生熟食物混用。在水槽的排水口处安装过滤网,以拦截食物残渣,防止堵塞。切菜区应尽可能靠近洗菜区,方便食材的清洗和处理。为了避免油烟和高温的影响,切菜区最好与烹饪区保持一定距离。切菜区应有专门的砧板和刀具,生熟食材分开处理。切菜台台面应选用耐磨损、易清洁的材料,如不锈钢、石英石或人造石。为刀具提供专用的存放架,可以是磁吸式或者封闭式的刀具盒,防止意外发生。肉类处理区应配备独立的操作台和工具,避免与其他食材交叉污染。

(四) 烹饪区

烹饪区配置燃气灶、电磁炉、烤箱、蒸锅等烹饪设备,根据最大供餐人数确定灶具的大小和数量,确保能够同时烹饪多道菜肴。烹饪区应设在通风良好的区域,配备排烟设备,如油烟机,确保室内空气流通。烹饪区应有足够的操作空间,避免人员操作时相互干扰,降低发生烫伤、火灾等事故的风险。

(五) 配餐区

配餐区用于餐食的摆盘和分发,应设在离烹饪区较近的位置,方便厨师快速完成餐食的分配。配餐区的面积应根据婴幼儿教养机构的规模和服务对象的人数来确定。根据不同的资料来源,配餐间的面积建议为 $6 \sim 8\,m^2$。提供足够的操作台面,用于摆放食物和分餐操作。配餐区应保持清洁卫生,避免餐具和餐食受到污染。提供足够的分餐工具,如夹子、勺子等,确保食物在分发过程中不会被污染,确保每位婴幼儿都能得到均衡、卫生的餐食。配餐区内应配备保温设备,如保温柜或保温箱,确保食物在分配前保持适当的温度。安装视频监控系统,以监督配餐过程中的食品安全和卫生情况。

(六) 清洗消毒区

清洗消毒区包括餐具清洗区和消毒区。餐具清洗区应配置双槽或三槽洗涤池,分别用于清洗、漂洗和消毒。消毒区应配备高温消毒柜或紫外线消毒设备,确保所有餐具彻底消毒。清洗消毒区应与烹饪区分开,避免交叉污染。

（七）垃圾处理区

厨房应设有独立的垃圾处理区，设在相对独立的区域，以减少对厨房其他区域的污染。选择靠近厨房出口的位置，便于垃圾的清理和搬运。使用封闭式垃圾桶，以防止垃圾散发异味和吸引害虫。按照当地的规定进行垃圾分类，为不同类型的垃圾配备专门的容器，明确标识以便区分。确保垃圾桶周围没有缝隙或孔洞，防止老鼠和昆虫进入。厨房垃圾应每日清理，垃圾桶需定期清洗和消毒，防止异味和病菌滋生。

四、行政办公区环境创设

婴幼儿教养机构的行政办公区是管理和组织日常事务的重要区域，它不仅承担着日常的行政管理工作，还提供家长接待、教师会议、资料存档等多项功能。因此，行政办公区的创设应当兼具功能性、舒适性和高效性，同时体现出机构的管理水平和文化氛围。行政办公区应设在早教和托育机构的主干道附近，便于工作人员与教师、家长和外部来访者之间的沟通和交流，同时避免与婴幼儿活动区、教室等区域过于靠近，以保持办公环境的安静和专注。办公区按功能需求划分为行政办公室、教师办公室、会议室、资料档案室、员工休息区等。

（一）行政办公室

行政办公室是园长、副园长及其他管理人员的办公场所，通常分为独立办公室和开放式办公室两种形式。独立办公室适用于园长和其他高层管理人员，需提供安静、私密的工作环境；开放式办公室适用于行政助理、秘书等日常行政工作人员，便于日常沟通和协作。

（二）教师办公室

教师办公室的创设应该注重营造既有利于工作效率又具有舒适性和人文关怀的环境。为每位教师提供个人办公桌，有足够的存储空间来放置电脑、教学材料和个人物品。选择符合人体工程学的桌椅，确保长时间工作时的舒适度。配备办公设备包括电脑、打印机、复印机等，所有设备应定期维护，确保正常使用。

（三）会议室

会议室用于教职工会议、教学交流、培训讲座等活动。会议室应配备会议桌椅、白板、投影仪或大屏幕电视、音响系统等设备，以满足不同类型会议的需求。使用可移动的家具，可以根据会议性质改变桌椅排列方式（如U形、圆桌、剧院式等）。多准备桌椅，确保有足够的座位供参会人员使用。会议室的布局应简洁明了，座椅应舒适，照明应充足，营造良好的讨论和交流环境。

（四）资料档案室

用于存放重要的文件、资料和婴幼儿档案，应设置在办公区相对隐蔽的区域，以确保资料的安全性。档案室应配备档案柜、书架和文件分类系统，并有温度、湿度控制措施，以保护档案的完整性。所有资料应定期整理、归档，并进行数字化管理，方便查询和使用。网络设备应配置防火墙和防病毒软件，确保数据的安全性。信息化设备如服务器、网络存储器等应进行定期备份，防止数据丢失。

（五）员工休息区

为了提高员工的工作效率和舒适感，办公区应设有员工休息区。该区域应布置舒适的座椅、茶几、饮水机等设施，提供放松和交流的空间。可以考虑布置一些绿色植物或墙面装饰，增加空间的温馨感。

育儿宝典

婴幼儿教养机构在功能区的设置上既要遵守相关法规的要求，还应因地制宜地体现一定的灵活性与扩展性。比如，设计多功能活动室根据需求调整用途（如游戏、早教、家长会）；预留扩展空间，方便未来增加班级或功能区域。

任务思考

1. 简述母婴室环境创设的要求。
2. 简述医务室环境创设的要求。
3. 简述厨房环境创设的要求。
4. 简述行政办公区环境创设的要求。

赛证 链接

一、单选题(2024年婴幼儿照护竞赛真题)

1. 托育机构应环境整洁,有绿化防尘措施,并有一定面积的绿化场地和室外活动场所,应做到( )。

A. 无积水　　　　B. 无垃圾　　　　C. 无鼠害　　　　D. 以上都是

2. 《托育机构管理规范(试行)》明确规定,托育机构应当保证婴幼儿每日户外活动不少于( )小时。

A. 1　　　　B. 2　　　　C. 3　　　　D. 4

3. 下列关于婴幼儿参与环境创设的方法,不正确的是( )。

A. 婴幼儿应参与设计构思、材料搜集、动手制作和布置的全过程

B. 婴幼儿是环境创设的旁观者和享用者

C. 婴幼儿的积极性、主动性、创造性可以得到最大限度的释放

D. 婴幼儿是环境创设的积极参与者

4. 托育机构的设备和游戏材料必须符合国家制定的( )和规格要求。

A. 卫生标准　　　　B. 安全标准　　　　C. 规格标准　　　　D. 卫生安全标准

5. 《托育机构管理规范(试行)》明确,托育机构应当保证婴幼儿每日户外活动不少于( )小时。

A. 1　　　　B. 2　　　　C. 3　　　　D. 4

6. 托育机构在规划户外轮胎区环境时,不但投放轮胎这一主材料,还投放了彩虹伞、梯子、垫子等材料,让婴幼儿自主进行游戏探索。这体现了室外游戏环境规划的( )原则。

A. 安全性　　　　B. 遵循自然　　　　C. 挑战性　　　　D. 整体性

7. 托育机构室外活动的中型设备和材料是( )。

A. 小鸭拉车

B. 玩沙、玩水等使用的小桶、小铲等

C. 滑板

D. 拱形圈

8. ( )婴幼儿为基本运动技能时期,以技能运动为主,包括跑(追逐跑、障碍跑)、跳(原地向上跳、向前跳)、投掷(投远、投向目标)、单脚站立、翻滚、走平衡木、抛物接物、玩运动器械(坐滑梯、荡秋千、蹬童车)等。

A. 0～6个月　　　　B. 7～12个月　　　　C. 13～18个月　　　　D. 19～36个月

二、多选题(2024年婴幼儿照护竞赛真题)

1. 托育机构应当根据场地条件,合理确定收托婴幼儿规模,并配置以下哪些工作人员?( )

A. 综合管理　　　　B. 保育照护　　　　C. 卫生保健　　　　D. 安全保卫

2. 托育机构的场地应当选择( )的建设用地,远离对婴幼儿成长有危害的建筑、设施及污染源,满足抗震、防火、疏散等要求。

A. 自然条件良好

B. 交通便利

C. 符合卫生和环保要求

D. 无污染

项目四 参与、利用社区环境

📍 **项目导读**

其作为"第三教育空间",社区环境"润物细无声":社区图书馆、公园等设施构成文化浸润场域,优质社区环境如同"梧桐引凤",能联动学校、家庭形成教育合力。这种从社区到城市的视角延伸,突破了传统教养场景的物理边界,通过环境优化与资源重组,构建儿童发展的生态系统,最终实现"让城市成为没有围墙的成长学院"的教育愿景。

本项目以社区环境与儿童发展的互动关系为核心,从实践与理论结合的角度出发,探索资源整合与空间优化对婴幼儿成长的作用。

📖 **教学目标**

知识目标:理解儿童友好及儿童友好社区的概念,以及儿童友好社区创建的要求。

能力目标:能够有限地参与社区环境的创设,并充分利用社区环境和有效使用城市的公共资源促进婴幼儿的全面发展

素养目标:树立与社区友好合作、资源共享的理念。

⚙️ **项目导学**

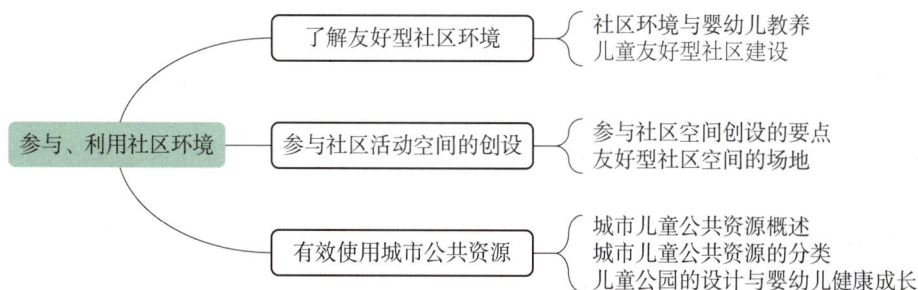

🚗 任务一　　了解友好型社区环境

案例导入

　　2019年,上海市启动部署儿童友好型社区试点工作,提出坚持儿童视角,以儿童优先为原则,重点优化配置、整合统筹社区内的儿童活动场所和服务项目。同年,Z街道成功入选上海市儿童友好社区示范点,成为上海市较早开始儿童友好型社区探索的重要样本之一。街道内"儿童友好"工作总目标为儿童之家的社区覆盖度达到100%,建立15分钟儿童生活圈;建立儿童议事会、家长委员会、顾问委员会,实现三方联动共同参与社区治理。然而,Z街道内各社区发展状况不尽相同,需要根据社区发展特点,探索不同的儿童友好型社区建设之路①。

　　除了家庭环境、婴幼儿教养机构,社区同样也对儿童的成长产生重大的影响。那么,什么才是好的社区环境? 国家提出的儿童友好型社区都有什么要求? 如何创设儿童友好型社区?

　　在现代社会治理体系里,社区不仅是居民生活的基本空间,更是构建和谐稳定社会环境的关键环节,直接关系到人民群众的幸福感与获得感。

　　国务院办公厅《关于促进3岁以下婴幼儿照护服务发展的指导意见》中提出,要加大对社区婴幼儿照护服务的支持力度。儿童友好城市的建设需要政府、社区和社会组织的共同努力,确保儿童的安全,均衡发展教育资源、医疗健康服务、儿童参与权以及家庭支持和社会保护,为儿童创造一个更安全、更健康的环境。

一、社区环境与婴幼儿教养

　　人类发展生态学从微观系统、中间系统、宏观系统和时间系统等方面来研究人类个体的发展,其中微观系统对儿童具有十分重要的影响,其他系统各自发挥着自己的作用,共同促进儿童的成长和发展。家庭和托育机构对儿童而言是十分重要的微观系统,对儿童产生直接的影响。家庭、婴幼儿教养机构和社区影响,三者之间是不可相互替代的,对于儿童的发展而言是长期和不可或缺的。社区环境对婴幼儿成长有着深远影响,主要体现在以下方面。

1. 身体发育方面

　　① 自然环境:绿化好、空气清新、噪音小的社区,能减少婴幼儿呼吸道疾病的发生,也有助于提高睡眠质量,促进身体发育。

　　② 设施配备:社区内的儿童游乐设施、健身器材等,能让婴幼儿在玩耍中锻炼肌肉力量、身体协调性和平衡能力等。

　　③ 卫生条件:干净整洁、垃圾及时处理、定期消毒的社区,可降低婴幼儿接触病菌的机会,减少感染疾病的风险。

2. 认知发展方面

　　① 教育资源:周边有图书馆、科技馆等文化场所,或社区常举办科普、文化活动,能激发婴幼儿的好奇心和求知欲,促进认知发展。

　　② 生活体验:社区中的各种生活场景,如超市、邮局等,能让婴幼儿接触到不同的事物和现象,丰富他们的认知和生活经验。

3. 社交能力方面

　　① 同伴交往:社区里有较多同龄或不同龄的孩子,能为婴幼儿提供与同伴互动的机会,帮助他们学会

---

① 李含笑. 儿童友好型社区营造研究——基于上海市Z街道的考察[D]. 上海:华东政法大学,2023.

分享、合作、沟通和解决冲突。

② 成人交往：与社区内的长辈、邻居等成人交流互动，可让婴幼儿学习到不同的社交礼仪和行为规范，提升其社会交往能力。

4. 情感和心理方面

① 社区氛围：和谐、友好、互助的社区氛围，能让婴幼儿感受到温暖和安全，有助于培养他们积极乐观的情绪和性格。

② 归属感：经常参加社区活动，婴幼儿会对社区产生归属感和认同感，这对其心理健康发展具有积极作用。

5. 行为习惯方面

① 榜样作用：社区中人们的文明行为、良好的生活习惯等，会成为婴幼儿模仿的对象，有助于他们养成良好的行为习惯和道德品质。

② 规则意识：社区内的一些规则和秩序，如交通规则、公共设施使用规定等，能让婴幼儿逐渐明白规则的重要性，培养他们的规则意识。

二、儿童友好型社区建设

儿童友好是指为儿童成长发展提供适宜的条件、环境和服务，切实保障儿童的生存权、发展权、受保护权和参与权。落实党中央、国务院决策部署，建设儿童友好城市，寄托着人民对美好生活的向往，事关广大儿童成长发展和美好未来[①]。

(一) 儿童友好社区建设的要求

国家发展改革委、住建部、国务院妇女儿童工作委员会办公室联合印发了《城市儿童友好空间建设导则(试行)》(以下简称《导则》)提出，要以公益普惠为原则，坚持"1 米高度"视角，寓教于乐，落实安全环保标准，推进儿童友好空间建设，让广大儿童享有安全、便捷、舒适、包容的城市公共空间、设施、环境和服务。

《导则》提出，要与 15 分钟步行出行范围相衔接，构建儿童友好街区空间；社区优先配置满足婴幼儿和学龄前儿童日常需求的服务设施、游乐场地和步行路径，托育服务设施每托位建筑面积不应少于 9 m²，幼儿园建筑面积不宜小于 2 200 m²；社区应结合游园、口袋公园等增设儿童游乐场地，并配置游乐设施以及看护人休憩设施，新建居住区的儿童游乐场地面积不宜小于 100 m²。要优先对儿童使用频率较高的教育、医疗卫生、儿童福利、图书阅览、展示与艺术表演、体育等公共服务设施进行适儿化改造[②]。

(二) 儿童友好社区建设的原则

1. 儿童优先，普惠公平

坚持从儿童视角出发，尊重儿童身心发展特点，考虑儿童及看护人活动特征，以儿童更好成长为目标，以公益普惠为原则，兼顾特殊儿童群体的需求，推进"1 米高度"的儿童视角设计，按龄、按需推进儿童友好空间建设，让广大儿童公平享有便捷、舒适、包容的设施、空间和服务。

2. 安全健康，自然趣味

坚持安全第一原则，在各类建设中坚持使用绿色、安全、环保的材料，保障各类儿童游戏设施建设和运行安全，有效降低儿童密集场所事故灾害风险，增强儿童防灾减灾意识与能力。尊重儿童向往自然、好奇探索的心理特征，将自然、艺术、趣味的设计元素和激发儿童创造力、想象力的色彩搭配，充分融合到儿童友好空间中，体现中国文化和地方民俗元素，为广大儿童创造安全、健康、绿色、快乐的成长空间环境。

① 中国政府网. 关于推进儿童友好城市建设的指导意见[EB/OL]. (2021 - 09 - 30)[2024 - 09 - 27]. http://www.gov.cn/zhen gce/zhengceku/2021-10/21/content_5643976. htm.

② 国家发展改革委，住房和城乡建设部，国务院妇儿工委办公室. 城市儿童友好空间建设导则(试行)[EB/OL]. (2022 - 12 - 06)[2024 - 09 - 27]. https://www.gov.cn/xinwen/2022-12/04/5730111/files/b46d8eabee39443ea621299594227211.pdf.

3. 因地制宜，探索创新

结合各地情况与特点，因城施策推进儿童友好空间建设。鼓励有条件的城市和地区改革创新，探索儿童友好空间建设和儿童参与机制构建等模式，满足广大儿童日益增长的美好成长空间需求。

（三）加快儿童友好社区发展的有效途径

1. 大力宣传儿童友好理念，实现社会政策友好

完善相关法律法规，通过制定和完善儿童权益保护、儿童教育、儿童健康等方面的法律法规，为儿童友好社区建设提供法制保障。建立跨部门协作机制，加强政府、社区、学校、家庭等各方力量的沟通与协作，形成合力共同推进儿童友好社区建设。支持和鼓励儿童参与社区事务，建立健全儿童参与社区公共活动和公共事务机制，畅通和丰富儿童参与社区事务的渠道。在规划和实施涉及儿童的重大事项前，广泛征求儿童及其监护人的意见和建议。

通过各种渠道加强儿童友好社区建设的宣传和教育，提高社区管理者和居民的认知度和参与度。广泛动员社会力量参与儿童友好社区建设，发挥企业、社会组织等多元主体的积极作用，共同营造关爱儿童、保护儿童的社会氛围。通过举办各种活动和培训等方式，提高社区居民的参与度和积极性。同时，加强社区管理者和居民之间的沟通和交流，共同推进儿童友好社区建设。

2. 完善儿童友好服务保障，实现公共服务友好

加强社区普惠托育设施建设，充分发挥政府投资的撬动作用，依托社区嵌入式服务设施建设政策，推动社区普惠托育设施建设。探索托幼一体化服务和家庭托育服务点建设，鼓励医疗机构为社区提供普惠托育和婴幼儿照护等延伸服务。

促进基础教育均衡发展，提升社区儿童教育服务水平，严格落实住宅小区配套托育机构幼儿园政策。严格落实义务教育免试就近入学要求，合理划分公办义务教育入学范围。加强儿童教育资源的整合与优化，提供高质量的教育服务，满足儿童个性化、多元化的教育需求。

加强儿童健康服务保障，建立健全儿童健康服务体系，定期开展针对儿童群体的免费公益健康活动，为儿童提供健康检查、疾病预防、心理咨询等服务，确保儿童的身心健康。加强儿童文体特色服务供给，增加社区内儿童公共文化和体育设施，与学校、图书馆等单位合作，定期开展各类文化体育活动，让儿童在社区就能享受各种文体特色服务。

3. 切实维护困境儿童权益，定期对困难儿童实地探访

实现权利保障友好，加强对社区困境儿童的保护，建立社区困境儿童信息台账，一人一档案，实行动态管理。定期对社区内困境儿童家庭进行实地探访，了解其面临的实际困难和亟待解决的问题，为困境儿童家庭提供资金支持和综合性救助服务。充分发挥工会、共青团、妇联等群团组织作用，依托职工之家、妇女之家、儿童之家等服务平台，加强对困境儿童及其家庭的教育指导和培训帮扶。动员引导广大企业和志愿服务力量参与社区困境儿童保障工作，支持社会工作者、法律工作者等专业人员和志愿者，针对困境儿童不同特点提供心理疏导、精神关爱、家庭教育指导、权益维护等服务。为社区内困境儿童提供家庭寄养、委托代养、爱心助养等服务，帮助困境儿童得到妥善照料，让他们感受到家庭的温暖。

4. 优化社区规划布局，实现成长空间友好

根据儿童的身心发展特点，合理规划社区空间布局，确保儿童活动空间的安全、舒适和便捷。推进社区公共空间符合儿童友好标准的社区各类服务设施和标识标牌系统的建设。保障儿童安全出行，优化社区周边路网交通组织，实施社区周边儿童安全出行道路设施提升工程。探索嵌入式、菜单式、分龄式社区服务模式，合理增设室内外安全游戏活动设施，利用小区楼栋架空层、闲置公共空间等升级改造，拓展社区儿童"微空间"。落实社区内儿童密集场所安全主体责任人，加强社区防灾减灾教育，增强儿童防灾减灾意识和自救互救能力。加强对社区内儿童设施的日常管理和持续维护，建立长期的管理维护机制，确保社区儿童设施长期稳定运行。

5. 提升社区生活环境，实现发展环境友好

营造儿童友好的社区环境，通过绿化、美化社区环境，提升社区的整体品质，为儿童创设一个宜居、宜游的社区环境。丰富儿童文化生活，组织开展丰富多彩的儿童文化活动，提升儿童的文化素养和审美能

力,培养儿童积极向上的生活态度。在社区推动家庭家教家风建设,深入实施"家家幸福安康工程""父母成长计划",举办家庭教育公益活动。加强社区内儿童的法治教育、安全自护和应急处理知识教育,持续推进青少年普法"阳光行动""法治进社区"活动,积极预防未成年人犯罪。在社区大力推广交通、溺水、跌落、烧烫伤、中毒等儿童意外伤害防控适宜技术,配合公安机关及时依法查处儿童失踪案事件,严厉打击拐卖儿童等犯罪行为。

儿童友好社区发展是一个长期而复杂的过程,需要政府、社区、学校、家庭等多方共同努力。通过大力宣传贯彻儿童友好理念,完善儿童友好服务保障,切实维护困境儿童权益,优化社区规划布局,提升社区生活环境等措施,有望真正实现"五个友好",从而构建真正意义上的儿童友好社区,为儿童的全面发展提供良好的社区成长环境。同时,也应该认识到,儿童友好社区建设是一个持续发展的过程,需要不断总结经验、创新实践,以适应社会发展和儿童成长的新需求。

育儿宝典

营造儿童友好型社区可以从以下方面入手:

① 理念融入:社区坚持靶向发力,以儿童优先为原则,以儿童需求为导向,将儿童友好理念融入社区整体发展规划中。

② 队伍建设:积极吸纳同心社工入驻,以党建引领带动,社工协作联动,探索创建"3+4"队伍结对模式助力儿童友好社区建设。

③ 空间打造:构建"室内+室外"儿童友好成长空间,配备儿童之家、桃花书舍、室内外儿童议事厅(亭)、儿童积分超市、儿童读书角、科普馆、亲子种植区、沙池等儿童友好特色功能区,设置儿童卫生间、母婴室,张贴童趣提示安全标语。室外建设儿童口袋公园,为儿童提供安全舒适的友好活动空间。

④ 创新服务:社区根据不同年龄层的儿童认知特点和心理发展特点,探索开展不同形式的儿童议事活动,引导儿童关心社区事务,培养儿童社会责任感,提升儿童参与社区治理的认同感。

任务思考

1. 思考如何进行无障碍设计,确保社区内的道路、设施对儿童无障碍,方便儿童安全通行。

2. 思考如何规划儿童活动区域,如游乐场、运动场、阅读角等,并提供适龄儿童的步行路径和探索空间。

3. 对于空间有限的社区,思考如何增加社区绿化面积,为儿童提供亲近自然的空间。

任务二　参与社区活动空间的创设

案例导入

　　荆州市妇联在全市实施 50 个社区(村)"适儿化"微改造项目。比如,改造东城街道东升社区儿童微空间,打造儿童娱乐区、阅读区、游戏区,提供多种儿童益智玩具、文具和儿童读物;向马山镇双垱村和联山村儿童之家赠送儿童绘本及小学生书籍,打造"家门口"的阅读好去处。

　　在我国,儿童友好理念也日益受到重视。在 2021 年初,国家"十四五"规划明确提出,全面推动儿童友好理念深入城市规划,并将 100 个儿童友好城市建设试点列入"十四五"期间的重大工程。2021 年 9 月 30 日,经国务院同意,我国国家发展改革委等 23 部门印发《关于推进儿童友好城市建设的指导意见》,进一步明确了创建儿童友好城市的指导思想、基本原则和主要目标,为切实推进儿童友好城市的建设营造了良好的政策环境。

一、参与社区空间创设的要点

(一) 树立儿童友好理念

　　儿童友好社区是指以儿童为中心,在社会政策、环境规划、服务提供等方面充分考虑到儿童的需求和权利,为儿童提供适宜的生活、学习、游戏和成长环境的社区。

　　建设儿童友好型社区,要在规划、设计、建设、运营等各个环节都贯彻儿童友好的理念。打造儿童友好环境氛围:设计一个符合儿童心理特征、外形简单可爱、颜色明亮鲜艳的 IP 形象,代表儿童的好奇心和生命力,应用于儿童友好地图、儿童文体活动和社区伴手礼等。绘制一份整合社区内适合儿童的教育、娱乐、医疗等资源的地图,提升儿童服务的可及性。利用儿童空间的一部分,搭建儿童议事场景,为儿童代表参与社区治理提供空间。精心设计学校和幼儿园门口的道路,在社区家具、树木和围栏上悬挂艺术和科学知识标识牌,通过彩绘井盖和道路等形式进行安全引导,打造"百米安全幸福回家路"。

拓展阅读

儿童友好社区建设规范[①]

　　一、文化建设

　　1. 普及儿童友好理念

　　1.1　充分利用信息化技术和新媒体平台,进行儿童友好社区的理念传播和意见收集,鼓励儿童参与并提出反馈意见。

　　1.2　通过多种渠道在社区幼儿园、小学、中学传播儿童友好理念。

　　2. 建立儿童友好关系

　　2.1　促进与同伴友好关系的培育与养成;鼓励同学或同伴之间相互友爱、互相帮助、互相关心,共同成长。

　　2.2　促进儿童与家长关系(亲子关系良好)、家长之间(相互支持、家长志愿者联盟)友好关系的培育与养成。

---

①　中国社区发展协会. 儿童友好社区建设规范[EB/OL]. (2020 - 01 - 13)[2024 - 09 - 27]. http://www.shequxiehui.net. cn/w954/c591.

　　2.3　促进儿童与社区居民友好关系的培育与养成;社区居民具有儿童权利理念和儿童保护意识,关心和爱护儿童;积极参与社区儿童事务和服务等。
　　2.4　促进儿童与社区工作者、相关组织人员、幼儿园及学校教师、物业、辖区企业等友好关系的培育与养成;开展儿童友好社区建设的专业培训,运用社会工作的方法与儿童互动并服务儿童。
　　3.　儿童友好文化建设
　　3.1　坚持以社会主义核心价值观引领儿童友好文化建设。
　　3.2　以多样化形式弘扬中华优秀传统文化。
　　3.3　优化城乡社区儿童友好文化资源配置,鼓励社会力量参与儿童友好文化建设。
　　3.4　家庭教育、家风建设、学生道德培养与儿童友好理念相结合。
　　3.5　健全支持开展儿童友好文化活动的机制,结合社区本土文化,开展儿童友好文化活动,营造"关爱儿童、幸福未来"的儿童友好社区文化氛围。

（二）规划和打造儿童友好空间

1. 空间布局

确保社区道路、设施对儿童无障碍,比如道路平坦、没有尖锐边角,方便儿童安全通行。规划专门的儿童活动区域,如游乐场、运动场、阅读角等,并增加绿化面积,为儿童提供亲近自然的空间。

2. 设施配置

游乐设施要根据儿童的年龄特点配置,做到既安全又有趣;还要设立儿童图书馆、亲子活动室等教育设施,满足儿童学习、娱乐需求。另外,在社区内安装监控设备,确保儿童安全也很重要。

（三）提供多元化的儿童服务

儿童友好社区可以就近为社区内的儿童提供教育服务。合理利用社区的人力物力资源开展亲子教育、早教、特长培训等,为儿童提供全面的教育服务。以社区为单位设立儿童健康驿站,提供儿童健康检查、心理咨询等服务。在社区内为儿童提供娱乐服务,组织丰富多彩的儿童活动,节日庆典、亲子运动会等,让儿童在游戏中成长。

（四）鼓励儿童参与社区事务

组织社区内的儿童参与决策,在社区事务中,鼓励儿童发表意见,参与决策,培养他们的社会责任感。对于年龄稍大的儿童,倡导儿童自我管理:成立儿童自治组织,如儿童议事会、小志愿者队伍等,让儿童参与社区管理。

（五）提升家庭育儿水平

集合家长的一些资源,利用周末及节假日的时间开设家长课堂。定期举办家长讲座、亲子活动,提高家长育儿知识和技能。有条件的社区可邀请一些育儿专家进入社区交流,开展亲子沟通培训,增进亲子关系;或者有效利用社区内的家长资源,开展一些育儿活动,帮助家长更好地与孩子沟通。

二、友好型社区空间的场地

（一）社区空间营造基本要求

在社区规划、环境改造、环境微更新中,应充分考虑各年龄段儿童的空间需求,统筹布局,营造社区儿童活动空间,具体包括户外游戏空间、室内公共空间和街道空间。社区儿童活动空间的布局应充分考虑各年龄段、各行为能力儿童活动特征,确保所有儿童的便捷可达性和安全性。倡导提供符合儿童天性、发展规律,能够发展儿童创造力的自然化游戏设施。可采用调查问卷、工作坊等形式,邀请监护人和儿童共同参与方案设计和问题研究,充分听取他们的意见,并给予回应。由城乡规划师、建筑师、景观设计师、社区工作者作为社区规划师,协同儿童共同设计家长和儿童友好社区。社区规划师应接受过儿童友好理念的培训,或参加过国内外儿童友好项目或课题①。

(二) 社区户外活动空间的打造

友好型社区应设置满足儿童需求的独立户外游戏空间。各类户外游戏空间应布局在儿童活动安全的区域,应靠近社区儿童主要出行活动线路和节点,如布局在公园或广场内。若毗邻城市干道,应采取相应的安全防护措施。5分钟生活圈内,配有1处适合12周岁及以下儿童的户外游戏场地,提供沙坑、浅水池、滑滑梯、微地形等设施,游戏设施和铺地宜采用自然化、软质、柔性耐磨的环保材料。15分钟生活圈内,配有1处适合12周岁及以上儿童的户外游戏场地,提供攀爬架、篮球场、足球场等设施,游戏设施和铺地宜采用自然化、软质、柔性耐磨的环保材料。户外游戏空间设计应统筹考虑植物配置、标识系统和灯光照明等内容。

(三) 室内公共空间的打造

每个社区宜至少设立1处儿童服务中心或儿童之家,每处应配备儿童专属的室内活动及游戏空间,面积不宜大于20 m²;每周开放不少于4天,周末至少开放1天,每次开放不少于2小时。倡导提供社区4点半课堂、儿童图书室、儿童综合活动室等空间。室内公共空间应配有适合不同年龄段儿童的桌椅、绘本图书、玩具、运动器材等设施,各类儿童活动物品的摆放安全、桌椅四周的安全围护、电源保护套等应定期检查。社区服务中心应配置(社区公共设施宜配置)儿童与家长休息室、母婴室、母婴洗手台和儿童马桶等设施。室内游戏设施及物品应符合环保要求,严格保障室内公共空间空气质量,并定期检测。

(四) 社区其他空间的要求

沿社区儿童主要上下学道路,设置独立步行路权的连续路径,串联社区儿童主要的活动空间和社区公共服务设施。在社区校园周边实施慢行系统优化措施,保证儿童上下学的接送点、步行空间的交通安全,如专用通道。在儿童上学路段两端,应设置注意儿童标志以及车辆限速标志;在儿童横向过街入口,应设置减速慢行标识和减速带,交叉口信号灯的灯控时间应考虑儿童过街步速。合理布局灯光照明设施,在保障夜间出行安全的同时,应考虑灯光高度和方向对儿童视线的影响。

育儿宝典

① 健康指导:社区定期举办孕期知识讲座,邀请妇产科专家讲解孕期产检项目、注意事项,如不同阶段的饮食搭配,孕早期补充叶酸,中后期注重钙铁摄入等。

② 心理支持:组织孕期妈妈互助小组,分享孕期心情,缓解焦虑。社区工作人员定期回访,提供心理咨询渠道。

③ 营养喂养:母乳喂养指导,社区安排专业哺乳顾问提供一对一咨询,帮助新手妈妈解决哺乳难题。针对添加辅食阶段,分享辅食制作食谱,强调食材多样性与安全性。

④ 早期教育:设立社区亲子活动室,提供适龄玩具、绘本,定期组织亲子游戏活动,锻炼婴幼儿大运动、精细动作和认知能力。推荐适合不同年龄段的早教课程与学习资源。

任务思考

1. 当前城市内有一些老旧小区,如何进行合理的规划和改造,建设成儿童友好型社区?

---

① 国家发展改革委,住房和城乡建设部,国务院妇儿工委办公室. 城市儿童友好空间建设导则(试行)[EB/OL]. (2022 – 12 – 06) [2024 – 09 – 27]. https://www.gov.cn/xinwen/2022-12/04/5730111/files/b46d8eabee39443ea621299594227211.pdf.

2. 友好型社区的建设应设置满足儿童需求的独立户外游戏空间,城市小区户外空间比较不足的情况下,如何提供攀爬架、篮球场、足球场、游戏设施。

3. 请调研适合0~3岁婴幼儿的桌椅、绘本图书、玩具、运动器材等设施,思考如何投放社区汇总各类儿童活动物品,确保玩具材料投放安全等。

任务三　有效使用城市公共资源

案例导入

　　2022年3月,成都市人民政府为加快成都市儿童友好城市建设,制定了《成都市儿童友好城市建设实施方案》(以下简称《方案》)。在《方案》的重点任务中,要求编制儿童友好社区、儿童友好学校、儿童友好医院、儿童友好公园等各领域儿童友好城市建设指引,对儿童友好城市建设各方面做出系统性指导。要求建设儿童友好城市景观,结合公园城市建设,对生态自然公园、郊野公园,以及城市公园、广场、绿地等进行提质改造,优化乡村田园自然景观。确定每个区(市)县建设不少于1个儿童友好主题公园,提供儿童独立的活动区域,营造儿童友好的自然环境,体现儿童自然教育属性,保障儿童游戏公共空间的安全性①。

　　2012年,《中共广州市委、广州市人民政府关于推进民生幸福工程的实施意见》提出,各区(市)建至少1个儿童公园。2015年,广州率先建成开放了全国规模最大的具有广州特色的"1+12"儿童公园体系,即1个市级的中心儿童公园——广州市儿童公园,与其他12个区级儿童公园的体系结构。这样的体系使得儿童公园资源分散化,均匀且相对公平地服务广州全域。广州的儿童公园体系在数量和占地面积方面都是全国之最,总规划建设面积达到173公顷,为研究儿童公园建设、儿童友好等课题提供了优质的样本。

　　在《中国儿童发展纲要(2021—2030年)》的指导下,中国政府致力于加强儿童友好城市的建设,并在全国范围内开展了儿童友好城市试点工作。儿童友好城市的建设需要政府、社区和社会组织的共同努力,通过确保儿童安全、均衡教育资源、医疗健康服务、儿童参与权以及家庭支持和社会保护,为儿童创造一个更安全、更健康的环境。

　　在城市环境中,丰富多样的公共资源为儿童的成长与发展提供了广阔空间。从图书馆的知识海洋,到公园的自然天地,再到科技馆的奇妙世界,这些资源犹如宝藏等待儿童去挖掘。本教材旨在引导儿童及其监护人充分认识、合理利用城市儿童公共资源,助力儿童全面成长。

一、城市儿童公共资源概述

1. 城市儿童公共资源的定义与范畴

　　城市儿童公共资源是指由政府、社会组织或私人机构提供,面向儿童群体,旨在促进儿童教育、娱乐、健康和社交等方面发展的各类设施、场所及活动。它涵盖文化教育类,如儿童图书馆、博物馆;休闲娱乐类,如城市公园、儿童游乐园;科普探索类,如科技馆、自然博物馆;还有医疗卫生类,如儿童医院的儿童保健科室;以及社区内专为儿童设置的活动中心等。

2. 城市儿童公共资源的重要性

　　城市儿童公共资源能为儿童提供多元学习机会,拓宽视野,丰富知识储备;促进儿童身心健康发展,在游乐中锻炼体魄,在社交中培养良好心理品质;助力儿童社交能力提升,结识伙伴,学会合作与分享;弥补家庭教育资源的不足,提供更广阔的学习与实践平台。

二、城市儿童公共资源的分类

(一)各类城市儿童公共资源

1. 文化教育类

(1)儿童图书馆

① 功能:藏有大量适合儿童阅读的书籍、绘本、杂志等,是儿童获取知识、培养阅读兴趣和阅读习惯的

视频

儿童图书馆

---

① 王天骄.动作发展视角下成都市儿童友好型城市公园儿童活动空间研究[D].成都:成都大学,2023.

重要场所。

②利用方式：定期带孩子借阅书籍，参加图书馆举办的亲子阅读活动、故事分享会、手工制作等延伸活动。引导孩子学会自主查找书籍，按照分类索引寻找感兴趣的读物。

③案例分享：小明从2岁开始，妈妈每周都会带他去儿童图书馆，起初小明只是被色彩鲜艳的绘本吸引，随着年龄增长，在图书馆浓厚阅读氛围和工作人员引导下，他逐渐爱上阅读，4岁时就能自主阅读简单故事书，语言表达和认知能力远超同龄人。

（2）博物馆

①功能：以实物展示为主，涵盖历史、艺术、自然等多个领域，能让儿童直观感受不同文化和知识。

②利用方式：根据孩子年龄和兴趣选择合适主题博物馆，如历史博物馆可帮助孩子了解城市历史变迁；自然博物馆能认识动植物、地质地貌等。参观前可通过网络或书籍简单介绍相关知识，参观时借助讲解器、导览图和工作人员讲解深入了解展品。

③互动体验：许多博物馆设有儿童互动区域，鼓励孩子动手操作，如模拟考古挖掘、艺术创作体验等，增强孩子对知识的理解和记忆。

2. 休闲娱乐类

（1）城市公园

①功能：拥有绿地、花草树木、湖泊等自然景观，还有游乐设施、健身器材等，为儿童提供亲近自然、锻炼身体、放松心情的空间。

②利用方式：日常散步、野餐，让孩子感受四季变化，观察植物生长。鼓励孩子参与公园组织的环保活动、亲子运动会等。利用游乐设施锻炼孩子身体协调性和勇气，如滑梯锻炼平衡感，秋千增强空间感知。

③自然教育：引导孩子认识公园里的植物、昆虫，开展简单自然探索活动，如采集树叶制作标本，培养孩子对自然的观察力和好奇心。

（2）儿童游乐园

①功能：集中了各种游乐设施，如旋转木马、过山车、碰碰车等，是儿童娱乐玩耍的热门场所。

②利用方式：合理安排游玩时间，注意孩子安全。根据孩子年龄和身体状况选择合适游乐项目，低龄儿童适合温和项目，如旋转木马、小火车；年龄稍大儿童可尝试稍难的项目，但要确保在安全前提下。

③社交互动：游乐园人多，鼓励孩子与其他小朋友交流合作，共同玩耍，如一起玩沙堆城堡，培养孩子社交能力。

3. 科普探索类

（1）科技馆

①功能：通过各种科技展品和互动体验装置，展示科学原理和现代科技成果，激发儿童对科学的兴趣和探索欲望。

②利用方式：提前规划参观路线，重点参观孩子感兴趣的展区，如机器人展区可观看机器人表演，了解人工智能；物理展区通过操作实验装置理解力学、光学等物理原理。参与科技馆举办的科普讲座、科学实验课等活动，与专业人员互动交流。

③创意实践：利用科技馆的创意工作室，让孩子参与简单科技小制作，如搭建电路、制作小机器人等，培养孩子动手能力和创新思维。

（2）自然博物馆

①功能：展示自然标本、化石、生态系统等，帮助儿童了解自然科学知识，认识地球生物多样性。

②利用方式：跟随讲解员了解展品背后的故事和科学知识，如在恐龙化石展区了解恐龙生活习性和灭绝原因；在生态展区认识不同生态系统的特点。参加博物馆组织的户外考察活动，如实地观察动植物，将馆内知识与实际自然环境相融合。

③标本制作体验：部分自然博物馆提供简单标本制作课程，让孩子亲手制作植物或昆虫标本，加深对生物知识的理解和记忆。

（二）有效利用城市儿童公共资源

① 规划与准备：根据孩子兴趣、年龄和时间安排，制定合理资源利用计划。如周末可安排去公园或科技馆，假期可参观博物馆或参加儿童游乐园主题活动。提前了解公共资源开放时间、活动安排和注意事项，准备好必要物品，如去公园带上野餐垫、水壶，去博物馆带上笔记本记录感兴趣内容。

② 引导与互动：在利用公共资源过程中，家长和监护人要积极引导孩子观察、思考和提问。如在图书馆阅读时，引导孩子思考故事内容、角色特点；在科技馆参观时，鼓励孩子动手操作展品后思考科学原理。积极参与孩子活动，与孩子共同探索，如一起在公园观察植物、在博物馆参观展品，增进亲子关系，同时提高孩子参与度和学习效果。

③ 持续学习与反馈：每次活动结束后，与孩子一起回顾经历，讨论收获和问题，巩固知识，培养表达能力和学习习惯。根据孩子反馈和兴趣变化，调整资源利用计划，不断挖掘新的公共资源和活动，满足孩子成长需求。

城市儿童公共资源是儿童成长的宝贵财富，合理利用这些资源能为儿童创造丰富多彩的成长体验。儿童及其监护人应充分认识到这些资源的价值，积极行动起来，让孩子们在城市公共资源的滋养下茁壮成长，开启充满知识、快乐和探索的成长之旅。

（三）城市公共资料环境与婴幼儿成长

随着城市化进程的加快，城市密度越来越高，到处都是钢筋水泥架起的高楼，城市森林面积也越来越少。而城市的公共服务大多不会去考虑儿童的需求，城市中孩们的活动范围也越来越小。单一的游乐设施不适合儿童身高，学校也往往强调的是知识性的"教育"，儿童能够游戏的空间逐渐地在减少。截至2019年，中国城镇化率超过了60%，流动人口已有2.36亿人。伴随着发展机遇，前所未有的城镇化速度与规模也给城市儿童带来了发展的挑战：区域发展不平衡现象、城市儿童贫困问题、面向儿童的城市基社会服务供给和儿童保护资源相对匮乏等。对此，儿童友好型城市倡议可发挥关键性平台的作用，推动形成跨部门的城市或社区的综合治理方案，通过保障所有儿童平等地享有自身权利，以确保每个儿童都可以充分发挥其潜力，健康地茁壮成长。

对于儿童或者年轻人来说，与自然的接触对身体健康、心理健康、个人健康、认知功能和社会情感发展都有许多好处[1][2]。卡恩和凯勒特在他们的著作《儿童与自然：心理学、社会文化和进化研究》（*Children and Nature：Psychological, Sociocultural and Evolutionary Investigations*）中以亲生命性的观点探讨了与自然接触对儿童身心发展的价值和社会文化价值[3]。尤其，儿童公园作为一种城市专业性公园，能够为儿童丰富多彩的户外活动创造良好的条件，让儿童接触自然、增长知识、锻炼身体，在儿童成长过程中扮演着重要角色，是儿童户外活动的重要场所。然而，有相关研究指出，在过去的几十年里，儿童和青少年在户外玩耍时间和与自然的接触都显著减少了[4]。

儿童是国家的未来、民族的希望。2021年10月，国家发展和改革委员会出台了《关于推进儿童友好城市建设的指导意见》（以下简称《指导意见》），旨在通过儿童友好城市建设，促进广大儿童身心健康成长，推动儿童事业高质量发展融入经济社会发展全局，让儿童友好成为全社会的共同理念、行动、责任和事业。依照《指导意见》，儿童友好城市建设的关键之一是推进成长空间，要求加强社区、公园、体育场所等各类服务设施和场地适儿化改造[5]。建设适合儿童的服务设施和标识标牌系统，推动公共场所建设母婴室、儿童

---

① CHAWLA L. Benefits of Nature Contact for Children [J]. Journal of Planning Literature, 2015,30(4):433-452.

② 玛丽亚米·马格莱克利兹,姜珊,宋阳,等.游乐场树木对儿童游戏行为及健康的影响[J].风景园林,2020,27(9):63-76.

③ KAHN JR P H, KELLERT S R. Children and Nature: Psychological, Sociocultural, and Evolutionary Investigations [M]. Combridge: MIT press, 2002.

④ 潘月娟.城市化进程对儿童的影响——基于儿童游戏变迁的研究视角[J].江汉论坛,2011(11):137—140.

⑤ 中国政府网.关于推进儿童友好城市建设的指导意见[EB/OL].(2021-09-30)[2024-07-29].http://www.gov.cn/zhen gce/zhengceku/2021-10/21/content_5643976.htm.

厕位及洗手池、儿童休息活动区等。

拓展阅读

城市儿童友好空间建设导则（试行）①

（一）构建关爱儿童成长的公共服务设施体系

1. 建立多层级覆盖、功能完善、便捷可达的城市儿童公共服务设施体系，为儿童友好空间建设提供设施保障。

2. 托育服务、教育、医疗卫生、公共体育、儿童福利、儿童综合服务、图书阅览、展示与艺术表演等公共服务设施应满足儿童友好空间建设要求，加强适儿化改造。

3. 宜统筹各级各类公共服务设施资源，协同行政机关、企事业单位和科研机构等多元力量，以儿童综合服务设施为主体，其他公共服务设施为补充，拓展儿童校外活动场所，形成布局合理、功能完备、充满活力、可持续发展的儿童校外活动空间。

（二）打造自然趣味的开敞空间体系

1. 建立类型多样、布局均衡、网络联通的儿童友好开敞空间体系。

2. 积极开展城市郊野型公园、综合公园、专类公园、社区公园、口袋公园、城市广场等开敞空间的建设和适儿化改造，宜增设适宜儿童使用的活动场地，并配置游憩设施。有条件的城市应按照《城市绿地规划标准》(GB/T 51346)相关要求建设儿童公园。

3. 推进串联公园绿地、山体、江海、河湖水系和文化遗产的城市市绿道建设，并进行适儿化改造与安全防护设施的建设和改造，形成特色化儿童友好开敞空间网络②。

三、儿童公园的设计与婴幼儿健康成长

（一）儿童公园对婴幼儿成长的影响

儿童公园与婴幼儿的成长密切相关，为婴幼儿提供了一个安全、有趣且富有教育意义的成长环境。

1. 身体健康与运动能力发展

① 增强体质：儿童公园内的游乐设施，如秋千、滑梯、攀爬架等，可以让婴幼儿尽情地跑、跳、爬，这些活动不仅能锻炼他们的肌肉力量，还能提高平衡感和协调能力。

② 促进骨骼发育：公园内的运动设施可以有效地拉伸婴幼儿的肌肉、关节和韧带，有助于骨骼的健康发育。

③ 提高食欲与消化能力：适量的运动还能增加婴幼儿的食欲，改善消化功能，从而有助于营养的吸收和身体的健康成长。

2. 认知与智力发展

① 刺激感官发展：儿童公园内的玩具和设施颜色鲜艳、形状各异，能够刺激婴幼儿的视觉、听觉和触觉等感官系统的发展。

② 培养探索精神：公园内的各种设施和玩具能够激发婴幼儿的好奇心，促使他们主动探索和发现，有助于培养探索精神和求知欲。

③ 提升解决问题的能力：婴幼儿在公园中玩耍时可能会遇到各种问题，如玩具被卡住、不知如何爬上某个设施等，这些都需要他们动脑筋去思考和解决，从而提升了解决问题的能力。

---

① 国家发展改革委,住房和城乡建设部,国务院妇儿工委办公室. 城市儿童友好空间建设导则（试行）[EB/OL]. [2022 - 12 - 06] https://www.gov.cn/xinwen/2022-12/04/5730111/files/b46d8eabee39443ea621299594227211.pdf.

② KARSTEN L. It All Used to be Better? Different Generations on Continuity and Change in Urban Children's Daily Use of Space [J]. Children's Geographies, 2005,3(3):275 - 290.

3. 社交与情感发展

① 培养社交技能：儿童公园是婴幼儿结交新朋友的好地方。在与其他小朋友的互动中,他们学会了分享、排队等待、互相帮助等社交技能,为日后的社交生活打下了良好的基础。

② 增进亲子关系：父母陪伴婴幼儿在儿童公园玩耍的过程中,可以加深亲子关系,增进彼此的了解和信任。同时,父母也可以在陪伴中教导婴幼儿如何与人交往、如何处理情绪等。

③ 释放情绪与压力：婴幼儿在玩耍中可释放日常积累的情绪和压力,保持良好的情绪状态,有助于心理健康的发展。

儿童公园对婴幼儿的成长具有全方位的影响。它不仅能够促进婴幼儿的身体健康和运动能力的发展,还能够刺激他们的认知与智力的发展,培养他们的社交与情感技能。许多儿童公园都设有益智类、手工类和科技类的游戏区域,这些游戏不仅能够让婴幼儿在玩耍中学习新知识,还能培养他们的创造力和想象力。父母可以在公园中教导婴幼儿如何识别危险、如何保护自己等安全知识,提高他们的自我保护意识。因此,适宜的儿童公园体育设施对婴幼儿身体、思维和情感的和谐发展具有重要作用,丰富多样的运动器械不仅能促进婴幼儿神经系统的发育,更有助于培养其良好的个性。对于婴幼儿的动作发展而言,户外的游戏性运动经验有利于儿童的动作发展,动作经验不仅对儿童改善动作表现有着重要作用,而且有助于新的动作行为产生。

(二) 儿童公园的设计

1. 设置儿童走跑区

在城市公园儿童活动空间内可设置走跑区。在走跑区内,为婴幼儿提供各种不同地面材质让婴幼儿行走,如硬质地、塑胶场地、草地、人工草坪、沙地、小碎石地等。在地形地貌的设计上,地形应富有变化,有凸有凹,有高有低,有平地有斜坡等,多元的地质、富有挑战性的地貌、宽敞的环境为儿童走跑提供物质基础。婴幼儿在这样的场地上行走,能感受各种场地特征对身体控制能力的不同要求,丰富运动经验。走跑区,可以设计石头路,在路上铺上各种形状不一、大小不一、光滑度不同的石头,形成石头路,鹅卵石铺成的石头路,既结合了自然元素,也具有按摩脚底、美化路面、防积水等作用。

设计走跑区时,也可以利用城市公园原有的树林、花丛小道,这样的区域设计更加亲近自然,促使婴幼儿对自然产生浓厚的热爱之情,也能开阔婴幼儿的视野,提高他们探索自然的积极性[①]。创设有利于引导婴幼儿行走的区域。在地面铺装塑胶之前,构造设计出直线、S型曲线、折线、圆圈等,婴幼儿便能在走跑区内自动地跟着线的指引走,练习走直线、走曲线、走折线、绕圈行走,且直线、S型曲线、折线、圆圈等可采用不同的颜色以便于分辨。

在城市公园儿童活动空间的设计中,不一定要专门设计椭圆形跑道,可以根据公园的地形来设置,如公园有一路段是Z型或者S型,就可以顺着这一地形设置跑道,这样曲折的跑步区域虽然会给婴幼儿的活动增加挑战,但也会因此增加趣味性。在跑道的旁边,可以栽种不同的花朵,婴幼儿在跑步的时候可以闻到花的芬芳,在跑完步休息时可以观察各种各样的花草,感受自然的美。

在公园中,一块草坪或者一块塑胶地,孩子们就可以在地面上玩追逐类的游戏,如老鹰捉小鸡。在游戏中,不仅发展婴幼儿跑的能力,而且不单调、不枯燥,在紧张刺激的氛围中锻炼了身体,还能发展婴幼儿的社会性和与别人交往的能力。

创设跑步区域可以利用地面,在铺塑胶地面的时候,运用不同的颜色,创设S形跑运动区,如图4-1(b)所示。

2. 设置儿童攀爬区

攀爬能发展幼儿上下肢的力量,也能提高婴幼儿的手脚协调能力。幼儿大部分的时间是在平地上活动,在攀爬的过程中,对空间会有一个新的认识和感受。攀爬时,会产生紧张情绪,会小心翼翼,非常注意自身安全。在这个过程中,幼儿能够学习自我保护,增强自我保护的意识。因此,攀爬活动看似危险,实则培养幼儿自我保护的能力和意识。攀爬式的游戏设施应具有一定的挑战性和难度,设施的高度应该适当,

---

① 赖兵.妙用自然环境,聚焦生态美育——幼儿园户外活动空间设计探索[J].教育观察,2019,8(3):32—34.

攀爬的间隔应考虑儿童尺度,材质应坚固耐磨且不会划伤幼儿,如图4-1所示。

(a)

(b)

视频

攀爬区

图4-1　公园组合攀爬区

促进幼儿攀爬这一基本动作的发展,还可以通过轮胎来制作简单的攀爬类设施。例如,幼儿上滑梯一般都通过阶梯,通过走阶梯这一动作达到滑梯顶端。但为了增加幼儿攀爬的趣味性,可以制作"轮胎阶梯",如图4-2所示。幼儿可通过"轮胎阶梯"上滑梯。轮胎在用于制作体育器材时,作用非常大,例如,直接用轮胎做成攀爬墙。为了增加攀爬的趣味性,可以利用不同大小的轮胎来制作,如图4-3所示。

图4-2　轮胎阶梯图

图4-3　轮胎制作的攀爬墙图

一个低矮的小山坡或者简单的坡面就构成了一个可攀爬环境,它们本身的特性就足以吸引婴幼儿去攀爬、探索。因此,在公园中,可以利用天然的小山坡或者人工打造的小山坡,促进婴幼儿发展其攀爬的动作。

儿童友好型公园的设计一直强调与自然结合,自然环境让婴幼儿有更多的体验和发现,激发儿童更多的创造力。孩子们在自然环境中能获得丰富的感官体验。婴幼儿天生热爱大自然,婴幼儿活动区融入自然的设计,他们能在对自然与生命的感知中学习、体悟和成长。在自然环境中,可以利用树洞锻炼婴幼儿的爬行能力。树洞的取材可以来源于公园周边森林中腐败的木材,经过消毒和防腐处理后,成为婴幼儿穿行、隐藏、爬骑的设施,自然有趣。

(三) 设置儿童平衡区

走平衡木需要婴幼儿控制自己的身体保持平衡,这有助于锻炼他们的平衡感和身体协调性,培养信心和勇气。在城市公园的儿童活动空间内,可设置平衡区。由于公园里的设施面向全年龄段的婴幼儿,因此应设计不同高度的平衡器械,为不同年龄段的儿童都带来适度的挑战。对于0~3岁婴幼儿,平衡木的高度可以设置在20~30 cm之间,宽度在15 cm左右,如图4-4所示。平衡木的材质应注意防滑,软木、橡胶等都可以作为平衡器械的材料。为了提高婴幼儿的参与度与兴趣,可以设置不同难度和形式的平衡木挑战,其路线也可以更多样,而不仅是简单的直线行走。地面可设软垫、草地、沙地作为缓冲,以防婴幼儿在运动过程中摔倒受伤。

图4-4　适合0~3岁婴幼儿使用的树桩平衡木

　　走荡桥对于发展婴幼儿平衡的作用非常大,如图4-5所示。每个轮胎之间没有连接,纵向放置轮胎,婴幼儿走上去会有比较大的晃动,有利于提高婴幼儿的平衡能力。荡桥由细的棍子和绳子组成,难度较大,因此可以更好地锻炼孩子的平衡感。

　　秋千是非常锻炼婴幼儿平衡感的一种常用设施,通常婴幼儿也很喜欢荡秋千,荡秋千会提高孩子的方向感和平衡感。秋千有许多种类。可以做成网状秋千,坐在上面更舒服。网状秋千可以让几个婴幼儿一起玩耍,培养婴幼儿的社会性,如图4-6所示。也可以简单的用一个轮胎代替。需要注意的是,针对低龄幼儿,秋千可以设计为卡座式,在家长的帮助下游戏,不易摔落,相对安全;年龄较大的幼儿,可以使用吊床、轮胎座椅等样式的秋千。

图4-5　荡桥

图4-6　秋千

　　创设平衡区同样可以利用塑胶地面,画出弯弯绕绕的不同颜色的细线让婴幼儿活动,不同颜色的细线交叉向前,如图4-7所示。几个幼儿可以比赛,看谁先走到终点。用树桩摆放一些平衡木,可以有高的平衡木,也可以有低的平衡木,以满足不同年龄段的幼儿,如图4-8所示。

　　除公园内已有的道路系统外,还可以在步行系统之外单独设一条连通整个公园的非机动车道,供婴幼儿的平衡车、小三轮车、自行车及滑板、滑轮用,通过骑车等方式锻炼婴幼儿的平衡能力,提高公园可玩性。

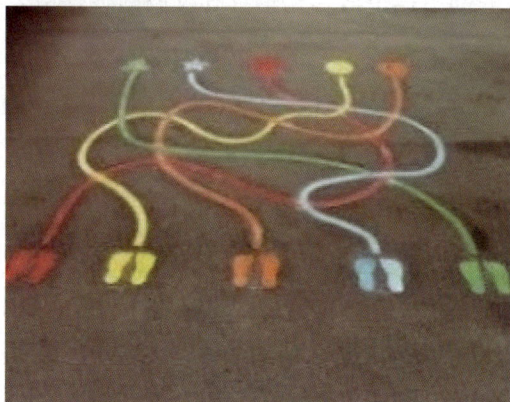

图 4-7　踩细线走平衡

图 4-8　走平衡木和树桩

非机动车道应与人行道分离开,避免可能出现的碰撞;路面应平坦且坚硬,保证婴幼儿活动的流畅性;道路宽度可适当变窄,设计在 0.8～1.5 m 之间,满足婴幼儿的尺度需求①。

育儿宝典

家长需要根据婴幼儿不同年龄选择游乐设施

小月龄宝宝可以选择一些软垫类的游乐设施,如秋千、小滑梯等,避免选择过于刺激或高难度的设施。随着婴幼儿年龄的增长,可以逐渐尝试攀爬架、旋转木马等更具挑战性的设施。

任务思考

一、单选题

1. 儿童友好社区建设的核心依据是(　　)。

A.《未成年人保护法》　　　　　　　　　B. 联合国《儿童权利公约》

C.《中国儿童发展纲要》　　　　　　　　D.《儿童友好城市建设导则(试行)》

2. 以下哪项不属于儿童友好社区必备的资源供给?(　　)

A. 社区健身房　　　　　　　　　　　　B. 儿童图书馆

C. 社区儿童医疗站　　　　　　　　　　D. 儿童兴趣活动中心

二、多选题

1. 建设儿童友好社区对儿童成长的积极意义有(　　)。

A. 提供安全的成长环境　　　　　　　　B. 丰富儿童课余生活

C. 培养儿童社会交往能力　　　　　　　D. 提升儿童参与公共事务的意识

2. 儿童友好社区中的安全保障措施包括(　　)。

A. 社区道路设置减速带和交通标识　　　B. 游乐设施定期安全检查

C. 设立社区儿童巡逻队　　　　　　　　D. 为儿童配备专属的紧急联络设备

三、简答题

1. 简述儿童友好社区中促进儿童参与的常见方式。

2. 从资源供给角度,谈谈如何进一步完善儿童友好社区建设。

四、问答题

1. 家门口附近也有公园,但针对成年人使用的空间较多,少数公园无专门的幼儿活动设施。单一设

---

① 刘冠兰.“儿童友好型”公园规划设计研究[D].长沙:湖南农业大学,2013.

施较多,大型综合设施过少。请给当地负责社区公园建设的部门提出适合儿童身心发展的友好型公园建设意见。

2. 请调查你所生活的附近的三个社区,是否有儿童友好型公园,如口袋公园等。思考如何合理的利用小区的空间,改善现有的社区周边儿童生活环境。

赛证 链接

一、单选题

1. (2022年职业技能大赛学前教育专业教育技能真题)幼儿园应该与（　　）（　　）密切合作,与（　　）相互衔接,综合利用各种教育资源,共同为幼儿的发展创造良好的条件。

A. 家庭　社区　小学　　　　　　　B. 家庭　小学　社区

C. 社区　小学　家庭　　　　　　　D. 小学　社区　家庭

2. (教师招聘考试真题)幼儿园与社区建立"资源共享"合作机制时,下列做法错误的是（　　）。

A. 开放幼儿园图书室供社区居民借阅绘本

B. 利用社区健身器材开展幼儿户外体育活动

C. 邀请社区医生定期为幼儿开展健康讲座

D. 社区要求幼儿园承担节假日全部值班工作

3. (教师招聘考试真题)某幼儿园组织"小小社区志愿者"活动,幼儿在老师带领下清理社区花坛垃圾。该活动主要体现了（　　）。

A. 培养幼儿劳动意识和社会责任感

B. 锻炼幼儿的体能和运动技能

C. 丰富幼儿园户外游戏活动形式

D. 加强社区环境卫生管理

二、多选题(教师招聘考试真题)

1. 幼儿园与社区合作开展家长教育活动的形式可以包括（　　）。

A. 联合举办家庭教育主题讲座

B. 组织家长参与社区亲子运动会

C. 建立社区家庭教育互助小组

D. 邀请社区退休教师担任育儿顾问

E. 在社区宣传栏张贴育儿知识海报

2. 以下属于幼儿园开发利用社区自然教育资源的是（　　）。

A. 带领幼儿参观社区生态农场

B. 组织幼儿收集社区落叶制作标本

C. 利用社区公园开展户外写生活动

D. 邀请园林工人讲解植物生长知识

E. 在社区广场举办幼儿环保时装秀

三、案例分析题(教师资格证真题)

案例　某新建小区配套幼儿园为融入社区,开展了系列工作:①每月举办"家长开放日",邀请社区居民参观园所;②与社区居委会合作开展"亲子早教公益课堂",免费为0~3岁婴幼儿家庭提供服务;③组织教师参与社区"文明养宠"宣传活动,幼儿制作环保标语;④在社区图书馆设立"幼儿绘本漂流角",定期更新图书。

问题

1. 请分析该幼儿园在社区合作中的创新之处。

2. 结合《幼儿园教育指导纲要(试行)》,谈谈这些做法对幼儿发展的价值。

四、论述题(教师资格证真题)

结合学前教育政策和实践案例,论述幼儿园与社区建立"双向服务"合作模式的意义及实施策略。

五、材料分析题(教师资格证真题)

材料 某幼儿园为了加强与社区的联系,开展了一系列活动。他们邀请社区的老红军到园为孩子们讲述革命故事,组织孩子们到社区的花园观察植物,还与社区的超市合作,让孩子们体验购物的过程。

问题 请分析该幼儿园的做法有哪些优点,以及对幼儿发展的积极影响。

图书在版编目（CIP）数据

婴幼儿教养环境创设与利用/陈雅芳,颜晓燕总主编;林竞主编.--上海：复旦大学出版社,2025.7.
ISBN 978-7-309-18080-0

Ⅰ.G61

中国国家版本馆 CIP 数据核字第 2025UX5681 号

婴幼儿教养环境创设与利用
陈雅芳　颜晓燕　总主编
林　竞　主　编
责任编辑/张志军

复旦大学出版社有限公司出版发行
上海市国权路 579 号　邮编：200433
网址：fupnet@ fudanpress. com　http://www.fudanpress.com
门市零售：86-21-65102580　　　团体订购：86-21-65104505
出版部电话：86-21-65642845
常熟市华顺印刷有限公司

开本 890 毫米×1240 毫米　1/16　印张 10.25　字数 324 千字
2025 年 7 月第 1 版第 1 次印刷

ISBN 978-7-309-18080-0/G・2724
定价：55.00 元